中等职业教育“十四五”规划教材
职业教育课程改革规划创新教材

出纳与资金管理

王立峰　胡晓玉　张芳倩　主编

中国石化出版社
HTTP://WWW.SINOPEC-PRESS.COM
中国经济出版社
CHINA ECONOMIC PUBLISHING HOUSE
·北京·

内 容 提 要

本书将出纳工作应具备的基础知识、基本理论、操作技能、业务流程等融入每一项具体任务的办理过程中，在编写过程中引入实际案例，将教学置身于仿真的出纳工作环境中去处理各项出纳业务，使学生在学习过程中犹如身临其境，能够更好地激发学生的兴趣并快速提高学生的技能水平。

本书既可以作为中等职业学校财经商贸大类的教学用书，也可以作为财经专业工作人员上岗前的培训教材，具有较高的实用性。

图书在版编目(CIP)数据

出纳与资金管理 / 王立峰，胡晓玉，张芳倩主编 . —北京：中国石化出版社，2025. 2. —ISBN 978-7-5114-7826-9

Ⅰ. F830. 45

中国国家版本馆 CIP 数据核字第 2025FG3444 号

中国石化出版社出版发行

地址：北京市东城区安定门外大街 58 号

邮编：100011 电话：(010)57512500

发行部电话：(010)57512575

http://www. sinopec-press. com

E-mail：press@ sinopec. com

北京艾普海德印刷有限公司印刷

全国各地新华书店经销

*

787 毫米×1092 毫米 16 开本 14. 5 印张 351 千字

2025 年 2 月第 1 版　2025 年 2 月第 1 次印刷

定价：46. 00 元

《出纳与资金管理》
编　委　会

主　编：王立峰　胡晓玉　张芳倩

副主编：朱雅丹　朱翠景　李晶玮　罗华红

编　委：马艳利　张云淇　时晓甜　赵蓓蓓

刘倩茜　叶燕群　诸梦婷　曹礼灿

前言

出纳工作是会计工作中至关重要的一个环节，它在单位的财务管理和决策中发挥着不可或缺的作用。出纳人员是单位会计核算的基础之一，负责办理现金收付、银行结算业务以及现金、票据、有价证券的保管等工作。出纳人员需要合理安排和调度资金，及时提供单位货币资金活动信息，保证货币资金的安全与完整。通过及时准确地提供财务报表和资金流量表等信息，帮助企业掌握资金状况和经营情况，为决策提供有力的支持。这些工作需要出纳人员具备高度的责任感、娴熟的技能和扎实的专业基础知识，以确保财务交易的准确无误和资金安全。由此可见，出纳工作不仅关系到单位的财务管理，还直接影响单位的决策过程。因此，出纳工作的重要性不容忽视，它要求出纳人员必须具备专业的财务知识。基于以上情况，我们编写了《出纳与资金管理》一书。

“出纳与资金管理”是根据教育部最新颁布的《中等职业学校会计专业教学标准》制定的一门实用性较强的专业核心课程，符合“十四五”职业教育国家规划教材的规定。在编写过程中，我们引入实际案例，让学生置身于仿真的出纳工作环境中去处理各项出纳业务，能够更好地激发学生兴趣并快速提高学生的技能水平。

本书主要具备以下几个特点：

(1) 内容贴合出纳岗位实际工作：本书按照工作过程系统化的课程开发理念和思路，将出纳岗位所需的知识和技能作为教材的核心内容，有助于学习者更加直观地理解和掌握出纳工作的实际操作，提高学习的针对性和实用性。

(2) 教学内容以典型的工作任务为载体：通过典型的工作任务案例导入，

将出纳工作应具备的基础知识、基本理论、操作技能、业务流程等融入每一项具体任务的办理过程中。这种方式不仅引导学习者有针对性地学习知识、训练技能，还充分体现了职业教育的职业导向性，使学习者能够更好地适应实际工作岗位的需求。

(3)关注新政策和新技术的应用：本书在编写过程中，对书中所涉及的内容均按照最新财税政策组织，其中增值税发票举例全部采用全面数字化的电子发票，符合国家关于全面数字化的电子发票试点工作的推广的要求，确保了教材内容的时效性和实用性，更有利于学习者学以致用。

(4)强化职业能力的培养：本书以培养学生的专业技能为主线，详尽地讲解了出纳岗位的职业技能要求及操作要领，提高了学生的动手实践能力，增强了学生的岗位适应能力，强化了学生以后从事出纳工作的职业能力。

本书定位清晰、内容新颖、实践可操作性强，既可以作为中等职业学校财经商贸大类的教学用书，也可以作为财经专业人员上岗前的培训教材，具有较强的实用性。

由于编者水平有限，编写过程中难免有疏漏或者不妥之处，敬请广大读者批评指正，以便及时修改和完善。书中模拟案例中的企业名称、人员名称等，均已经过加工处理，如有雷同，实属巧合。

编　者

目 录

项目一
出纳概述

任务一　出纳工作简介

知识目标

1. 掌握出纳工作的含义。
2. 掌握出纳工作的特点。
3. 掌握出纳工作的基本原则。
4. 掌握出纳工作的职能。
5. 掌握出纳的日常工作内容。
6. 掌握出纳工作方法。

能力目标

1. 能准确理解出纳的基本含义。
2. 能准确理解出纳工作的职能和特点。
3. 能准确掌握账务处理程序。

思政目标

1. 培养学生实事求是、精益求精、永远探索创新的工匠精神。
2. 树立追求真理、严谨治学的求实精神，培养专业素养和职业判断能力。

情境导入

甄仔细是一个刚刚毕业的会计专业中专生，刚步入出纳工作岗位，对工作一无所知，而出纳工作又非常严谨和重要，她听从主管会计的指挥，从中吸取经验教训，获得成长。主管会计今天给甄仔细布置的任务是：

1. 什么是出纳、出纳工作的特点是什么？
2. 出纳人员应遵守的基本原则是什么？
3. 出纳人员的职能和日常工作内容是什么？

同学们，下面我们来一起帮帮她吧。

1.1　出纳工作的含义

出纳工作是管理货币资金、票据、有价证券进出的一项工作。具体来说，出纳工作是按照有关规定和制度，办理本单位的现金收付、银行结算及有关账务，保管库存现金、有价证券、财务印章及有关票据等工作的总称。

出纳工作有广义与狭义之分：从广义上讲，只要是货币资金、票据和有价证券的收付、保管、核算，就都属于出纳工作。狭义的出纳工作则仅指各单位会计部门专设的出纳岗位或人员的各项工作。

1.2 出纳工作的特点

任何工作都有自身的特点和规律，出纳工作是会计工作的组成部分，具有一般会计工作的本质属性，但它又是一个专门的岗位、一项专门的技术，因此，具有自己专门的工作特点。具体包括以下几点。

1. 专业性

出纳作为会计工作的一个重要岗位，有着专门的操作技术和工作规则。凭证如何填、出纳账怎样记都很有学问，就连保险柜的使用与管理也是有讲究的。因此，要做好出纳工作，一方面要求经过一定的职业教育；另一方面也需要在实践中不断积累经验，掌握其工作要领，熟练使用现代化办公工具。

2. 政策性

出纳工作是一项政策性很强的工作，其工作的每个环节都必须依照国家相关财经法规进行。比如办理现金收付要按照国家现金管理规定进行；办理银行结算业务要根据国家银行结算办法进行。《会计法》《会计人员职权条例》《会计基础工作规范》等法规都把出纳工作并入会计工作中来，并对出纳工作提出具体规定和要求。不掌握这些政策法规，就做不好出纳工作；不按这些政策法规办事，就会违反财经纪律。

3. 时效性

出纳工作具有很强的时效性，何时发放职工工资、何时核对银行对账单等，都有严格的要求，一天都不能延误。因此，出纳人员心里应有个时间表，及时办理各项工作，保证出纳工作质量。

4. 社会性

出纳工作担负着一个单位货币资金的收付、存取活动，而这些活动是置身于整个社会经济活动的大环境中的，是和整个社会的经济运转相联系的。只要这个单位发生经济活动，就必然要求出纳人员与社会发生经济关系。比如出纳人员要了解国家有关财会政策法规并参加这方面的学习和培训，出纳人员要经常跑银行等。因此，出纳工作具有广泛的社会性。

1.3 出纳工作的基本原则

出纳工作的基本原则主要指内部牵制原则或者说钱账分管原则。

钱账分管原则是指凡是涉及款项和财物收付、结算及登记的任何一项工作，必须由两人或两人以上分工办理，以起到相互制约作用。《会计法》第三十五条规定：“会计机构内部应当建立稽核制度。出纳人员不得兼任稽核、会计档案保管和收入、支出、费用、债权债务账目的登记工作。”例如，现金和银行存款的支付，应由会计主管人员或其授权的代理人审核、批准，出纳人员付款，记账人员记账；发放工资，应由工资核算人员编制工资单，出纳人员从银行提取现金和分发工资，记账人员记账。实行钱账分管主要是为了加强会计人员相互制约、相互监督、相互核对，提高会计核算质量，防止工作误差和营私舞弊等行为。

《会计法》之所以专门规定出纳人员不得兼管稽核、会计档案保管和收入、支出、费用、债权债务账目的登记工作，是因为出纳人员是各单位专门从事货币资金收付业务的会计人员，根据复式记账原则，每发生一笔货币资金收付业务，必然引起收入、支出、费用或债权债务等账簿记录的变化，或者说每发生一笔货币资金收付业务都要登记收入、支出、费用或债权债务等有关账簿，如果这些账簿登记工作都由出纳人员办理，会给贪污舞弊行为以可乘之机。同样道理，如果稽核、内部档案保管工作由出纳人员兼管，也难以避免利用抽换单据、涂改记录等手段进行舞弊的行为。当然，出纳人员不是完全不能记账，只要所记的账不是收入、支出、费用、债权债务方面的账目，是可以承担一部分记账工作的。总之，钱账分管原则是出纳工作的一项重要原则，各单位都应建立健全这一制度，防止营私舞弊行为的发生，维护国家和单位财产的安全。

1.4 出纳工作的职能

出纳工作是财会工作的一个重要组成部分，出纳工作的职能可概括为收付、反映、监督、管理四个方面。

1. 收付职能

出纳的最基本职能是收付职能。企业经营活动少不了货物价款的收付、往来款项的收付，也少不了各种有价证券以及金融业务往来的办理，这些业务往来的资金、票据和金融证券的收付和办理，以及银行存款收付业务的办理，都必须经过出纳人员之手。

2. 反映职能

出纳的第二个主要职能就是反映职能。出纳要利用统一的货币计量单位，通过其特有的现金与银行存款日记账、有价证券的各种明细账，对本单位的货币资金和有价证券进行详细的记录与核算，以便为经济管理和投资决策提供所需的完整、系统的经济信息。

3. 监督职能

出纳不仅要对本单位的货币资金和有价证券进行详细的记录与核算，为经济管理和投资决策提供所需的完整、系统的经济信息，还要对企业的各种经济业务，特别是货币资金收付业务的合法性、合理性和有效性进行全过程的监督。

4. 管理职能

管理货币资金和有价证券，保证货币资金的合理使用和安全、完整。对本单位资金使用效益进行分析研究，为企业投资决策提供经济信息等。

1.5 出纳的日常工作内容

出纳的日常工作主要包括货币资金核算、往来结算、工资核算三个方面的内容：

1. 货币资金核算的日常工作内容

(1) 办理现金收付，审核审批有据。

(2) 办理银行结算，规范使用支票。

(3) 认真登记日记账，保证日清月结。

(4) 保管库存现金，保管有价证券。

(5) 保管有关印章，登记注销支票。

(6) 复核收入凭证，办理销售结算。

2. 往来结算的日常工作内容

(1) 办理往来结算，建立清算制度。

(2) 核算其他往来款项，防止坏账损失。

3. 工资核算的日常工作内容

(1) 执行工资计划，监督工资使用。

(2) 审核工资单据，发放工资奖金。

(3) 负责工资核算，提供工资数据。

1.6 出纳工作方法

出纳工作方法是完成出纳任务的手段，与整个会计核算方法基本相同：

(1) 原始凭证分类。

(2) 根据原始凭证的分类编制会计凭证。

(3) 凭证审核无误后登记会计账簿。

(4) 按凭证上的编号排好顺序，记账凭证汇总。

(5) 根据试算平衡的记账凭证汇总表，登记总账。

(6) 对账结账。

(7) 记完总账后编制会计报表。

巩固练习

一、单项选择题

1. 下列选项中，不属于出纳工作的职能的是(　　)。

A. 核算　　B. 反映　　C. 监督　　D. 管理

2. 出纳工作的基本原则是(　　)。

A. 内部牵制原则　　B. 配比原则

C. 权责发生制原则　　D. 实质重于形式原则

3. 下列哪项不属于出纳的日常工作？(　　)

A. 票据的保管　　B. 货币资金的收付

C. 有价证券的保管　　D. 编制利润表

4. 出纳负责企业的(　　)工作。

A. 人力资源　　B. 财务　　C. 市场营销　　D. 生产制造

5. 以下哪个不是出纳的主要工作之一？(　　)

A. 管理现金流　　B. 处理银行交易

C. 做年度审核　　D. 记录和报告财务数据

二、多项选择题

1. 下列选项中，属于出纳工作方法的内容的有(　　)。

A. 设置账户　　B. 复式记账

C. 登记账簿　　D. 填制与审核凭证

2. 下列属于出纳日常工作的是(　　)。

A. 办理往来结算　　B. 负责工资核算

C. 月末报税　　D. 发放工资、奖金

任务二　出纳人员的岗位职责

知识目标

1. 掌握出纳人员的概念。
2. 掌握出纳人员职业道德的内容。
3. 掌握出纳人员工作职责与权限。
4. 掌握出纳人员与会计人员的关系。

能力目标

1. 能准确理解出纳人员的职业道德。
2. 能准确理解出纳人员的工作职责。

思政目标

1. 培养学生实事求是、精益求精、永远探索创新的工匠精神。
2. 树立追求真理、严谨治学的求实精神，培养专业素养和职业判断能力。

情境导入

甄仔细出色地完成了公司的各项任务，并且因为工作认真受到了公司的嘉奖，她高兴地和主管会计汇报了近期工作情况。主管会计又向她提出了新的问题：

1. 出纳人员的职业道德有哪些？
2. 出纳人员的工作职责与权限有哪些？

请继续帮助甄仔细回答主管会计的问题。

2.1 什么是出纳人员

从广义上讲，出纳人员既包括会计部门的出纳工作人员，也包括业务部门的各类收款员(收银员)。狭义的出纳人员仅指会计部门的出纳人员。

收款员(收银员)，从其工作内容、方法、要求，以及他们本身应具备的素质等方面看，与会计部门的专职出纳人员有很多相同之处：

(1) 主要工作是办理货币资金和各种票据的收入，保证自己经手的货币资金和票据安全与完整。

(2) 也要填制和审核许多原始凭证。

(3) 同样是直接与货币打交道，除了要有过硬的出纳业务知识，还必须具备良好的财经法纪素养和职业道德修养。

不同的是，收款员一般工作在经济活动的第一线，各种票据和货币资金的收入，特别是货币资金的收入，通常是由他们转交给专职出纳的；另外，收款员的工作过程是收入、保管、核对与上交，一般不专门设置账户进行核算。所以，也可以说，收款员是会计机构的派出人员，他们是各单位出纳队伍中的一员，他们的工作是整个出纳工作的一部分。出纳业务的管理和出纳人员的教育与培训，应从广义角度综合考虑。

2.2 出纳人员职业道德

每个从业人员，不论是从事哪种职业，在职业活动中都要遵守职业道德。职业道德不仅是从业人员在职业活动中的行为标准和要求，更是本行业对社会所承担的道德责任和义务。出纳是一项特殊的职业，整天接触的是大把大把的金钱、成千上万的钞票，真可谓万贯“家财”手中过。没有良好的职业道德，很难做好出纳工作。出纳人员的职业道德，是根据出纳这一岗位的特点，对出纳人员在社会经济生活中的行为提出的道德要求，一般出纳人员应该遵守的职业道德有：

1. 敬业爱岗

出纳人员应当热爱本职工作，努力钻研业务，使自己的知识和技能适应所从事工作的要求。

2. 熟悉法规

出纳人员应当熟悉财经法律、法规、规章和国家统一会计制度，并结合会计工作进行广泛宣传。

3. 依法办事

出纳人员应当按照会计法律、法规和国家统一会计制度规定的程序及要求进行出纳工作，保证提供的信息合法、真实、准确、及时、完整。

4. 客观公正

出纳人员在办理会计事务中，应当实事求是、客观公正。

5. 强化服务

出纳人员应当尽其所能，为改善单位的内部管理、提高经济效益服务。

6. 保守秘密

出纳人员应当保守本单位的商业秘密，除法律规定和单位领导同意外，不能私自向外界提供或泄露单位的会计信息。

除此之外，出纳人员还应特别注意如下两点：

1. 清正廉洁

清正廉洁是出纳人员的立业之本，是出纳人员职业道德的首要方面。

2. 坚持原则

出纳人员肩负着处理各种利益关系的重任，只有坚持原则，才能正确处理国家、集体与个人的利益关系。

2.3 出纳人员工作职责与权限

2.3.1 出纳人员工作职责

根据《会计法》《会计人员职权条例》等法规，出纳人员具有以下岗位责任：

(1) 按照国家有关现金管理和银行结算制度的规定，办理现金收付和银行结算业务。出纳人员应严格遵守现金开支范围，非现金结算范围不得用现金收付；遵守库存限额规定，超限额的现金按规定及时送存银行；现金管理要严格做到日清日结，账面余额与库存现金每日下班前应核对，发现问题，及时查对；企业银行存款日记账也要与银行对账单及时核对，如有不符，立即通知银行调整。

(2) 根据会计制度的规定，在办理现金和银行存款收付业务时，要严格核对有关原始凭证，再据以编制收付款凭证，然后根据所编制的收付款凭证按时间先后顺序逐日逐笔地登记现金日记账和银行存款日记账，并结出余额。

(3) 按照国家外汇管理和结汇、购汇、付汇制度的规定及有关批件，办理外汇出纳业务。随着经济的发展，国际经济交往日益频繁，外汇出纳也越来越重要。所以出纳人员应熟悉国家外汇管理制度，及时办理结汇、购汇、付汇，避免外汇损失。

(4) 掌握银行存款余额，不准签发空头支票，不准出租、出借银行账户为其他单位办理结算。这是出纳人员必须遵守的一条纪律，也是防止经济犯罪、维护经济秩序的重要方面。出纳人员应严格遵守支票和银行账户的使用与管理，从出纳这个岗位上堵住结算漏洞。

(5) 保管库存现金和各种有价证券(如国库券、债券等)的安全与完整。要建立适合本单位情况的现金和有价证券保管责任制，如发生短缺，属于出纳人员责任的要进行赔偿。

(6) 保管有关印章、空白收据和空白支票。印章、空白票据的安全保管十分重要，出纳人员必须高度重视，建立严格的管理办法。通常，单位财务公章和出纳名章要实行分管，交由出纳人员保管的出纳印章要严格规定使用用途，各种票据要办理领用和注销手续。

2.3.2 出纳人员权限

1. 维护财经纪律，执行财会制度，抵制不合法的收支和弄虚作假行为

我国《会计法》中对会计人员如何维护财经纪律提出具体规定。《会计法》的这些规定是：

会计机构、会计人员发现会计账簿记录与实物、款项及有关资料不相符的，按照国家统一的会计制度的规定有权自行处理的，应当及时处理；无权处理的，应当立即向单位负责人报告，请求查明原因，作出处理。

任何单位和个人对违反本法和国家统一的会计制度规定的行为，有权检举。收到检举的部门有权处理的，应当依法按照职责分工及时处理；无权处理的，应当及时移送有权处理的部门处理。收到检举的部门、负责处理的部门应当为检举人保密，不得将检举人姓名和检举材料转给被检举单位和被检举人个人。

2. 参与货币资金计划定额管理的权利

出纳人员每天都和货币资金打交道，在平日开展工作中必须严格遵守《支付结算办法》。而在执行这些法规规定时，实际上就是赋予了出纳人员对货币资金管理的职权。

3. 管好用好货币资金的权利

出纳人员掌握着单位货币资金的来龙去脉及周转速度的快慢。因此，出纳人员应充分发挥主人翁的意识，为单位提出合理安排、利用资金的意见与建议，及时提供货币资金的使用和周转信息，这也是出纳人员义不容辞的责任。

2.4 出纳人员与会计人员的关系

1. 各有分工

会计主要负责企业经济业务的核算，通过对企业经济活动的记录，为企业经济管理和经营决策提供所需要的核算资料。会计不得管钱管物。

出纳分管企业票据、货币资金，以及有价证券等的收付、保管、核算工作。出纳人员不得兼管稽核和保管会计档案，不得负责收入、费用、债权债务等账目的登记工作。

2. 既互相依赖又互相牵制

出纳、会计之间有很强的依赖性。他们核算的依据是相同的，都是会计原始凭证和会计记账凭证，这些作为记账凭证的会计凭证必须在出纳、会计之间按照一定的顺序传递；他们相互利用对方的核算资料；他们共同完成会计任务，不可或缺。他们之间又相互牵制。出纳的现金和银行存款日记账与会计的现金及银行存款总账有金额上的等量关系，两者之间必须相互核对、保持一致，这样就构成了相互牵制与控制的关系。

3. 出纳核算是一种特殊的明细核算

出纳要分别按照现金和银行存款设置与登记现金日记账及银行存款日记账，逐笔序时

地进行明细核算。

4. 出纳工作是一种账实兼管的工作

出纳既要进行出纳账务处理，设置和登记现金日记账及银行存款日记账，又要进行现金、有价证券等实物的管理和银行存款收付业务。出纳这种账实兼管不违背“钱账分管”原则，因为出纳管的是一种特殊的明细账，会计还要设置总账，进行总金额的控制。

5. 出纳工作直接参与经济活动过程

货物价款的收入与支付必须通过出纳来完成。往来款项的收付、各种有价证券的经营及其他金融业务的办理，离不开出纳人员的参与。

其他财务工作一般不直接参与经济活动过程，而只对其进行反映和监督。

巩固练习

一、单项选择题

1. 现金是由(　　)经管的。

A. 出纳　　B. 会计主管人员

C. 总会计师　　D. 单位负责人

2. 企业应设置“现金日记账”，由(　　)按照经济业务发生的先后顺序逐日逐笔登记。

A. 主管人员　　B. 出纳人员

C. 会计人员　　D. 经办人员

二、多项选择题

1. 出纳人员的权限有(　　)。

A. 参与货币资金管理的权力　　B. 管好用好货币资金的权力

C. 抵制不合法收支的行为　　D. 维护财经纪律，执行财会制度

2. 作为一名合格的出纳人员应具备的基本素质要求是(　　)。

A. 要有良好的职业道德　　B. 要有较强的政策水平

C. 要有熟练的专业技能　　D. 要有良好的工作态度

3. 出纳人员要做到具备良好的职业道德，应做到(　　)。

A. 爱岗敬业　　B. 熟悉法规

C. 客观公正　　D. 强化服务

E. 保守秘密

任务三　出纳岗位的内部控制制度

知识目标

1. 掌握出纳机构设置与人员配备。

2. 掌握出纳工作内部控制要求。

能力目标

1. 能准确理解出纳岗位的人员配置。
2. 能准确理解出纳工作的内部控制。

思政目标

1. 培养出纳人员职业道德操守，养成知敬畏、守底线、守诚信的职业品质和德行。
2. 树立追求真理、严谨治学的求实精神，培养专业素养和职业判断能力。

情境导入

甄仔细又遇到了一个难题，在一个企业或一个单位里面，出纳机构与出纳人员是怎么设置的呢？对于出纳工作的内部控制又有什么样的要求呢？

3.1 出纳机构设置与人员配备

3.1.1 出纳机构的设置

出纳机构，一般设置在会计机构内部，如各企事业单位财会科、财会处内部设置专门处理出纳业务的出纳组、出纳室。

《会计法》第三十四条规定：各单位应根据会计业务的需要设置会计机构，或者在有关机构中设置会计岗位并指定会计主管人员。不具备条件的，可以委托经批准设立的会计咨询、服务机构进行代理记账。《会计法》对各单位会计、出纳机构与人员的设置没有做出硬性规定，只是要求各单位根据业务需要来设定。各单位可根据单位规模大小和货币资金管理的要求，结合出纳工作的繁简程度来设置出纳机构。以工业企业为例，大型企业可在财务处下设出纳科；中型企业可在财务科下设出纳室，小型企业可在财务股下配备专职出纳人员。有些主管公司，为了资金的有效管理和总体利用效益，把若干分公司的出纳业务(或部分出纳业务)集中办理，成立专门的内部“结算中心”，这种“结算中心”实际上也是出纳机构。

3.1.2 出纳人员的配备

一般讲，实行独立核算的企业单位，在银行开户的行政事业单位，有经常性现金收入和支出业务的企业、行政事业单位都应配备专职或兼职出纳，担任本单位的出纳工作。出纳人员配备的多少，主要取决于本单位出纳业务量的多少和繁简程度，要以业务需要为原则，既要满足出纳工作量的需要，又要避免徒具形式、人浮于事的现象。一般可采用一人一岗、一人多岗、一岗多人等几种形式。

一人一岗：规模不大的单位，出纳工作量不大，可设专职出纳人员一名。

一人多岗：规模较小的单位，出纳工作量较小，可设兼职出纳人员一名。如无条件单独设置会计机构的单位，至少要在有关机构中(如单位的办公室、后勤部门等)配备兼职出纳人员一名。但兼职出纳不得兼管收入、支出、费用、债权债务账目的登记工作及稽核工作和会计档案保管工作。

一岗多人：规模较大的单位，出纳工作量较大，可设多名出纳人员，如分设管理收付款的出纳人员和管账的出纳人员，或分设现金出纳人员和银行结算出纳人员等。

3.1.3 出纳人员的内部分工

规模较大、业务复杂、出纳人员有两名以上的单位，要在出纳部门内部实行岗位责任制，要对出纳人员的工作进行明确的分工，使每一项出纳工作都有出纳人员负责，每一名出纳人员都有明确的职责。出纳人员的具体分工，要从管理的要求和工作便利等方面综合考虑。通常可按现金与银行存款、银行存款的不同户头、票据与有价证券的办理等工作性质上的差异进行分工。也可以将整个出纳工作划分为不同的阶段和步骤，按工作阶段和步骤进行分工。对于公司内部“结算中心”式的出纳机构中的人员分工，还可以按不同分公司定岗定人。

3.2 出纳工作内部控制要求

货币资金的收付及保管应由被授权批准的专设出纳人员负责，其他人员不得接触。会计部门内部，总账会计、明细账会计不得兼管出纳工作。

出纳人员不能同时负责总账的登记和保管。

出纳人员不能同时负责非货币资金账户的记账工作。即出纳人员不得负责收入、支出、费用、债权债务等账目的登记工作。

出纳人员应与货币资金审批人员相分离，实施严格的审批制度。

货币资金的收付和控制货币资金收支的专用印章不得由一人兼管。即出纳人员不得保管专用于货币资金收付的企业财务专用章。

出纳人员应与货币资金的稽核人员、会计档案保管人员相分离。

出纳人员应与负责现金清查人员和银行对账人员相分离。

建立出纳人员、专用印章保管人员、会计人员、稽核人员、会计档案保管人员及货币资金清查人员的责任制度。

知识拓展

会计人员的回避制度

《会计基础工作规范》规定：“国家机关、国有企业、事业单位任用会计人员应当实行回避制度。单位领导人的直系亲属不得担任本单位的会计机构负责人、会计主管人员。会计机构负责人、会计主管人员的直系亲属不得在本单位会计机构中担任出纳工作。”

需要回避的主要有以下三种亲属关系：

(1) 夫妻关系。夫妻关系是血亲关系和姻亲关系的基础和源泉，它是亲属关系中最核心、最重要的部分，当然需要回避。

(2) 直系血亲关系。直系血亲关系是指具有直接血缘关系的亲属。从法律上讲有两种情况：第一种是出生于同一祖先，有自然联系的亲属，如祖父母、父母、子女等；第二种是指本来没有自然的或直接的血缘关系，但法律上确定其地位与血亲相等，如养父母和养子女之间的关系。直系血亲关系是亲属关系中最为紧密的关系之一，也应当列入回避范围。

(3) 三代以内旁系血亲以及近姻亲关系。旁系血亲是指源于同一祖先的非直系的血亲。所谓三代，就是从自身往上或者往下数三代以内，除了直系血亲以外的血亲，就是三代以内旁系血亲，实际上就是自己的兄弟姐妹及其子女与父母的兄弟姐妹及其子女。所谓近姻亲，主要是指配偶的父母、兄弟姐妹、儿女的配偶及儿女配偶的父母。因为三代以内旁系血亲以及近姻亲关系，在亲属中也是比较亲密的关系，所以也需要回避。

巩固练习

一、单项选择题

1. 关于出纳岗位的内部牵制制度，下列说法不正确的是(　　)。

A. 支票与预留银行印鉴可以由同一人保管

B. 支票签发与支票审核不得由同一人办理

C. 货币资金的会计记录与审核监督职务分离

D. 出纳不得兼管会计稽核、会计档案，以及收入、支出、费用、债权债务等账目

2. 出纳人员的配备不包括(　　)。

A. 一人一岗　　B. 一人多岗　　C. 一岗多人　　D. 多人多岗

二、多项选择题

1. 下列属于设计会计机构时应该考虑的因素有(　　)。

A. 单位业务的需要　　B. 单位规模的大小

C. 资金管理的需求　　D. 单位领导人的意愿

2. 下列属于出纳人员不得兼管的岗位有(　　)。

A. 总账的登记和保管

B. 收入、支出、费用、债权债务等账目的登记工作

C. 总账会计

D. 明细账会计

任务四　出纳基本技能

知识目标

1. 掌握数字和日期的书写规范。

2. 掌握印章使用规定。

能力目标

1. 能准确地书写数字与日期。

2. 能够准确鉴别第五套人民币。

3. 能够掌握多种点钞方式。

思政目标

1. 培养学生实事求是、精益求精、永远探索创新的工匠精神。

2. 培养学生积极主动学习、互助式学习和探究式学习的习惯，同时培养学生团队合作、沟通交流的素养。

情境导入

一天，在处理业务时，主管会计顺便问甄仔细："数字的书写应注意些什么?"甄仔细回答："虽然知道一些具体做法，但如何正确规范填写数字并不十分清楚。"于是，主管会计让老出纳贾会计给甄仔细讲解了数字书写的相关知识。

4.1 数字和日期的书写规范

财政部制定的《会计基础工作规范》要求出纳人员必须具备数字的书写技能。数字的书写技能具体包括阿拉伯数字的书写技能、中文大写数字的书写技能、大小写金额的书写技能。

4.1.1 阿拉伯数字的书写规范

阿拉伯数字应当一个一个地写，不得连笔写。字体要各自成形，大小均衡，排列整齐，字迹工整、清晰。阿拉伯数字的书写要求如下：

(1) 各数字自成体形，大小匀称，笔顺清晰，合乎手写体习惯，流畅、自然、不刻板。

(2) 书写时字迹工整，排列整齐有序，自右上方向左下方倾斜地写，倾斜度约 60 度。

(3) 书写数字时，应使每位数字(7、9 除外)紧靠底线且不要顶满格(行)。

一般来讲，每位数字约占预留格子(或空行)的 1/2 空格位置，每位数字之间一般不要连接，但不可预留间隔(以不增加数字为好)；每位数字上方预留 1/2 空格位置，可以订正错误记录时使用。

(4) 对一组数字的正确书写，应按照自左向右的顺序进行，不可逆方向书写；在没有印刷数字格的会计书写中，同一行相邻数字之间应空出半个数字的位置。

(5) 除 4、5 以外的各单数字，均应一笔写成，不能人为地增加数字的笔画。注意整个数字要书写规范、流利、工整、清晰、易认不易改。

(6) 如在会计运算或会计工作底稿中，运用上下几行数额累计加减时，应尽可能地保证纵行累计数字的位数对应，以免产生计算错误。

(7) 对于不易写好、容易混淆且笔顺相近的数字，应尽可能地按标准字体书写，区分笔顺，避免混同，以防涂改。

如："1"不能写短，且要合乎斜度要求，防止改为"4""6""7""9"；

书写"6"字时可适当扩大其字体，使起笔上伸到格子的1/4处，下圆要明显，以防改为"8"；

"7""9"两字的落笔可下伸到底线外，约占下格的1/4位置；

"6""8""9""0"都必顺把圆圈笔画写顺，并一定要封口；

"2""3""5""8"应各自成体，避免混同。

（8）如果没有账格线，数字书写时要同数位对齐。数字书写的整数部分，可以从小数点向左按"三位一节"用分节号","分开或空一个位置，以便于读数和汇总计算。

（9）正确运用货币符号。如果表示金额时，阿拉伯数字前面应当写货币符号，货币符号与阿拉伯数字之间不得留有空格。阿拉伯数字书写到分位为止，元位以下保留角、分两位小数，以下四舍五入。元和角之间要用小数点"."隔开，没有角分时，应在小数点后写"0"，数字后面不再写货币单位。如图1-1所示。

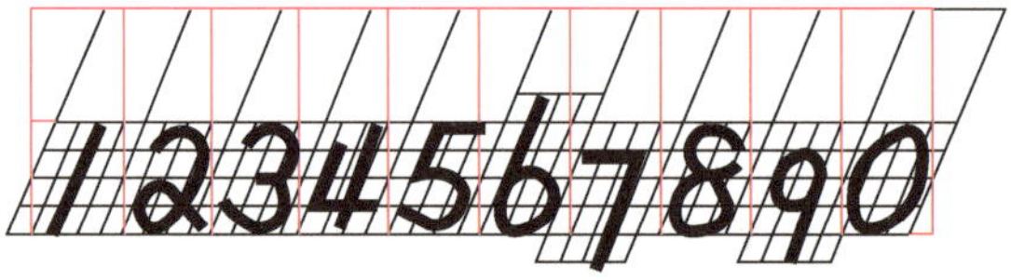

图1-1　阿拉伯数字的书写

4.1.2　中文大写数字的书写规范

中文数字分为大写和小写两种。大写数字主要用于支票、汇票、收据、发票等重要票据。中文大写数字由数码字和数位字两部分组成，其中数码字包括零、壹、贰、叁、肆、伍、陆、柒、捌、玖；数位字包括拾、佰、仟、万、亿、兆、元(圆)、角、分、整(正)。

（1）中文大写数字的书写顺序与读数字的顺序一致。

（2）应用正楷或行书书写，不得用草体等其他字体书写。

（3）字迹整齐、清晰，大小均称，书写流畅，不得连笔。

（4）不可随意简化汉字或用谐音字，更不得擅自造字。

4.1.3　小写金额的书写规范

1. 印有数位线(金额线)的小写数字书写

（1）一般来说，凭证和账簿已印好数位线，必须逐格顺序书写，"角""分"栏金额齐全。

（2）如果"角""分"栏无金额，应该以"0"补位，也可在格子的中间画一短横线代替。

（3）如果金额有角无分，则应在分位上补写"0"，不能用"-"代替。

2. 没有数位线(金额线)的小写数字书写

（1）如果没有角分，仍应在元位后的小数点"."后补写"00"或画一短横线。如：

¥95,367.00。

（2）如果金额有角无分，则应在分位上补写“0”。如：¥95,367.30(√)。

3. 合理运用货币币种符号

（1）阿拉伯金额数字前面应当书写货币币种符号(如人民币符号“¥”)或者货币名称简写和币种符号。币种符号与阿拉伯金额数字之间不得留有空格。如：¥95,367.00(√)，95,367.00(×)。

（2）凡阿拉伯数字前写有币种符号的，数字后面不再写货币单位。印有“人民币”三个字不可再写“¥”符号，但在金额末尾应加写“元”字。如：¥95,367.00(√)，¥95,367.00 元(×)，人民币¥95,367.00 元(×)，人民币 95,367.00 元(√)。

4.1.4 大写金额的书写规范

（1）写金额前应标明货币名称(如“人民币”)字样，且与金额数字之间不得留有空白。如果大写数字前没有印好货币名称，应手写填上。

（2）正确使用“整”字。中文大写金额数字到“元”为止的，在“元”之后应写“整”(或“正”)字，在“角”之后可以不写“整”(或“正”)字。大写金额数字有“分”的，“分”后面不写“整”(或“正”)字。

（3）正确使用数字中间的“零”字。小写金额数字中有“0”时，要针对“0”的不同位置在大写金额中正确使用“零”字。

（4）在印有大写金额数位的凭证中书写大写金额时，应对位填写，在小写金额中有“0”的，均要在相应的数位上写上“零”字，金额前面有空位的，可画“×”。

（5）各种票据和结算凭证中的大写金额一律不许涂改，一旦写错必须作废，另行填写。

4.2 错字的订正

1. 原始凭证中小写数字和文字书写错误的订正

原始凭证是记录经济业务发生的证明，主要有各式发票、货运单据等。在实际工作中如果原始凭证上记录的经济业务的数字金额发生错误，是不可以修改的，必须重新填制一张新的原始凭证，将原填错的凭证加盖作废章后加以保管；如果是发票等原始凭证的文字错误，可以采取由出票人在错字上划线，并在其上方写出正确文字的方法进行订正，并加盖原出票人的签章以明确责任。对于自制的原始凭证，若填写错误，无论是数字还是文字错误，均应采取重新填写一张的办法予以解决。

2. 记账凭证中小写数字和文字错误的订正

记账凭证的错误如果在登记账簿以前发现，无论是文字还是数字错误均可重新填制一张新的凭证，原凭证不用保留。如果记账凭证在登记账簿后发现错误，就要根据错误发生的具体情况采用“补充登记法”或其他正确的冲账方式进行改正。

3. 账簿登记中文字和金额错误的订正

如果在账簿结账前发现过账(将正确凭证上的经济事项过记到相关账簿的过程)错误

或计算错误，则应将错误的数字整个从头至尾划一道红线，然后再将正确数字写在其上方，并加盖个人签章，以示责任。不能只改正其中个别的错误数码，更不得在原数字上涂改、挖补、刮擦或用消字药水消迹。若是错误的文字，则可在错误的个别文字上划线，并在其上方写上正确文字进行订正。如结账后发现错误，则要按正确的更正错账方法加以更正。

4.3 大写、小写日期书写

1. 小写日期书写规范

（1）年份的书写。应当按照公历习惯，以阿拉伯数字完整书写。

（2）月份的书写。1~9 月，在月份前加写“0”；10~12 月，按照正常数字书写。

（3）日数的书写。1~9 日，在日数前加写“0”；10~31 日，按照正常数字书写。

2. 大写日期书写规范

（1）年份的书写。年份按照公历习惯以中文大写数字完整书写。

（2）月份的书写。1 月、2 月和 10 月，在月份前加写“零”字；3~9 月，按照月份数字的中文发音规律直接书写；11 月和 12 月，按月份数字的中文发音规律，在第一个数字前加写“壹”字。

（3）日数的书写。1~9 日和 10 日、20 日、30 日，按数字的中文发音规律在第一个数字前加写“零”字；11~19 日，按照数字的中文发音规律在第一个数字前加写“壹”字；21~29 日和 31 日，按照数字的中文发音规律直接书写。

4.4 印章使用规定

企业印章是指企业刻制的以文字、图记表明主体同一性的公章、专用章，它是企业从事民事活动、行政活动的符号和标记。

企业印章是企业身份和权力的证明。盖有企业印章的文件，是受法律保护的有效文件，同时意味着企业对文件的内容承担法律责任。企业印章如被他人盗用或冒用，很可能给企业带来不必要的纠纷和企业无法承担的责任。

企业印章是公司经营管理活动中行使职权的重要凭证和工具，印章的管理，关系到公司正常经营管理活动的开展，甚至影响到公司的生存和发展。

在日常工作中，出纳在处理现金和银行存款的收付业务时，经常会用到各种印章。出纳对企业印章的使用及管理，要做好以下工作：一是印章的识别；二是印章的使用与管理。

1. 印章的识别

企业的印章主要有：公章、财务专用章、法定代表人章、合同专用章、发票专用章、现金收讫章、现金付讫章和作废章等，如图 1-2 所示。

图 1-2　企业印章

（1）公章。代表公司对外签章，凡以企业名义对外发文、开具介绍信、报送报表等一律需要加盖公章。比如：单位对外的正式信函、文件、报告、章程、证明以及相关资料的复印件等。

（2）合同章。凡属经营类的合同、协议等文本，一般使用企业合同专用章或企业法人公章，但明确需要公章的不能用合同章。

（3）法定代表人章。代表公司的法定代表人认可，一般不单独使用，与公章一起使用表示法人认可，与合同章一起用于合同签章，与财务章一起用于银行预留印鉴。注意：法定代表人章如果单独使用只代表法定代表人个人行为，如果与其他章一同使用则代表公司行为。

（4）财务专用章。主要与法定代表人章一起作为银行预留印鉴（去银行开户时留存的），凡属财务会计业务的，须用财务专用章。如取现金、转账支票、银行承兑汇票等银行结算业务，还用于开具收据给对方单位会计核算等。一般由企业的专门财务人员管理，如财务主管或出纳等。

（5）发票专用章。开票或领票时使用。

（6）现金收讫、现金付讫章。分别表示收到和付出现金，一般用于出纳办理现金收付业务时加盖。

（7）作废章。一般用于发票、收据文件等填写错误予以作废时加盖。

2. 印章的使用及管理

（1）印章使用：

银行票据上的预留印鉴必须清晰、易辨别审核，否则银行不予受理。出纳应掌握正确的用印方法和习惯，包括盖章时印章要均匀蘸色，先在其他纸面试盖印章，判断印鉴是否清晰；要在票据提示盖章的位置盖章；使用后要及时收存；若印章需要带离公司，要办理报批和登记手续。

以单位名义上报、外送、下发的文件资料（含文件、资料、报表等），经单位负责人审阅批准后方可加盖公章。

申请盖章人须填写申请单，填写内容包括：申请部门、经办人姓名（本人签名）、申请日期、文件名称及内容摘要、拟报送部门或用途等，内容应填写完整无误，经申请部门领导、分管领导审批同意后，与需加盖公章的文件资料一并送单位负责人（或经单位负责人明确授权的盖章签批人，下同）核准签批。文件资料的内容如需要其他部门核实确认的，申请单上还应有其他部门相应人员的签字。

（2）印章管理：

印章管理包括刻印、授权、使用、废止、更换。企业印章的管理应做到分散管理、相互制约、专人保管、严格审批、严格使用登记、规范用印。

印章应授权指定的保管人负责保管，被指定的保管人应具备良好的职业道德和操守。印章保管人具有保管、登记、监督等多重责任与权利。

任何部门在启用印章前，均须在行政部门办理领取手续，接受相应的权责告知，明确印章使用范围，并办理印章书面签收手续。

企业预留在银行的印鉴必须为公司法定代表人章、财务专用章。法定代表人章与公章应分部门保管，其保管人不得为同一人。

印章保管人应妥善保管印章，并规范用印。防止印章丢失、被盗用、滥用等行为给企业造成损失。非特别原因，严禁在空白纸张、空白格式化文件上加盖公章、合同章、业务章、财务专用章和法定代表人章等。经单位负责人特别批准同意加盖的空白纸张、空白格式化文件应采取编号、专人管理、严格审批、使用登记、定期稽核使用情况、定期缴销（剩余纸张或文件）等办法严格管理。

严禁任何人未经批准擅自将公章、合同章、法定代表人章借出带离单位使用。确需携带公章、合同章等外出办事或出差时，应事先经单位负责人批准，并应至少由两人共同登记“印章借用登记本”，共同携带印章、共同使用。办理完毕后，经办人应共同归还印章，并办理借用注销登记。

印章的使用涉及单位业务的方方面面，对于单位的生存发展起到至关重要的作用，千万不能忽视。

4.5 保险柜的管理和使用

1. 保险柜的管理

保险柜一般由总会计师或财务处（科、股）长授权，由出纳人员负责管理使用。

2. 保险柜钥匙的配备

保险柜要配备两把钥匙，一把由出纳人员保管，供出纳人员日常工作开启使用；另一把交由保卫部门封存，或由单位总会计师或财务处（科、股）长负责保管，以备特殊情况下经有关领导批准后开启使用。出纳人员不能将保险柜钥匙交由他人代为保管。

3. 保险柜的开启

保险柜只能由出纳人员开启使用，非出纳人员不得开启保险柜。如果单位总会计师或财务处（科、股）长需要对出纳人员工作进行检查，如检查库存现金限额、核对实际库存现金数额，或者有其他特殊情况需要开启保险柜的，应按规定的程序由总会计师或财务处（科、股）长开启，在一般情况下不得任意开启由出纳人员掌管使用的保险柜。

4. 财物的保管

每日终了后，出纳人员应将其使用的空白支票（包括现金支票和转账支票）、银钱收据、印章等放入保险柜内。保险柜内存放的现金应设置和登记现金日记账，其他有价证券、存折、票据等应按种类造册登记，贵重物品应按种类设置备查簿登记其质量、金额等，所有财物应与账簿记录核对相符。按规定，保险柜内不得存放私人财物。

5. 保险柜密码

出纳人员应将自己保管使用的保险柜密码严格保密，不得向他人泄露，以防被他人利用。出纳人员调动岗位，新出纳人员应更换使用新密码。

6. 保险柜的维护

保险柜应放置在隐蔽、干燥之处，注意通风、防湿、防潮、防虫和防鼠；保险柜外要经常擦干净，保险柜内财物应保持整洁卫生、存放整齐。一旦保险柜发生故障，应到公安机关指定的维修点进行修理，以防泄密或失盗。

7. 保险柜被盗的处理

出纳人员发现保险柜被盗后应保护好现场，迅速报告公安机关(或保卫部门)，待公安机关勘查现场时才能清理财物被盗情况。节假日满两天以上或出纳人员离开两天以上没有派人代其工作的，应在保险柜锁孔处贴上封条，出纳人员到岗工作时揭封。如发现封条被撕掉或锁孔处被弄坏，也应迅速向公安机关(或保卫部门)报告，以使公安机关(或保卫部门)及时查清情况，防止不法分子进一步作案。

4.6 鉴别第五套人民币

1. 第五套人民币的特点

突出了“三大”，即大人像、大水印、大面额数字，方便了流通使用，强化了防伪功能，便于公众识别。

构图尽显中国特色，各券种正面主景全部采用了开国元勋毛泽东的头像，并辅以中国名花装饰图案和民族装饰纹样，体现了中国文化特色：100 元、50 元券的背面主景分别采用我国著名建筑人民大会堂和布达拉宫，20 元、10 元、5 元、1 元券分别采用我国著名风景桂林山水、长江三峡、泰山、西湖，如图 1-3 所示。

2. 鉴别人民币的基本方法

(1) 看。即观察票上是否具备防伪措施，用眼睛仔细地观察票面外观颜色、固定人像水印、安全线、胶印缩微文字、红色和蓝色纤维、隐形面额数字、光变油墨面额数字、阴阳互补对印图案、横竖双号码等。真币的图案颜色协调，图案、人像层次丰富，富有立体感，人物形象表情传神，色调柔和亮丽；票面中的水印立体感强，层次分明，灰度清晰；安全线牢固地与纸张黏合在一起，并有特殊的防伪标记；阴阳互补对印图案完整、准确；各种线条粗细均匀，直线、斜线、波纹线明晰、光洁。无以上特征的均为假币。

眼看检查最少三重点：一是检查纸张水印、二是检查安全线、三是检查正背对印。

图 1-3　第五套人民币样张

（2）摸。手摸的主要方法是：一摸钞票的纸质。人民币是采用特种材料，用专用设备抄造而成，其纸质表面光滑、厚薄均匀，纸张挺括，手感好。二摸钞票人像、行名、面额数字、盲文面额标记、深色花边等，其采用雕刻凹版印刷技术，用手触摸有凹凸感，用手指来回抚摸时发涩，假钞多采用平版胶印或复印机复印，墨层薄，用手指抚摸平滑。

假人民币的正背面主景图案大多是由细点或实线条组成，图案颜色不正、缺乏层次、明暗过渡不自然。特别是人像图案目光无神，发丝线条模糊，用手触摸无凹凸感。但是，目前也发现有一部分假币在凹印图案部位涂抹胶水或压痕来模仿凹印效果。

手摸检查三部位：一摸凹印手感线与人像衣领下方、二摸大面额数字、三摸盲文面额标记。

（3）听。耳听的主要方法是：对于六成新以上的钞票，用手抖、甩、弹时，真钞能够发出清脆的声音，而假钞声音发闷。

耳听检查三个字“抖”“甩”“弹”。即通过抖动钞票使其发出声响，根据声音来分辨人民币真伪。人民币的纸张，具有挺括、耐折、不易撕裂的特点。手持钞票用力抖动、手指轻弹或两手一张一弛轻轻对称拉动，能听到清脆响亮的声音。

（4）量。以真币为标准，与相应的可疑图案对照比较。注意钞票规格尺寸是否符合标准、钞票边缘是否整齐等。

（5）借助检测手段检测就是借助一些简单工具和专用仪器进行钞票真伪识别的方法。如借助放大镜来观察票面线条的清晰度，胶、凹印缩微文字等；用紫外灯光照射钞票，观察有色和无色荧光油墨印刷图案，纸张中不规则分布的黄、蓝两色荧光纤维；用磁性检测仪检测黑色横号码的磁性。

4.7 点钞

点钞是一种金融机构和商业企业常见的行为，指的是对现金进行清点和核对的过程。点钞的目的是确保现金数额的准确性和完整性，以提高金融机构和商业企业的资金管理效率和安全性。作为整理、清点货币的一项专门技术，点钞是出纳人员必须具备的一项基本技能。

1. 点钞的基本程序和基本要求

（1）点钞的基本程序。

拆把：把待点的成把钞票的封条拆掉。

点数：手点钞，脑记数，点准一百张。

扎把：把点准的一百张钞票墩齐(四条边水平，不露头，卷角拉平)，用腰条扎紧。

盖章：在扎好的钞票的腰条上加盖经办人名章，以明确责任。

（2）点钞的基本要求。

操作定型，用品定位：点钞时使用的印泥、图章、腰条等要按使用顺序固定位置放好，以便点钞时使用顺手。

点数准确：点钞技术关键是一个“准”字，清点和记数的准确是点钞的基本要求。点数准确一要精神集中；二要定型操作；三要手点、脑记，手、眼、脑紧密配合。

钞票墩齐：钞票点好后必须墩齐才能扎把。

扎把捆紧：扎小把，以提起把中第一张钞票不被抽出为准。按“#”字形捆扎的大捆，以用力推不变形、抽不出票把为准。

盖章清晰：腰条上的名章，是分清责任的标志，每个人整点后都要盖章，图章要清晰可辨。

动作连贯：动作连贯是保证点钞质量和提高效率的必要条件，点钞过程的各个环节(拆把、清点、墩齐、扎把、盖章)必须密切配合、环环相扣。清点中双手动作要协调，速度要均匀，要注意减少不必要的小动作。

2. 点钞的分类和方法

点钞分为手工点钞和机器点钞，手工点钞又细分为清点和整点纸币，本节重点分析手工整点纸币的方法。

对于手工点钞，根据持票姿势不同，又可划分为手持式点钞方法和手按式点钞方法。手按式点钞方法，是将钞票放在台面上操作；手持式点钞方法是在手按式点钞方法的基础上发展而来的，其速度远比手按式点钞方法快，因此，手持式点钞方法在全国各地应用比较普遍。手持式点钞根据指法不同又可分为：单指单张点钞法、单指多张点钞法、多指多张点钞法等。

（1）单指单张点钞法的操作。用一个手指一次点一张的方法叫单指单张点钞法。这种方法是点钞中最基本也是最常用的一种方法，使用范围较广、频率较高，适用于收款、付款和整点各种新旧大小钞票。这种点钞方法由于持票面小，能看到票面的四分之三，容易发现假钞及残破票，缺点是点一张记一个数，比较费力。具体操作方法：

① 持票。左手横执钞票，下面朝向身体，左手拇指在钞票正面左端约四分之一处，食指与中指在钞票背面与拇指同时捏住钞票，无名指与小指自然弯曲并伸向票前左下方，与中指夹紧钞票，食指伸直，拇指向上移动，按住钞票侧面，将钞票压成瓦形，左手将钞票从桌面上擦过，拇指顺势将钞票向上翻成微开的扇形，同时，右手拇指、食指做点钞准备。

② 清点。左手持钞并形成瓦形后，右手食指托住钞票背面右上角，用拇指尖逐张向下捻动钞票右上角，捻动幅度要小，不要抬得过高。要轻捻，食指在钞票背面的右端配合拇指捻动，左手拇指按捏钞票不要过紧，要配合右手起自然助推的作用。右手的无名指将捻起的钞票向怀里弹，要注意轻点快弹。

③ 记数。与清点同时进行。在点数速度快的情况下，往往由于记数迟缓而影响点钞的效率，因此记数应该采用分组记数法。把 10 作 1 记，即 1、2、3、4、5、6、7、8、9、1(即10)，1、2、3、4、5、6、7、8、9、2(即20)，依此类推，数到1、2、3、4、5、6、7、8、9、10(即100)。采用这种记数法记数既简单又快捷，省力又好记。但记数时要默记，不要念出声，做到脑、眼、手密切配合，既准又快。

（2）单指多张点钞法的操作。点钞时，一指同时点两张或两张以上的方法叫单指多张点钞法。它适用于收款、付款和各种券别的整点工作。点钞时记数简单省力，效率高。但也有缺点，就是在一指捻几张时，由于不能看到中间几张的全部票面，所以假钞和残破票不易发现。这种点钞法除了记数和清点外，其他均与单指单张点钞法相同。

① 持票。(同单指单张点钞法)

② 清点。清点时，右手食指放在钞票背面右上角，拇指肚放在正面右上角，拇指尖超出票面，用拇指肚先捻钞。单指双张点钞法，拇指肚先捻第一张，拇指尖捻第二张。单指多张点钞法，拇指用力要均衡，捻的幅度不要太大，食指、中指在票后面配合捻动，拇指捻张，无名指向怀里弹。在右手拇指往下捻动的同时，左手拇指稍抬，使票面拱起，从侧边分层错开，便于看清张数，左手拇指往下拨钞票，右手拇指抬起让钞票下落，左手拇指在拨钞的同时下按其余钞票，左、右两手拇指一起一落协调动作，如此循环，直至点完。

③ 记数。采用分组记数法。如：点双数，两张为一组记一个数，50 组就是 100 张。

（3）多指多张点钞法的操作。点钞时用小指、无名指、中指、食指依次捻下一张钞票，一次清点四张钞票的方法，也叫四指四张点钞法。这种点钞法适用于收款、付款和整点工作，这种点钞方法不仅省力、省脑，而且效率高。能够逐张识别假钞和挑出残破票。

① 持票。用左手持钞，中指在前，食指、无名指、小指在后，将钞票夹紧，四指同时弯曲将钞票轻压成瓦形，拇指在钞票的右上角外面，将钞票推成小扇面，然后手腕向里转，使钞票的右里角抬起，右手五指准备清点。

② 清点。右手腕抬起，拇指贴在钞票的右里角，其余四指同时弯曲并拢，从小指开始每指捻动一张钞票，依次下滑四个手指，每一次下滑动作捻下四张钞票，循环操作，直至

点完 100 张。

③ 记数。采用分组记数法。每次点四张为一组，记满 25 组为 100 张。

巩固练习

一、数字书写综合练习

1. 中文大写数字练习。

题号	阿拉伯数字	中文大写数字
1	36.17	应读(写)成：
2	46.08	应读(写)成：
3	21,305,000	应读(写)成：
4	300,005.14	应读(写)成：
5	433.16	应读(写)成：
6	12,604,002	应读(写)成：
7	53.04	应读(写)成：
8	9,720	应读(写)成：
9	165,720	应读(写)成：
10	385,012	应读(写)成：

2. 小写金额数字练习。

题号	大写金额数字	小写金额数字
1	人民币贰拾叁元陆角捌分	
2	人民币壹仟零贰拾肆元零伍分	
3	人民币捌拾贰万陆仟肆佰贰拾叁元整	
4	人民币壹拾玖元壹角玖分	
5	人民币叁角捌分	
6	人民币贰佰肆拾伍元整	
7	人民币叁仟肆佰贰拾陆元壹角柒分	
8	人民币叁拾万元整	

二、单项选择题

1. 某企业销售产品价值为 23,581.79 元，销售发票上的正确中文大写金额是人民币(　　)。

A. 二万三千五百八十一元七角九分　　B. 贰万叁仟伍佰捌拾壹元柒角玖分

C. 贰万叁仟伍佰捌拾壹元柒角玖分整　　D. 贰万叁仟伍佰捌拾壹元柒角玖分正

2. 公司的公章、财务专用章、发票专用章应该如何刻制？(　　)

A. 到公司所在地的公安局刻制，再去公司所在地的公安局备案

B. 先去公司所在地的公安局备案，再到公安局指定的刻章单位刻制

C. 先去公司所在地的公安局备案，再到私人刻章店刻制

D. 到公安局指定刻章单位刻制，再去公司所在地的公安局备案

3. 写原始凭证时，不符合书写要求的是(　　)。

A. 阿拉伯数字前面应当写货币币种符号

B. 大写金额有分的，分字后面可以写整，也可以不写整

C. 汉字大写金额不得写简化字

D. 书写金额与币种符号间不得留有空白

4. 在填写现金支票出票日期时，“10 月 30 日”应填写成(　　)。

A. 拾月叁拾日　　B. 零拾月零叁拾日

C. 壹拾月叁拾日　　D. 零壹拾月零叁拾日

5. ¥15,409.02，写成大写金额为(　　)。

A. 壹万伍仟肆佰零玖元贰分　　B. 壹万伍仟肆佰零玖元零贰分

C. 壹万伍仟肆佰零玖元零角贰分　　D. 壹万伍仟肆佰零玖元零贰分整

6. ¥2,100.67 的大写金额正确的有(　　)。

A. 贰仟壹佰元陆角染分　　B. 贰仟壹佰元零陆角染分正

C. 贰仟壹佰元零陆角染分　　D. 贰仟壹佰零零元陆角染分

三、多项选择题

1. 请问以下哪些方法可以检验钞票真伪？(　　)

A. 一看：看水印、看安全线、看钞票上的图案颜色是否正常

B. 二摸：摸是否有凹凸感

C. 三听：听响声是否清脆

D. 四测：用验钞机或其他仪器检测

四、判断题

1. 填写原始凭证时小写金额 ¥30,068.45，大写应写为：人民币叁万零陆拾捌元肆角伍分整。(　　)

2. 出纳人员应配备专用保险柜，保险柜钥匙由其他人员专人保管，不得交由其他人员代管保险柜密码。(　　)

任务五　支付方式和工具的使用

知识目标

1. 认识不同支付的工具。

2. 认识不同支付的方式。

能力目标

1. 能准确操作支付工具。
2. 能准确完成不同支付流程。

思政目标

1. 培养学生实事求是、精益求精、永远探索创新的工匠精神。
2. 树立追求真理、严谨治学的求实精神，培养专业素养和职业判断能力。

情境导入

甄仔细和朋友去超市购物，在结账的时候甄仔细表示用现金结算，朋友觉得现在智能手机和网络都已经普及了，现金支付太落后了，电子支付、智能支付才是社会的主流，甄仔细觉得现金与信用卡支付这些传统支付方式更安全简单。

你更支持谁的观点呢？

5.1 日常主要支付方式及特点

随着经济发展和社会进步，付款方式日趋多样化，除了传统的现金支付，还有电子支付、移动支付、信用卡支付等。这些付款方式各有优缺点，我们在日常生活中常使用的支付方式分别有什么样的特点呢？

1. 现金支付

现金支付是最传统的一种支付方式，几乎是所有交易场合都可以使用的付款方式。它的优点在于支付便捷、不需要银行卡或手机终端、不受网络或电力等因素的影响，而且易于抵御一些小额的诈骗行为。但现金支付也有其缺点，如易丢失、存放不安全、找零麻烦等。

2. 银行卡 POS 支付

银行卡 POS 支付是在销售点进行的支付方式，也就是在商店、超市等销售场所通过 POS 机进行的支付方式。POS 机是一种电子支付终端设备，它能够读取银行卡上的信息并将交易信息传输到银行系统中，完成支付过程。

3. 移动支付

移动支付是一种基于移动通信网络的数字支付方式，如手机银行、NFC 支付、Apple Pay 等。移动支付的优点在于更加灵活，能够在任意时刻、任意地点进行支付。同时，移动支付的安全性不逊于其他支付方式，并且还可以与其他应用形态相结合，如家政、餐饮等行业。但移动支付也存在问题，如设备依赖性强、兼容性低、手续费较高等。

4. 第三方电子支付

电子支付是指通过终端设备进行数字化支付的方式，如支付宝支付、微信支付、银联二维码支付、京东支付等。这些支付方式的优点在于即时到账、支付便捷、不受时间和地域限制，且安全性较高。但使用电子支付也有风险，如账户被盗刷、网络不稳定导致支付失败、应用程序存在漏洞等。

5. 数字人民币支付

数字人民币是由中国人民银行发行的数字形式的法定货币，该人民币是以数字的形式支付，以广义账户系统为基础，适用银行账户，与纸币等价。数字人民币的优势在于有国家信用担保、更加具有法律保障、支付更加便捷、节省成本、更具普惠性，也有利于打破支付垄断等。

5.2 现金支付的流程及注意事项

（1）收银员唱收现金。扫描完顾客所有商品后，按下“结账”键，POS 机屏幕会显示应收顾客的金额。

（2）现金清点并辨别假币。收银员接受现金付款时，要仔细清点钞票，同时对现金进行真假币的识别。一般收银台均配有伪钞识别机。

（3）输入所收金额。清点完所收的钱款，选择现金付款方式，并将所收金额正确地输入收银机中，然后按“结账”或“回车”键。

（4）打印票据。

（5）正确找零。将收到的不同面值现金放入钱箱规定的格中，不能混放或放错位置。按收银机计算的余额，从钱箱中为顾客找零，按照大钞放下面、零钱放上面的原则。此外，银行卡单及有价证券不能与现金混放。

5.3 银行卡 POS 支付的流程及注意事项

1. 开机并选择支付方式

开机并登录操作账号。选择相应支付方式，包括刷卡、插卡、扫码支付等多种形式。消费者可以根据自己的习惯和商户提供的选项选择合适的支付方式。

2. 输入支付金额

一旦支付方式确定，消费者需要输入支付金额。通常，商户会在收银台或支付页面上显示需要支付的金额，消费者需要将该金额输入 POS 机系统中。

3. 插卡或刷卡

根据所选择的支付方式，消费者需要进行相应的操作。如果是插卡支付，消费者需要将银行卡插入 POS 机或读卡器中，确保卡片与设备连接良好。如果是刷卡支付，消费者需要将银行卡的磁条从 POS 机或刷卡设备刷过。

4. 输入密码或签名确认

完成插卡或刷卡之后，消费者可能需要进行额外的身份验证。一般情况下，包括输入密码或进行签名确认。密码输入可以保证支付的安全性，而签名确认则是一种额外的身份验证方式。

5. 授权和交易处理

在输入密码或签名确认之后，银行卡收单系统将自动向银行发送支付请求，请求对交易进行授权和处理。系统会将支付金额、商户信息和卡片信息等关键数据发送给银行，银行会根据消费者的账户余额和交易记录来做出相应的处理。

6. 交易结果返回

银行收到支付请求后，会对交易进行处理并生成交易结果。交易结果会通过银行卡收单系统返回给商户和消费者。如果交易成功，系统会显示支付成功的提示信息；如果交易失败，系统会显示支付失败的相关信息。

7. 支付完成

一旦交易结果返回并确认支付成功，支付过程就完成了。消费者可以收到支付成功的凭证，例如收据或订单确认短信，同时商户也会收到支付成功的通知，并准备完成订单或提供相关服务。

5.4 数字人民币支付的流程

（1）下载数字人民币 App：用户需要先在手机应用商店下载数字人民币 App，并使用手机号注册账户。

（2）开通数字人民币钱包：用户需要先在支持数字人民币的银行或支付机构开通数字人民币钱包，并完成实名认证和绑定银行卡等操作。

（3）充值数字人民币：用户可以通过银行转账、手机银行或其他支付工具将人民币充值到数字人民币钱包中。

（4）展示付款码：在支持数字人民币支付的商家，用户可以打开数字人民币钱包，选择“付款”功能，展示付款码给商家进行扫码支付。

（5）扫码支付：商家使用扫码设备扫描用户的付款码，获取支付金额等信息。

（6）确认支付：用户在手机上确认支付金额和商户信息，输入支付密码或进行指纹/人脸识别等身份验证。

（7）完成支付：支付成功后，用户和商家会收到相应的支付成功提示。

巩固练习

一、单项选择题

1. (　　)是 POS 机开机后收银员必须进行的第一项操作。

A. 签退　　B. 签到

C. 预授权完成撤销　　D. 消费撤销

2. 以数据形式流通的货币是(　　)。

A. 数字人民币　　B. 汇票　　C. 支票　　D. 现金

3. 数字人民币兼有纸质现金和数字化的优势，其主要特点不包括(　　)。

A. 安全性高　　B. 不受网络影响

C. 支付便捷　　D. 成本低

4. 以下哪种支付方式需要通过银行卡在 POS 机上进行操作？(　　)

A. 支付宝付款码　　B. 微信支付

C. 银行卡刷卡支付　　D. 网银支付

二、多项选择题

1. 现金收银操作流程包括(　　)。

A. 唱收现金　　B. 输入收费金额

C. 刷卡　　D. 打印购物小票

项目二

现金收付业务

任务一　现金及现金管理

知识目标

1. 了解现金及现金管理的基础知识。
2. 了解我国关于库存现金限额管理的规定。
3. 掌握现金管理原则。

能力目标

1. 会计算库存现金限额。
2. 会自行与开户银行核对库存现金限额并填写相关单据。

思政目标

1. 养成实事求是、精益求精的工匠精神。
2. 养成坚持原则、按规定办事的会计职业道德。

情境导入

值得财务人员警惕的“小金库”

甄仔细会计专业毕业后来到 ABC 公司作出纳，一天主管拿来清理废旧物资的现金收入 5000 元交给她，这时甄仔细说：“请您做一下缴款登记，我填好现金缴款单后送交银行。”而主管对她说：“废旧物资收入账上并没有必要存入公司账户。”同时主管还告诉她这 5000 元算是财务部的备用金，专供财务使用。

请问主管的这种做法对吗？甄仔细该怎样做呢？

我们知道，在从事出纳工作之后，都会不可避免地与现金打交道，而现金管理也是出纳工作中的重中之重，下面我们就来具体地学习一下现金收付业务，先来看一下现金及现金管理。

现金是企业资产中流动性最强的一项资产。根据国家现金管理制度和结算制度的规定，每个单位都必须严格按照国务院发布的《现金管理暂行条例》及其实施细则的规定收支和使用现金，加强现金的管理，并接受开户银行的监督。

1.1　现金的概念

现金是指随时可作为流通与支付手段的票证，不论是法定货币还是信用票证，只要具有购买或者支付能力，均可视为现金。现金有广义和狭义之分，广义上的现金就是会计上的现金，它包括库存现金和视同现金的各种银行存款和流通证券以及其他货币资金。

狭义的现金是指单位的库存现金，即存放在单位并由出纳人员保管的现金，可随时用于购买所需要的物资、支付日常零星开支、偿还债务等。它包括库存的人民币和各种外币。本节所讲的现金就是狭义上的现金，即库存现金。

1.2 库存现金限额的含义

为了加强对现金的管理，既保证各单位现金的安全，又促使货币回笼，及时开支，国家规定由开户银行给各单位核定一个保留现金的最高额度，即库存现金限额，是指为保证各单位日常零星支付按规定允许留存的现金的最高数额。

1.3 库存现金限额的核定

核定原则：库存现金限额的核定既要保证单位日常零星现金支付的合理需要，又要尽量减少现金的使用。

核定管理：库存现金的限额，由开户银行根据开户单位的实际需要和距离银行远近等情况核定。其限额一般按照单位 3~5 天日常零星开支所需现金确定。远离银行机构或交通不便的单位可依据实际情况适当放宽，但最高不得超过 15 天。按照规定，库存现金限额每年核定一次。

核定程序：

(1) 开户单位与开户银行协商库存现金限额的天数，计算库存现金的限额。

库存现金的限额核定公式为：

库存现金限额＝每日零星支出额×核定天数

每日零星支出额＝年现金正常支出额(不包括定期的大额现金支出和不定期的大额现金支出)/年平均天数

例：某公司 2024 年度现金正常支出总额如下，且协商核定天数为 4 天。

零星材料采购需用现金：252000 元

差旅费需用现金：180000 元

其他支出需用现金：216000 元

该公司各项目库存现金限额计算如下：

零星材料采购库存现金限额＝252000÷360×4＝2800 元

差旅费库存现金限额＝180000÷360×4＝2000 元

其他支出库存现金限额＝216000÷360×4＝2400 元

(2) 由开户单位填写“库存现金限额申请批准书”，加盖单位印鉴后，报送单位主管部门签署意见。

接上例，“库存现金限额申请批准书”填写见图 2-1(注：该公司无上级主管部门)。

库存现金限额申请批准书

申请单位：　　　　　　　　　　　　　　　　　　　　　　单位：元

开户银行：　　　　　　　　　　　　　　　　　　　　　　账号：

每日必须保留现金支出项目	保留现金理由	申请金额	批准金额	备注
材料采购	每年预计零星采购材料物资支付现金 252000 元	2800		
差旅费	每年预计借支差旅费 180000 元	2000		
其他支出	其他现金零星开支每年 216000 元	2400		
合计	与银行商定现金保留 4 天	7200		
申请单位 盖　章 年　月　日	单位主管部门意见 盖　章 年　月　日	银行审查意见 盖　章 年　月　日		

图 2-1　库存现金限额申请批准书

(3) 将"库存现金限额申请批准书"送交银行审查，开户银行经过审查、核定和综合评定后，在申请书上填写批准数。

假定上例的申请额全额审批，该例银行批准的库存现金限额为 7200 元。

1.4　现金管理原则

现金管理是出纳的一项日常工作，出纳人员要保持严谨的态度，遵守现金管理原则，现金管理原则具体体现在以下几个方面。

1. 收付合法原则

收付合法原则，是指各单位在收付现金时必须符合国家的有关方针、政策和规章制度的规定。这里所说的合法有两层含义：一是现金的来源和使用必须合法；二是现金收付必须在合法的范围内进行。

2. 钱账分管原则

钱账分管原则，即管钱的不管账，管账的不管钱。指经管现金的出纳人员不得兼管收入、支出、费用、债权债务账目的登记工作、稽核工作和会计档案的保管工作；经管收入、支出、费用、债权债务登记工作的会计人员，不得兼管出纳账目的登记工作、现金的收付工作和现金的保管工作。

3. 收付两清原则

为避免在现金收付过程中发生差错，防止收付发生长款、短款，现金收付时要做到复核，不论工作多忙、金额大小或对象熟生，出纳人员对收付的现金都要进行复核或由另外一名会计人员复核，切实做到现金收付不出差错；要做到收付款当面点清，对来财会部门取交现金的人员，要督促他们当面点清，如有差错当面解决，以保证收付两清。

4. 日清月结原则

日清月结是出纳人员办理现金出纳工作的基本原则和要求，也是避免长款和短款的重要措施。

所谓日清月结，就是出纳人员办理现金出纳业务，必须做到按日清理、按月结账。即对每天发生的现金收付业务，要记入现金日记账，结出每天的库存现金余额，并把账面现金余额与实际库存现金余额核对，保证账实相符。现金日记账每月至少结一次账，业务多的可十天或半个月定期结一次账，并与其他有关账面核对，看账账是否相符。

知识拓展

现金管理的“八不准”

现金管理的“八不准”要求如下：

(1) 不准用不适合财务制度的凭证来替换库存现金。

(2) 不准企业之间相互借用现金。

(3) 不准撒谎、瞎报用途，骗取现金。

(4) 不准利用银行账户替其他公司和个人存进或取出现金。

(5) 不准将企业的现金收入以自己名义存入银行。

(6) 个人不得私自保留账外的公款。

(7) 个人不得发行变相的货币。

(8) 不准用任何票券代替人民币在市场上周转。

现金管理的具体要求：

(1) 库存现金限额的管理：现金库存的限额以各单位维持3~5天的现金支出为基准。

(2) 现金与转账结算凭证的关系：开户单位在购销中不能对现金结算给予优惠待遇，不得只收现金而拒收汇票、本票、支票和结算凭证。

(3) 现金账目的管理：开户单位需要有健全的现金账目，应日清月结、账款对应。

(4) 关于相关银行的规定：只要有现金收入的单位，现金收入应于当天交存开户银行。

(5) 严格控制坐支：开户单位的现金收入必须于当天送存银行，不得用现金直接支付。

(6) 大额现金登记备案制：除了工资的支付、农副产品的采购，单位在银行取现金数额超过地区分行规定的大额现金标准的，要填写大额现金支取登记表。

巩固练习

一、单项选择题

1. 下列有关企业办理现金收支业务的规定，叙述正确的是(　　)。

A. 企业现金收入应于当日送存开户银行

B. 企业支付现金时不得从本单位的库存限额中直接支付

C. 企业从开户银行提取现金，应当写明用途，由本单位财会部门负责人签字盖章后，

可以不经开户银行审核直接提取现金

D. 企业因采购地点不固定、交通不便以及其他特殊情况必须使用现金的，可以根据情况自主使用

2. 根据现金收支日常管理的有关规定，下列说法正确的是(　　)。

A. 企业支付现金时，可以从本单位的现金收入中直接支付

B. 企业可用“白条抵库”，但最长时间不得超过 1 个月

C. 企业可用“白条抵库”，但最长时间不得超过 1 天

D. 企业现金收入应于当日送存开户银行，当日送存有困难的，由开户银行确定送存时间

3.《现金管理暂行条例》规定，库存现金的限额为企业(　　)天的日常零星开支金额。

A. 3~5　　B. 5~8　　C. 10　　D. 15

4. 关于库存现金限额的规定，以下说法错误的是(　　)。

A. 限额是由人民银行与开户单位商定的

B. 现金限额一般由 3~5 天的日常零星开支核定

C. 边远地区、交通不便地区可按 5~15 天的日常零星开支核定

D. 库存现金限额每年核定一次

5. 在我国，负责现金管理的国家机关是(　　)。

A. 中国人民银行各级机构　　B. 国有商业银行

C. 国家政策性银行　　D. 各级财政机关

二、多项选择题

1. 现金管理原则为(　　)。

A. 收付合法原则　　B. 收付两清原则

C. 钱账分管原则　　D. 日清日结原则

2. 关于单位现金库存限额，下列说法正确的有(　　)。

A. 单位现金库存限额由单位负责人决定

B. 库存限额一经确定，单位必须严格遵守

C. 库存限额一般是单位 3~5 天的日常零星开支

D. 对于边远地区和交通不便地区的开户单位，其库存现金限额也不可多于 5 天的日常零星开支

3. 库存现金管理业务中，每日终了，应当(　　)。

A. 计算当日的收入合计数

B. 计算当日的支出合计数

C. 计算当日结余数

D. 日清月结，账款相符

三、判断题

1. 开户单位支付现金，可以从本单位现金库存中支付或者从开户银行提取，也可以从本单位的现金收入中直接支付。(　　)

2. 只要出纳人员的业务水平足够高，日清月结就不是必需的。(　　)

3. 我国的库存现金指的是人民币。(　　)

四、业务题

某公司预计每年现金支付职工薪酬 360000 元，零星采购支出 9000 元，其他现金支出 18000 元，库存现金保证天数为 4 天，该企业无日常非零星现金支出项目，要求出纳人员到其开户银行办理库存现金限额核定手续，计算出库存现金限额并列出主要步骤。

任务二　现金收入业务

知识目标

1. 掌握现金收入管理原则。
2. 了解现金收入业务的各种原始凭证。

能力目标

1. 能自行填制、归档现金收入业务的原始凭证。
2. 能处理现金收入业务程序。

思政目标

1. 培养学生细致严谨的专业素养和良好的职业素养。
2. 养成以规范合理的方式获得和使用现金的意识。

情境导入

ABC 公司的员工陈亮因无故旷工被罚款 100 元，2024 年 8 月 10 日陈亮带着 100 元现金来出纳处交罚款，甄仔细作为刚接触出纳岗的出纳人员该怎样处理这笔现金收入业务呢？在本例现金收入的业务过程中会涉及哪些原始凭证呢？下面我们就来学习一下现金的收入业务。

2.1　现金收入管理原则

出纳人员在进行现金收入管理时，应按照基本的管理原则办理现金收款业务，主要原则包括：

1. 现金收入必须合法合理

单位的现金收入有多种来源，无论哪种来源都必须符合有关规定和实际需要。例如，不能乱列开支项目提取现金，或出售商品(产品)金额在结算起点以上的拒收银行结算凭证而收取现金或按一定比例搭配收取现金。单位在国家规定的使用范围内和限额内使用现金，应从开户银行提取，提取时写明用途，由本单位财务部门负责人签字或签章，经开户银行审核后予以支付现金，不得编造用途套取现金等。

2. 现金收入手续必须严格

为了防止差错和引起纠纷，收入现金时应先收款，当面清点现金数额，经复点无误后，再开给交款人“收款收据”，不能先开具“收款收据”后收款。严禁收款不开“收款收据”，一切现金收入都应开具“收款收据”，以明确经济责任。不准收款后过一段时间再来开具“收款收据”；出纳人员与付款人当面点清后，应再询问一次付款人金额是否正确，如无异议，开出收据或发票，对已完成的“收款收据”应加盖现金收讫章，对已完成的发票应加盖单位发票专用章，才可将发票或收据交给付款人，完成收款手续。另外，收入现金时，签发收据人和收款经手人也应当分开，以防作弊。

3. 现金收入要一笔一清

现金收入要坚持一笔一清，办理完一笔再办理另一笔，几笔收款不能混在一起办理，以免互相混淆或调换。一笔款项未办理妥当，出纳人员不得离开座位，收款与开具收据应在同一时间内完成。另外，几笔收款或几笔付款也不能一起办理，也应一笔一清。

4. 现金收入要及时送存银行

《现金管理暂行条例》第十一条第(一)项明确规定：“开户单位现金收入应当于当日送存开户银行。当日送存确有困难的，由开户银行确定送存时间。”各单位收入的现金超过库存限额时，也应将超过限额的现金及时送存银行。及时送存一般是指当日送存，如有的单位离开户银行较远，交通不便，可由开户银行确定送存时间。如果收进的现金是开户银行当天停止收款以后发生的，也应在第二天送存银行。

另外，《现金管理暂行条例》第十一条第(二)项规定：“开户单位支付现金，可以从本单位库存现金限额中支付或者从开户银行提取，不得从本单位的现金收入中直接支付(即坐支)。”坐支现金容易打乱现金收支渠道，不利于开户银行对单位的现金进行有效的监督和管理。因单位业务经营确实需要坐支现金的，应事先向开户银行提出申请，在开户银行批准的坐支范围内才能坐支现金，并定期向开户银行报告坐支金额和使用的情况。

2.2 现金收入业务的原始凭证

现金收款原始凭证是出纳据实收取现金时出具的有效证明文件。不同的单位在办理现金收入业务时涉及的原始凭证也有所不同，总的来说，现金收入业务的原始凭证包括发票和收据两大类。

2.2.1 发票

发票，是指在购销商品、提供或者接受服务以及从事其他经营活动中，开具、收取的收付款凭证。发票是会计核算的原始依据，也是审计机关、税务机关执法检查的重要依据。

全面数字化的电子发票(简称数电票)是与纸质发票具有同等法律效力的全新发票，不以纸质形式存在，不用介质支撑，无须申请领用、发票验旧及申请增版增量。纸质发票的票面信息全面数字化，多个票种集成归并为电子发票单一票种，全国统一赋码、开具金额总额度管理、自动流转交付。

2023 年 11 月 29 日，西藏税务局发布《国家税务总局西藏自治区税务局关于开展全面数字化的电子发票试点工作的公告》，自 2023 年 12 月 1 日起，在所辖部分纳税人中开展数电票试点，截至目前，数电票开票试点省份(含计划单列市)已经实现了全覆盖。

数电票无须申领，不用税控盘、UKEY 等常用介质，但与纸质发票具有同等法律效力，既能有效防范发票造假，也极大提高了发票的便利性。

关于数电票的具体操作，如开具和作废，可以通过发票服务平台进行。开具数电票时，纳税人登录电子税务局发票服务平台，选择要开具的票种和相关信息进行开具。作废数电票时，也需要通过发票服务平台进行作废操作。此外，数电票的票面信息包括基本内容和特定内容两部分，基本内容如发票号码、开票日期、购买方信息、销售方信息等，而特定内容则根据业务需求展示。

发票按其适用的范围不同，主要分为增值税专用发票、增值税普通发票和专业发票三种。

1. 增值税专用发票

增值税专用发票是增值税一般纳税人销售货物或者提供应税劳务开具的发票，是购买方支付增值税税额，并可按照增值税有关规定据以抵扣增值税进项税额的凭证。增值税专用发票只限于增值税一般纳税人领购使用，增值税小规模纳税人不得领购使用。一般纳税人如果有法定情形的，不得领购使用增值税专用发票(图 2-2)。

电子发票(增值税专用发票)

发票号码：23171815440932725649

开票日期：2024年7月28日

购买方信息　名称：北京安心集团　统一社会信用代码/纳税人识别号：91110102101591591L

销售方信息　名称：北京ABC科技护肤有限公司　统一社会信用代码/纳税人识别号：91110229053591254D

项目名称	规格型号	单位	数量	单价	金额	税率/征收率	税额
*美容护肤品*爽肤水	150ml	瓶	920	180.00	165600.00	13%	21528.00
*美容护肤品*乳液	150ml	瓶	900	220.00	198000.00	13%	25740.00
合	计				¥363600.00		¥47268.00

价税合计（大写）　肆拾壹万零捌佰陆拾捌圆整　（小写）¥410868.00

备注

开票员：甄仔细

图 2-2　增值税专用发票样张

2. 增值税普通发票

增值税普通发票主要由增值税小规模纳税人使用，增值税一般纳税人在不能开具增值税专用发票的情况下，可使用增值税普通发票。增值税普通发票的格式、字体、栏次、内容与增值税专用发票完全一致。增值税普通发票票样见图 2-3。

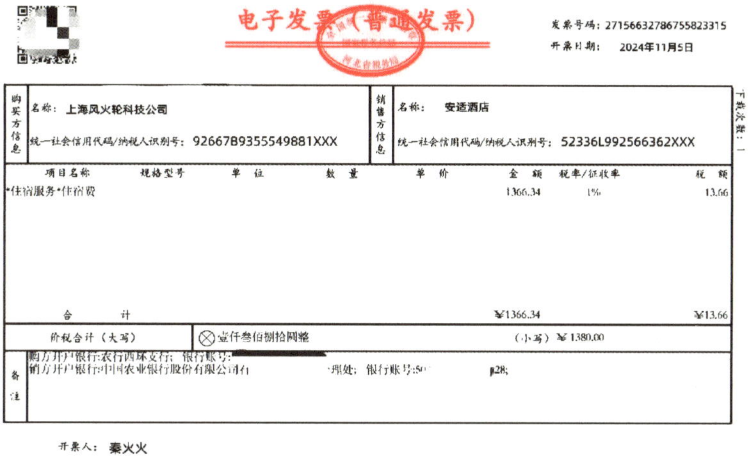

图 2-3 增值税普通发票样张

3. 专业发票

专业发票是指国有金融保险企业的存贷、汇兑、转账凭证，保险凭证；国有邮政、电信企业的邮票、邮单、话务、电报收据；国有铁路、国有航空企业和交通部门、国有公路、水上运输企业的客票、货票等。铁路运输专业发票样张见图 2-4。

图 2-4 铁路运输专业发票样张

2.2.2 收据

收据主要是指财政部门印制的盖有财政票据监制章的收款凭证，用于行政事业性收入及非应税业务，一般没有使用发票的场合，都应该使用收据。收据是一种重要的原始凭证，它与我们日常所说的“白条”不能画等号，收据也是一种收款凭证，它可以分为外部收据和内部收据两大类。

1. 外部收据

外部收据又分为税务部门监制、财务部门监制和部队监制三种。

单位之间发生业务往来，收款方在收款以后不需要纳税的，收款方就可以开具税务部门监制的收据，税务部门监制的收据是“企业收据”，仅用于企业单位非经营收入；行政事业单位发生的行政事业性收费可以使用财政部门监制的收据；单位与部队之间发生的业务往来，按照规定不需要纳税的，可以使用部队监制的收据，这种收据也是合法的凭据，也可以入账。

除上述几种收据外，单位或个人在收付款时使用的其他自制收据，也就是我们日常所说的“白条”不能作为凭证入账。

外部收据样例见图 2-5。

×××省统一收款收据

涉税举报电话　　　　　　　　　　　　　　　　　　　　　　收据代码：×××

12366　　　　　　　　　　收据联　　　　　　　　　　收据号码：×××

本发票限于 2025 年 12 月 31 日前填开使用有效

开票日期：2024 年 12 月 01 日

交款单位或个人					
款项内容				收款方式	
人民币（大写）	¥				
收款单位盖章		收款人盖章		备注	本收据不得用于经营款项收入

第二联　收据联

图 2-5　外部收据

2. 内部收据

内部收据用于单位内部发生的业务，如材料调拨、收取员工押金、退还多余差旅费借款等，这时的内部自制收据是合法的凭证，可以作为成本费用来入账。内部收据是单位内部的自制收据，一般由各单位根据自己的需要设计、印刷或向商店购买，无须到税务部门领购。内部收据样例见图 2-6。

收款收据

年　月　日　　　　　　　　　　　　　　　　　　　　　　NO：×××

交款部门		交款人		交款方式					
人民币（大写）		十	万	千	百	十	元	角	分
交款事由									

主管：　　　　　　　　　　会计：　　　　　　　　　　出纳：

第二联　收据联

图 2-6　内部收据

收据一般分为三联套写，第一联为存根联，开票单位存查；第二联为交款人回执，需加盖财务专用章或者发票专用章；第三联为本单位记账依据，需加盖现金收讫章。在填开现金收款凭证时如发生错误，应将该凭证保留在发票本上，并盖上作废章，以示注销，不得随意将错误凭证丢弃或连同凭证存根一并撕掉。

2.3 现金收入业务的处理程序

现金收入业务是各单位在其生产经营和非生产经营活动中取得现金的业务。现金收入的主要来源包括销售商品、提供劳务、提供非经营性服务，以及其他罚没收入，还包括单位内部现金往来的收入项目等。具体包括单位或职工交回的备用金、借支剩余款，单位或职工缴纳的赔偿款、罚款，收取单位或个人不能转账的销售收入，收取不足转账结算金额起点的小额收入，从银行提取现金，无法查明原因的现金溢余等。现金收入的来源不同，其业务处理程序也不同，主要有出纳部门直接收款和从银行提取现金两种情况。

2.3.1 出纳直接收款的处理程序

出纳直接收款是指由交款人直接持现金到出纳部门交款，出纳人员根据有关的收款原始凭证办理收取现金事宜。直接收款业务的一般程序为：

1. 受理收款业务，审核收款凭证

出纳人员在受理收款业务时，应核对交款人信息，查看收款依据是否真实、完整；审核现金来源是否合理合法，手续是否完备。

2. 当面清点现金

出纳人员应与付款人当面点清现金，并检查货币的真伪，保证收款依据与收款金额一致，做到收付两清、一笔一清。

3. 开具收款凭证

开具收款凭证(发票或收据)，加盖戳记后交制证员制证。

出纳人员应正确地填写发票或收据内容。

(1) 发票开具基本要求：

① 单位和个人应在发生经营业务、确认营业收入时才能开具发票，未发生经营业务一律不得开具发票。

② 单位和个人在开具发票时，必须做到按照号码顺序填开，填写项目齐全，内容真实，字迹清楚，全部联次一次打印，内容完全一致，并在发票联和抵扣联加盖发票专用章。

③ 开具发票应当使用中文。民族自治地方可以同时使用当地通用的一种民族文字，外商投资企业和外资企业可以同时使用一种外文文字。

④ 使用电子计算机开具发票，必须报主管税务机关批准，并使用税务机关统一监制的机打发票。开具后的存根联应当按照顺序号装订成册，以备税务机关检查。

⑤ 开具发票时，时限、地点应符合规定。发票抬头要为本企业的全称，不要用简称。

⑥ 任何单位和个人不得转借、转让、代开发票。未经税务机关批准，不得拆本使用发票，不得自行扩大专业发票的使用范围。

⑦ 已开具的发票存根联和发票登记簿应当保存5年。

（2）收据开具基本要求：

① 使用收据的单位，必须按照规定的项目、标准和实际收入填开收据。

② 填开收据必须复写，金额合计用大写，并加盖单位财务印章和经办人印章。

③ 对填写错误的收据，应当完整保存各联，不得擅自销毁。

④ 禁止涂改、撕毁、转让、转借、代开或者买卖、拆本使用收据。

⑤ 禁止伪造、私刻收据专用章和监制章。

⑥ 每本收据使用完后，经手人必须在封面填写总金额、起止号码，并加盖其印章，交单位财务审核。

出纳人员在正确开具收款凭证时不要忘记在适当的位置盖章。

出纳人员将发票联（或客户联）加盖发票章（或现金收讫章）后交给交款人。如果是增值税专用发票，应将抵扣联一并交给交款人。其余联次留存企业，记账联交制证员制证，再交复核会计复核。

4. 审核记账凭证

有关现金收款的记账凭证是出纳人员办理现金收入业务的依据，为确保记账凭证的合法、真实、准确，出纳人员应在登账前先复核记账凭证的有关内容。

（1）记账凭证的填写日期是否正确。记账凭证的填写日期应为编制记账凭证的当天，不得提前或推后。

（2）记账凭证的编号是否正确。记账凭证编号每月从第1号开始，应无重号、漏号、空号。

（3）记账凭证的摘要栏记录的内容与原始凭证反映的经济业务内容是否相符。

（4）记账凭证中使用的会计科目是否正确。

（5）记账凭证中的金额和原始凭证的金额是否相等。

（6）记账凭证中“附单据”栏的张数与所附原始凭证的张数是否相符。

（7）记账凭证中的签名或盖章是否齐全。

在审核过程中，如果发现记账凭证有错误，应查明原因并及时更正。

5. 登记现金日记账

现金日记账是由出纳人员根据审核无误的现金收付凭证，序时逐笔登记的账簿。

（1）现金日记账的启用。

现金日记账一般为三栏式订本式账簿，在启用时，首先要按规定内容逐项填写“账簿启用表”和“账簿目录表”。在“账簿启用表”中，应写明单位名称、账簿名称、账簿编号和启用日期；在经管人员一栏中写明经管人员姓名、职别、接管或移交日期，由会计主管人员签名盖章，并加盖单位公章。根据《会计档案管理办法》的规定，现金日记账的保管期限为25年。

（2）现金日记账的基本内容。

① 日期：日期应为编制该记账凭证的日期，不能填写原始凭证上记载的发生或完成该经济业务的日期，也不是实际登记该账簿的日期。

② 凭证编号：应填入据以登账的会计凭证类型及编号。

③ 摘要：简要说明入账的经济业务的内容。

④ 对方科目：填入会计分录中“库存现金”科目的对应科目，用以反映库存现金增减变化的来龙去脉。

⑤ 借方栏与贷方栏：应根据相关凭证中记录的“库存现金”科目的借贷方向及金额记入。

⑥ 余额。本日期末余额=本日期初余额+本日收入发生额合计-本日支出发生额合计。

（3）现金日记账登记要求。

登记现金日记账总体要求：分工明确，专人负责，凭证齐全，内容完整，登记及时，账款相符，数字真实，表达准确，书写工整，摘要清楚，便于查阅，不重记，不漏记，不错记，按期结账；不拖延积压，按规定方法更正错账等。

登记现金日记账要按照业务发生的先后顺序逐日逐笔登记，对每一份收付款会计凭证在完成了登记日记账工作后，出纳人员应在相应记账凭证上签字或盖章，表示此项经济业务已经过入有关的日记账。每天业务终了时，出纳要进行“本日合计”：结出本日收入合计、本日支出合计和本日期末余额，同时还要将账面余额与库存现金余额进行核对，保证账款相符等。

（4）现金日记账的对账。

对账，就是对账簿记录的内容进行核对，使账证、账账和账实相符的过程。现金日记账的账证核对是指出纳将现金日记账与相关记账凭证及其所附的原始凭证进行核对，核对会计账簿记录与原始凭证、记账凭证的时间、凭证字号、内容、金额是否一致，记账方向是否相等等；账账核对，是指对现金日记账与现金总分类账的期末余额进行核对；账实核对，是指对现金日记账的余额与实际库存数额的核对。

（5）现金日记账的结账。

现金日记账的结账是一个连续的过程，涉及每日、每月以及每年的结转工作(图2-7)。

日结：每天结束时，应根据当日的所有交易记录，结出当日的收入和支出总额及余额，并在摘要栏注明“本日合计”，同时还应将账面余额与实际库存数进行核对，保证账实相符。

月结：每个月末，将当月所有的收入和支出累计在一起，结出本月的总发生额及余额，同样在摘要栏注明“本月合计”，并在下一行划上一道通栏红线。月底的最后一笔交易完成后，可以不再继续记账。

年末结转：每年年底，应对现金日记账的所有记录进行汇总，包括“本日合计”和“本月合计”的金额及余额。在最后一笔交易的下方划两条通栏红线，在摘要栏注明“结转下年”，将此页空白行划上红色斜线注销，并将年末余额结转到下一年的年初，完成这一年的现金结账工作。

现金日记账

第 15 页

2024年		凭证		摘要	对方科目	收入(借方)	支出(贷方)	结余(余额)
月	日	种类	号数					
				期初余额				1430.00
12	3	记		提备用金	银行存款	2000.00		
	3	记		差旅费报销余款	其他应收款	300.00		
	3			本日合计		3506.00	2400.00	2536.00
				本月合计		6205.00	5058.00	2780.00
				本年合计		221588.00	220641.00	2780.00
				结转下年				

图 2-7　现金日记账

年初准备：在新的一年开始时，通常会将上一年度的期末余额作为下一年度新的期初余额。在摘要栏注明“上年结转”，并将新账页的第一行设为上一年度的期末余额。

例 1　2024 年 12 月 1 日，ABC 公司财务部收到甲公司合同违约金 3000 元，12 月 1 日现金的期初余额为 2536 元，出纳甄仔细办理相关收款业务。

(1) 审核收款凭据(购销合同)。

(2) 收款后开具收款收据(见图 2-8)。

收款收据

涉税举报电话　　　　收据代码：×××

12366　　　　存根联　　　　收据号码：×××

本发票限于 2025 年 12 月 31 日前填开使用有效

开票日期：2024 年 12 月 01 日

交款单位或个人		甲公司				
款项内容		违约金			收款方式	现金
人民币(大写)	叁仟元整　　¥ 3000.00					
收款单位盖章		收款人盖章		备注	本收据不得用于经营款项收入	

第一联　存根联

图 2-8　收款收据

(3) 将第二联盖章后交付款人(见图 2-9)。

收款收据

涉税举报电话　　　　　　　　　　　　　　　　　　　　　收据代码：×××

12366　　　　　　　　　　　　收据联　　　　　　　　　　收据号码：×××

本发票限于 2025 年 12 月 31 日前填开使用有效

开票日期：2024 年 12 月 01 日

交款单位或个人	甲公司					第二联 收据联
款项内容	违约金			收款方式	现金	
人民币(大写)	叁仟元整　　¥ 3000.00					
收款单位盖章	ABC公司财务专用章	收款人盖章	甄仔细印	备注	本收据不得用于经营款项收入	

图 2-9　收款收据(第二联)

(4) 将第三联记账联交制证员编制记账凭证，再交复核会计复核(图 2-10)。

收款收据

涉税举报电话　　　　　　　　　　　　　　　　　　　　　收据代码：×××

12366　　　　　　　　　　　　记账联　　　　　　　　　　收据号码：×××

本发票限于 2025 年 12 月 31 日前填开使用有效

开票日期：2024 年 12 月 01 日

交款单位或个人	甲公司					第三联 记账联
款项内容	违约金			收款方式	现金	
人民币(大写)	叁仟元整　　¥ 3000.00					
收款单位盖章	ABC公司财务专用章	收款人盖章	甄仔细印	备注	本收据不得用于经营款项收入	

图 2-10　收款收据(第三联)

制证员编制的记账凭证如图 2-11。

记账凭证

2024年12月01日　　　　　　　　记字第1号

摘要	会计科目		借方金额								贷方金额								记账符号
	总账科目	明细科目	十	万	千	百	十	元	角	分	十	万	千	百	十	元	角	分	
收到甲公司合同违约金	库存现金				3	0	0	0	0	0									
	营业外收入	罚款收入											3	0	0	0	0	0	
				¥	3	0	0	0	0	0		¥	3	0	0	0	0	0	

附凭证 *1* 张

会计主管：　　　　记账：　　　　审核：　　　　制单：张月

图 2-11　记账凭证

（5）出纳对记账凭证审核无误后，登记现金日记账(如图 2-12)。

现金日记账 第16页

2024年		凭证		摘要	对方科目	收入(借方)	支出(贷方)	结余(余额)
月	日	种类	号数					
12	1			承前页		9362.00	7900.0	2536.00
	1	记	1	甲公司交合同违约金	营业外收入	3000.00		

图 2-12　现金日记账

附：出纳登记现金日记账后的记账凭证(如图 2-13)。

记账凭证

2024年12月01日　　记字第1号

摘要	会计科目		借方金额								贷方金额								记账符号	
	总账科目	明细科目	十	万	千	百	十	元	角	分	十	万	千	百	十	元	角	分		
收到甲公司合同违约金	库存现金				3	0	0	0	0	0									√	
	营业外收入	罚款收入											3	0	0	0	0	0		
				¥	3	0	0	0	0	0		¥	3	0	0	0	0	0		

附凭证 1 张

财务主管：　　记账：甄仔细　　审核：李华军　　制单：张月

图 2-13　记账凭证

例 2　2024 年 12 月 1 日，ABC 公司的采购员刘文龙出差回来报销差旅费 1619 元，退回财务部剩余现金 381 元，出纳甄仔细办理相关收款业务。

（1）采购员刘文龙出差回来持有关发票填写“差旅费报销单”(图 2-14)，经批准后交出纳人员甄仔细办理退款手续。

（2）出纳复核单据后收取退回现金并开具收据(图 2-15)，加盖现金收讫章。

（3）出纳将“差旅费报销单”和加盖现金收讫章的收据第三联记账联交给制证员填制记账凭证，再交复核会计复核。记账凭证如图 2-16。

差旅费报销单

2024年12月01日　　　　　　　　　　　　　　　　　　单据张数6张

姓名：刘文龙　　　　　　　　　部门：采购部　　　　　　　　　出差事由：采购材料

起讫日期				起讫地点	火车费	市内车费	住宿费	途中伙食补助			住勤费		其他	合计
月	日	月	日					标准	天数	金额	天数	金额		
11	26	11	26	北京—石家庄	102.00	95.00	720.00	80.00	4	320.00	4	280.00		1517.00
11	30	11	30	石家庄—北京	102.00									102.00
合计					204.00	95.00	720.00	80.00	4	320.00	4	280.00		1619.00
报销金额	人民币(大写)壹仟陆佰壹拾玖元整													
原借款	2000.00				报销额		1619.00			应退（~~补~~）：381.00				

审核：张丽　　　　　部门主管：杨倩　　　　　财务主管：徐冬梅　　　　　经办人：刘文龙

图 2-14　差旅费报销单

收款收据

2024年12月01日

NO：1124785

交款部门	采购部	交款人	刘文龙	交款方式	现金							
人民币(大写)	叁佰捌拾壹元整				十	万	千	百	十	元	角	分
							¥	3	8	1	0	0
交款事由	刘文龙差旅报销退回余款	现金收讫										

第三联　记账联

主管：　　　　　　　会计：　　　　　　　出纳：甄仔细

图 2-15　收款收据

记账凭证

2024年12月01日　　　　　　　　　　　　　　　　　　记字第2号

摘要	会计科目		借方金额								贷方金额								记账符号
	总账科目	明细科目	十	万	千	百	十	元	角	分	十	万	千	百	十	元	角	分	
收到刘文龙差旅报销退回余款	库存现金					3	8	1	0	0									√
	其他应收款	刘文龙												3	8	1	0	0	
					¥	3	8	1	0	0			¥	3	8	1	0	0	

附凭证2张

财务主管：　　　　　　记账：　　　　　　审核：　　　　　　制单：张月

图 2-16　记账凭证

注：复核会计复核无误后在记账凭证的审核处签字，签字后的记账凭证略。

（4）出纳根据审核无误的记账凭证登记现金日记账(如图 2-17)。

现金日记账 第16页

2024年		凭证		摘要	对方科目	收入(借方)	支出(贷方)	结余(余额)
月	日	种类	号数					
12	1			承前页		9362.00	7900.00	2536.00
	1	记	1	甲公司交合同违约金	营业外收入	3000.00		
	1	记	2	差旅报销退回余款	其他应收款	381.00		5917.00

图 2-17 现金日记账

2.3.2 出纳从银行提取现金的处理程序

单位需要有一定的库存现金才能开展支出业务。当库存现金小于需用现金时，除按国家规定可以“坐支”外，均应按规定从银行提取现金，出纳从银行提取现金的具体程序在后面章节还会详细介绍，这里只介绍一下大概程序。

从银行提取现金的程序为：

（1）填写现金支票。

（2）向开户银行提交取款凭证，收取现金并认真清点现金。

（3）取回现金后，保管好现金。

（4）记账后登记现金日记账。

总之，出纳人员在办理现金收入业务时，应当按照现金收入管理的原则，及时取得或填制有关原始凭证，按规定的程序收取并点清现金收入，做到完整、准确地反映本单位的现金收入情况，并对收入业务进行有效的监督。

巩固练习

一、单项选择题

1. 职工张某出差归来，报销差旅费 200 元，交回多余现金 100 元。应填制的记账凭证是(　　)。

A. 收款凭证　　　　B. 收款凭证和转账凭证

C. 转账凭证　　D. 收款凭证和付款凭证

2. 企业收回职工还回的借款，应(　　)。

A. 借记“库存现金”　　B. 贷记“库存现金”

C. 借记“备用金”　　D. 贷记“备用金”

3. 登记账簿应用(　　)书写。

A. 圆珠笔　　B. 铅笔　　C. 水笔　　D. 钢笔

4. 必须逐日逐笔登记的账簿是(　　)。

A. 明细账　　B. 总账　　C. 日记账　　D. 备查账

5. 现金日记账要求采用(　　)账簿。

A. 活页式　　B. 订本式　　C. 卡片式　　D. 数量金额式

6. 每日应将现金日记账与(　　)核对，做到账款相符。

A. 库存现金　　B. 现金总分类账

C. 收付款凭证　　D. 银行存款日记账

7. 根据会计档案管理办法的规定，银行存款日记账的保管期限为(　　)。

A. 5 年　　B. 10 年　　C. 15 年　　D. 25 年

二、多项选择题

1. 企业财务部门于 8 月 12 日收到业务部门转来 8 月 8 日填制的原始凭证，并于 8 月 13 日编制记账凭证，8 月 14 日将此记账凭证登记入账，则账簿中的“日期”栏填写不正确的有(　　)。

A. 8 月 8 日　　B. 8 月 12 日　　C. 8 月 13 日　　D. 8 月 14 日

2. 现金收入业务内容主要包括(　　)。

A. 销售商品取得的现金收入

B. 提供劳务取得的现金收入

C. 提供非经营性服务取得的现金收入

D. 单位内部往来的收入

3. 出纳人员在做现金收入业务时，主要依据的原始凭证是(　　)。

A. 发票　　B. 现金支票存根

C. 收款收据　　D. 非经营性收据

三、判断题

1. 现金收入业务是各企业在其生产经营和非生产经营活动中取得现金的业务。(　　)

2. 收款收据一般用于单位内部职能部门或职工之间现金往来，由各单位根据自己的需要设计印刷或购买。(　　)

3. 对各种劳保、福利费用以及国家规定对个人的其他支出，如各种抚恤金、学生奖学金、丧葬补助费可以以现金支付。(　　)

4. 月结线和年结线都是通栏单道红线。(　　)

四、业务题

完成任务二情境导入的现金收款业务，要求列出主要步骤。

任务三　现金支出业务

知识目标

1. 掌握现金支出业务的管理原则。
2. 了解现金支出业务的各种原始凭证。

能力目标

1. 能自行填制、归档现金支出业务的原始凭证。
2. 能处理现金支出业务程序。

思政目标

1. 培养学生细致严谨的专业素养和良好的职业素养。
2. 培养学生管理个人收支的能力，提高个人财务意识。

情境导入

2024 年 9 月 5 日，A 公司销售部的经理陈亮来财务部报销业务招待费 785 元，出纳岗的甄仔细该怎样处理这笔现金支出业务呢？

现金支出是与现金收入相对的，那么现金支出的相关规定是怎样的呢？现金支出业务又涉及哪些原始凭证，具体的业务该怎样处理呢？下面我们一起来学习一下这部分内容。

现金支出业务是指各单位在其生产经营过程和非生产经营过程中向外支付现金的业务。它包括各单位向外购买货物、接受劳务而支付现金的业务，发放工资业务，费用报销业务，将现金存入银行以及向有关部门支付备用金等。

3.1　现金支出的管理原则

3.1.1　现金支出的范围

根据《现金管理暂行条例》第五条规定，开户单位可以使用现金的范围有：①职工工资、津贴；②个人劳务报酬；③根据国家规定颁发给个人的科学技术、文化艺术、体育等各种奖金；④各种劳保、福利费用以及国家规定的对个人的其他支出；⑤向个人收购农副产品和其他物资的价款；⑥出差人员必须随身携带的差旅费；⑦结算起点(目前是 1000 元)以下的零星支出；⑧中国人民银行确定需要支付现金的其他支出。除此之外，如有特殊情况必须使用现金的，开户单位应当向开户银行提出申请，由本单位财务部门负责人签字盖章，经开户银行审核后，予以支付现金。

3.1.2 现金支出原则

出纳人员必须以严肃认真的态度处理现金支出业务，因为支出一旦发生失误，将会给单位造成难以追补的经济损失。现金支出的原则主要包括：

1. 现金支出的合法性

出纳人员必须以内容真实、准确、合法的付款凭证为依据，在付款前其付款手续必须完备，有关领导已经签字或已审核无误。

2. 现金支出手续的完备性

出纳人员应按规定的程序审核并办理现金支付手续，做到支付凭证合法、审批手续齐全有效、支付事项当面结清、账务处理正确合理。

3. 不得套取现金用于支付

套取现金是指为了逃避开户银行对现金的管理，采用不正当的手段弄虚作假、支出现金的违法行为，主要有以下几种形式：

(1) 编造合理用途(如以差旅费、备用金的名义)超限额支取现金的行为。

(2) 利用私人或其他单位的账户支取现金的行为。

(3) 将公款转存个人储蓄的行为。

(4) 用转账方式通过银行或邮局汇兑、异地支取现金。

(5) 用转账凭证换取现金。

(6) 虚报冒领工资、奖金和津贴补助。

3.2 现金支出业务的原始凭证

出纳人员在进行现金支出业务时，主要涉及的原始凭证可以分为两类，即外来付款原始凭证和自制付款原始凭证。

3.2.1 外来付款原始凭证

外来付款原始凭证是由于向外购货或接受劳务服务，而由供货方或提供劳务服务方填写的原始凭证，如购货接受的发票，乘坐车、船、飞机的车票、船票和飞机票等。

3.2.2 自制付款原始凭证

自制付款原始凭证是指由本单位有关部门和人员，在涉及现金支出业务时填制的，仅供本单位内部使用的原始凭证。

常用的自制付款原始凭证有工资表、费用报销单、借款借据、领款单、现金缴款单、差旅费报销单等。

1. 工资表

工资表是各单位按月向职工支付工资的原始凭证(工资表样例如图 2-18)。出纳人员按每个员工的工资数计算工资总额，根据实际发放金额填写现金支票，提取现金发放工资或者通过银行代发工资，并附以工资发放清单。

员工工资表 单位：元

<table>
<tr><td rowspan="3">工号</td><td rowspan="3">姓名</td><td colspan="4">应发金额</td><td colspan="5">应扣金额</td><td rowspan="3">实发工资</td><td rowspan="3">签字</td></tr>
<tr><td colspan="4">基本工资</td><td colspan="3">代扣款项</td><td rowspan="2">其他扣款</td><td rowspan="2">应扣合计</td></tr>
<tr><td>岗位工资</td><td>奖金</td><td>补助</td><td>合计</td><td>社保</td><td>住房公积金</td><td>个税</td></tr>
<tr><td></td><td></td><td></td><td></td><td></td><td></td><td></td><td></td><td></td><td></td><td></td><td></td><td></td></tr>
<tr><td></td><td></td><td></td><td></td><td></td><td></td><td></td><td></td><td></td><td></td><td></td><td></td><td></td></tr>
<tr><td></td><td></td><td></td><td></td><td></td><td></td><td></td><td></td><td></td><td></td><td></td><td></td><td></td></tr>
<tr><td></td><td></td><td></td><td></td><td></td><td></td><td></td><td></td><td></td><td></td><td></td><td></td><td></td></tr>
<tr><td></td><td></td><td></td><td></td><td></td><td></td><td></td><td></td><td></td><td></td><td></td><td></td><td></td></tr>
<tr><td></td><td></td><td></td><td></td><td></td><td></td><td></td><td></td><td></td><td></td><td></td><td></td><td></td></tr>
<tr><td></td><td></td><td></td><td></td><td></td><td></td><td></td><td></td><td></td><td></td><td></td><td></td><td></td></tr>
<tr><td></td><td></td><td></td><td></td><td></td><td></td><td></td><td></td><td></td><td></td><td></td><td></td><td></td></tr>
</table>

图 2-18 员工工资表

2. 费用报销单

费用报销单是各单位内部有关人员为单位购买零星物品，接受外单位或个人的劳务或服务办理报销业务，以及单位职工报销医药费、托补费等使用的单据。费用报销单样例如图 2-19。

费用报销单

部门: 报销日期: 年 月 日 附件 张

<table>
<tr><td>费用项目</td><td>类别</td><td>金额</td><td rowspan="2">部门负责人(签章)</td><td rowspan="2"></td></tr>
<tr><td></td><td></td><td></td></tr>
<tr><td></td><td></td><td></td><td rowspan="2">审核意见</td><td rowspan="2"></td></tr>
<tr><td></td><td></td><td></td></tr>
<tr><td></td><td></td><td></td><td rowspan="2">报销人(签章)</td><td rowspan="2"></td></tr>
<tr><td></td><td></td><td></td></tr>
<tr><td>报销金额合计</td><td></td><td></td><td colspan="2">¥________</td></tr>
<tr><td>核实金额(大写)</td><td colspan="4"></td></tr>
</table>

图 2-19 费用报销单

3. 借款借据

单位内部所属机构为购买零星办公用品或职工因公出差等向出纳人员借款时所填写的

凭证。借款借据样例见图 2-20。

借款借据

借款日期:　　　　年　　月　　日

借款部门		借款理由	
借款金额(大写)		￥__________	
部门领导意见:		借款人签章:	

图 2-20　借款借据

4. 领款单

领款单是本单位职工向单位领取各种非工资性奖金、津贴、补贴、劳务费和其他各种现金款项及其他单位或个人向本单位领取劳务费、服务费时填制的，作为付款的凭证。领款单样例见图 2-21。

领款单

领款日期　　　　年　　月　　日

<table>
<tr><td colspan="2">领款事项</td><td colspan="6"></td></tr>
<tr><td colspan="2">领款金额
(大写)</td><td colspan="3"></td><td>小写金额
(￥)</td><td colspan="2"></td></tr>
<tr><td colspan="2">领款方式</td><td colspan="6">现金【 】现金支票【 】转账支票【 】其他【 】</td></tr>
<tr><td>核准</td><td></td><td>主管</td><td></td><td>财务</td><td></td><td>领款人</td><td></td></tr>
</table>

图 2-21　领款单

5. 现金缴款单

现金缴款单是银行开户单位将现金交存银行时使用的一种凭证。现金缴款单样例见图 2-22。

×××银行现金缴款单

序号：

<table>
<tr><td rowspan="7">客户填写</td><td>收款人户名</td><td colspan="15"></td></tr>
<tr><td>收款人账号</td><td colspan="4"></td><td colspan="4">收款人开户行</td><td colspan="7"></td></tr>
<tr><td>缴款人</td><td colspan="4"></td><td colspan="4">款项来源</td><td colspan="7"></td></tr>
<tr><td rowspan="2">币种（√）</td><td colspan="2">人民币（ ）</td><td colspan="2" rowspan="2">大写：</td><td>亿</td><td>千</td><td>百</td><td>十</td><td>万</td><td>千</td><td>百</td><td>十</td><td>元</td><td>角</td><td>分</td></tr>
<tr><td colspan="2">外币（ ）</td><td></td><td></td><td></td><td></td><td></td><td></td><td></td><td></td><td></td><td></td><td></td></tr>
<tr><td>券别</td><td>100 元</td><td>50 元</td><td>20 元</td><td>10 元</td><td colspan="2">5 元</td><td colspan="2">1 元</td><td colspan="7">辅币（金额）</td></tr>
<tr><td>张数</td><td></td><td></td><td></td><td></td><td colspan="2"></td><td colspan="2"></td><td colspan="7"></td></tr>
<tr><td rowspan="2">银行填写</td><td colspan="16">日期：　　日志号：　　交易号：　　币种：
金额：　　终端号：　　主管：　　柜员：</td></tr>
<tr><td colspan="16"></td></tr>
</table>

第二联　收据联

图 2-22　现金缴款单

交款单位交款时填制缴款单，要详细填写交款单位、开户银行及账号、款项来源、大小写金额等内容，连同现金一并交银行出纳部门收款员。银行经审查无误，将款项收妥，第一联作为回单由银行盖章后退给送款单位。第二联银行加盖相关印章作为银行的记账凭证。

6. *差旅费报销单*

差旅费报销单是员工出差完毕回到企业后需要报销费用时填写的单据。差旅费是指工作人员临时到常驻地以外地区公务出差所发生的城市间交通费、住宿费、伙食补助费和市内交通费。不同企业或部门对差旅费的具体开支范围的规定不同，根据企业或部门的具体规章制度，规定限额内的差旅费可以按照一定的程序，凭据进行报销。

差旅费报销单样例见图 2-23。

差旅费报销单

2024年12月01日　　单据张数　张

姓名：　　部门：　　出差事由：

起讫日期				起讫地点	火车费	市内车费	住宿费	途中伙食补助			住勤费		其他	合计
月	日	月	日					标准	天数	金额	天数	金额		
合计														
报销金额	人民币(大写)													
原借款					报销额					应退（补）：				

审核：　　部门主管：　　财务主管：　　经办人：

图 2-23　差旅费报销单

3.3　现金支出业务的处理程序

根据现金支出的情况不同，现金支出业务可以分为日常直接支出现金和向银行送存现金两大类。

3.3.1　日常直接支出现金业务的处理程序

日常直接支出现金业务是指出纳人员将现金直接支付给收款单位或个人的业务，如支付办公费、差旅费以及向个人支付现金等。日常直接支出现金业务的处理程序如下：

（1）受理现金支付凭证。这些凭证包括报销单、借款借据、领款单、工资表、外单位或个人的收款收据或发票等。

（2）审核付款凭据。出纳人员在取得现金支付依据后，要认真审核。

（3）支付现金，并当着收款人的面进行复点，要求收款人当面确认。

（4）付款完毕，出纳人员应当在审核无误的原始单证上加盖现金付讫章。

（5）出纳人员将支付完毕的凭证交给制证员编制记账凭证，再传递给复核会计复核。

（6）出纳人员根据审核无误的记账凭证登记现金日记账。

3.3.2 向银行送存现金业务的处理程序

各单位当日收取的现金或超过库存限额的现金，应及时送存开户银行。向银行送存现金业务的处理程序是：

（1）清点整理票币。送款前应将送存款清点整理，按券别、币种分开。

（2）填写现金缴款单。

（3）向银行提交现金缴款单和整理好的票币。

（4）银行收款核对后，在现金缴款单的第一联（回单）盖章后退给出纳人员。

（5）出纳将银行退回的加盖银行印鉴的一联交制证员编制记账凭证，再传递给复核会计复核。

（6）出纳根据审核无误的记账凭证登记现金日记账。

例 1 2024 年 12 月 2 日，ABC 公司的领导经讨论，同意发放困难职工补助 2200 元，要求出纳办理相关业务。

（1）工资核算会计编制“ABC 公司员工困难补助发放表”（如图 2-24），经审批后交出纳人员。

ABC公司员工困难补助发放表

序号	姓名	部门	项目	金额	签名
1	宋涛	生产车间	困难补助	500.00	
2	刘海琴	生产车间	困难补助	500.00	
3	王春明	采购部	困难补助	400.00	
4	李华强	采购部	困难补助	400.00	
5	赵鑫成	销售部	困难补助	400.00	
6					
7					
合计				2200.00	

审批：李勇　　复核：李华军　　制表：刘丽

图 2-24　ABC 公司员工困难补助发放表（一）

（2）出纳人员复核无误后，发放现金到个人，并由个人签字。发放完毕，在困难补助发放表上盖现金付讫章，如图 2-25。

ABC公司员工困难补助发放表

序号	姓名	部门	项目	金额	签名
1	宋涛	生产车间	困难补助	500.00	宋涛
2	刘海琴	生产车间	困难补助	500.00	刘海琴
3	王春明	采购部	困难补助	400.00	王春明
4	李华强	采购部	困难补助	400.00	李华强
5	赵鑫成	销售部	困难补助	400.00	赵鑫成
6					
7				现金付讫	
合计				2200.00	

审批：李勇　　复核：李华军　　制表：刘丽

图 2-25　ABC 公司员工困难补助发放表(二)

（3）出纳人员将支付完毕的“ABC 公司员工困难补助发放表”交给制证员编制记账凭证，再传递给复核会计复核，如图 2-26。

记账凭证

2024年12月02日　　记字第10号

摘要	会计科目		借方金额								贷方金额								记账符号
	总账科目	明细科目	十	万	千	百	十	元	角	分	十	万	千	百	十	元	角	分	
发放职工困难补助	应付职工薪酬	福利费			2	2	0	0	0	0									
	库存现金												2	2	0	0	0	0	
				¥	2	2	0	0	0	0		¥	2	2	0	0	0	0	

附凭证 1 张

会计主管：　　记账：　　审核：李华军　　制单：张月

图 2-26　记账凭证

（4）出纳人员根据审核无误的记账凭证登记现金日记账，如图 2-27。

现金日记账 第16页

2024年		凭证		摘要	对方科目	收入(借方)	支出(贷方)	结余(余额)
月	日	种类	号数					
12	1			承前页		9362.00	7900.00	2536.00
	1	记	1	甲公司交合同违约金	营业外收入	3000.00		
	1	记	2	刘文龙差旅报销退回余款	其他应收款	381.00		5917.00
	2	记	10	发放职工困难补助	应付职工薪酬		2200.00	

图 2-27 现金日记账

例 2 2024 年 12 月 2 日，ABC 公司的采购员刘宏强到外地采购，借款 1000 元，以现金支付，要求出纳办理相关业务。

（1）受理业务，审核借款借据，如图 2-28。

借款借据

借款日期：2024年12月02日

借款部门	采购部	借款理由	外地采购
借款金额(大写)壹仟元整			￥1000.00
部门领导意见： 同意借支，返回报销	借款人签章： 刘宏强 2024.12.02		

图 2-28 借款借据(一)

（2）审核借款借据无误后，支付现金并进行复点，并要求借款人刘宏强当面点清。

（3）付款完毕，出纳人员在借款借据上加盖现金付讫章，如图 2-29。

借款借据

借款日期：2024年12月02日

借款部门	采购部	借款理由	外地采购
借款金额(大写)壹仟元整			￥1000.00
部门领导意见： 同意借支，返回报销	借款人签章： 现金付讫 刘宏强 2024.12.02		

图 2-29 借款借据(二)

（4）将支付完毕的借款借据传递给制证员编制记账凭证，再传递给复核会计复核。制证员编制的记账凭证如图 2-30。

记账凭证

2024年12月02日　　　　　　　　记字第11号

摘要	会计科目		借方金额								贷方金额								记账
	总账科目	明细	十	万	千	百	十	元	角	分	十	万	千	百	十	元	角	分	
刘宏强出差	其他应收款	刘宏强			1	0	0	0	0	0									
	库存现金	刘宏强											1	0	0	0	0	0	
				¥	1	0	0	0	0	0		¥	1	0	0	0	0	0	

附凭证 1 张

财务主管：　　　记账：　　　审核：李华军　　　制单：张月

图 2-30　记账凭证

注：复核会计复核无误后在记账凭证审核处签字，签字后的记账凭证略。

（5）出纳人员根据审核无误的记账凭证登记现金日记账，如图 2-31。

现金日记账　　　　　　第16页

2024年		凭证		摘要	对方科目	收入(借方)	支出(贷方)	结余(余额)
月	日	种类	号数					
12	1			承前页		9362.00	7900.00	2536.00
	1	记	1	甲公司交合同违约金	营业外收入	3000.00		
	1	记	2	刘文龙差旅报销退回余款	其他应收款	381.00		5917.00
	2	记	10	发放职工困难补助	应付职工薪酬		2200.00	
	2	记	11	刘宏强出差借款	其他应收款		1000.00	2717.00

图 2-31　现金日记账

知识拓展

出纳如何审核原始凭证

在企业里，出纳人员根据原始凭证办理报销手续、登记现金日记账和银行存款日记账时，应对办理手续的原始凭证进行复核，这就要求出纳人员在复核时遵守制度、坚持原则，对内容不真实、不完整、手续不齐全、书写不清楚、计算有差错的原始凭证按处理原始凭证的要求和程序进行处理。出纳人员在复核原始凭证时，需注意以下几个问题。

(1) 真实性复核。

原始凭证上注明的业务内容是经济业务的本来面目，不得掩盖、歪曲和篡改原始情况，这就要求经济双方当事人和单位、时间、地点、内容、数量、金额都是真实的，除业务人员在原始凭证上签章，还要由了解该项业务的主管人员签章，由会计主管审核，才能作为据以入账的原始凭证。

(2) 完整性复核。

根据原始凭证所必须具备的要素，检查原始凭证是否已填写完整，对于有些业务，需要有旁证才可作为报账依据。对于需要旁证的原始凭证，若原始凭证不齐，则视为手续不齐全，如购货发票要附有购货名称、规格、数量明细、销货单位的出库单或本单位入库单，不需入库的物品，发票上应有使用证明人的签名。

(3) 合法性复核。

是指原始凭证应符合会计制度和企业财务管理要求。复核时要注意：

① 假发票。往往表现在时间不吻合，如某人出差，回来报销发票，与出差时间不吻合，说明是假发票；另外其他假发票也很多，如开具方非销货方或发票本身就是假发票等。出纳人员应具备一些辨别假发票的基本能力，才不会出现问题。

② 还要注意那些虽然原始发票是真的，但按企业财务制度规定不属于报销范围的，如私人购置自用物品、个人消费物品等。如果企业报销制度中允许报销私人消费品，但在会计处理时要注意这种情况视同向个人支付劳务报酬，要代扣和代缴个人所得税，所以出纳人员一定要了解制度、掌握报销范围。

③ 另外还要注意有些费用虽能报销，但制度对报销的比例或金额有规定限制，如许多单位规定了不同的差旅费报销标准，如乘坐何种交通工具、每日补助标准等，职工报销差旅费时就要按标准执行。

巩固练习

一、单项选择题

1. 下列不能用现金支付的是(　　)。

A. 购买办公用品 250 元　　B. 向个人收购农副产品 20000 元

C. 从某公司购入工业产品 60000 元　　D. 支付职工差旅费 1000 元

2. 对于职工公出借款的凭据，下列会计处理方法不正确的是(　　)。

A. 收回借款时，退还借款副本　　B. 收回借款时，退还原借款凭据

C. 收回借款时，另开收据　　D. 将借款凭据附在记账凭证之后

3. 不能使用现金结算的是(　　)。

A. 职工工资、津贴

B. 个人劳务报酬

C. 2000 元的零星支出

D. 向个人收购农副产品和其他物资的价款

4. 出纳人员根据收款凭证收款或付款凭证付款后，为避免重收重付，应(　　)。

A. 在凭证上加盖“收讫”或“付讫”戳记

B. 由收款人员或付款人员在凭证上登记金额

C. 由出纳人员在备查簿上登记

D. 由出纳人员在凭证上划线注销

5. 现金结算起点为(　　)元。

A. 500　　B. 5000　　C. 100　　D. 1000

二、多项选择题

1. 采购员报销差旅费记入(　　)账户。

A. 其他应收款　　B. 营业外收入　　C. 销售费用　　D. 管理费用

2. 企业支付现金，不得(　　)。

A. 从企业库存现金限额中支付　　B. 从开户银行提取

C. 坐支现金　　D. 从本企业的现金收入中直接支付

3. 单位的职工出差归来，报销差旅费并交回剩余现金的事项，根据差旅费报销单和收据，应填制的记账凭证有(　　)。

A. 现金付款凭证　　B. 现金收款凭证

C. 银行收款凭证　　D. 转账凭证

4. 下列关于原始凭证错误更正的做法正确的是(　　)。

A. 只要是错误的凭证一律要求重开

B. 金额错误的要求出具单位重开

C. 非金额部分错误可以由出具单位更正，加盖更正人员名章

D. 非金额部分错误可以由出具单位更正，加盖出具单位印章

5. 下列关于原始凭证的叙述正确的是(　　)。

A. 自制原始凭证必须有经办单位领导或其指定人员的签名或盖章

B. 凡填写大小写金额的原始凭证，大小写金额如果不一致的，以大写金额为准

C. 销货退回时以退回发票及退货入库单作为销货退回的入账依据

D. 原始凭证金额错误的由原出具单位重开

6. 现金支出业务内容主要包括(　　)。

A. 发放工资业务

B. 向外单位购买货物、接受劳务而支付现金的业务

C. 费用报销业务

D. 现金存入银行以及向有关部门支付备用金

三、业务题

某公司业务员刘刚将于2024年8月8日到上海采购。8月7日，刘刚拿着领导签字的借款借据到出纳处借钱，出纳审核借款借据后，将3000元的现金交给了刘刚，借据留在出纳处。8月10日刘刚出差回来，报销差旅费2800元。刘刚将2800元的报销单和剩余的200元现金交给出纳，出纳审核报销单后，将借款借据退给刘刚，然后将报销单交给会计复核，制证员编制记账凭证，出纳人员根据记账凭证在现金日记账上登记现金减少2800元，出纳的做法对吗？如果不对，正确的做法是什么？

任务四　现金的保管与清查

知识目标

1. 理解现金保管与清查的含义。
2. 掌握现金长短款的业务处理。

能力目标

1. 能自行对库存现金进行合理保管、正确清查。
2. 能自行处理现金长短款。

思政目标

1. 培养学生精益求精、行稳致远的职业精神。
2. 培养学生处理问题的能力。

情境导入

2024年10月31日16时，ABC公司清查小组对现金进行清查，出纳和财务主管均在场，盘点库存现金中有4张100元、10张50元、25张20元、46张10元、25张5元、98枚1元、14枚5角和12枚1角。当日库存现金的账面余额为2091.20元。

在现金的清查中，出纳要做哪些工作才能确认库存现金是否账款相符呢？如果不符，将如何处理呢？另外，在日常工作中出纳该怎样正确地保管现金呢？下面我们一起来学习。

4.1 现金的保管

现金是企业流动性最强的货币资产，若保管不当容易丢失。所以，企业应当制定完备的现金保管制度，防止犯罪分子乘虚而入，给国家和单位造成损失。

现金保管制度一般应包括如下内容：

（1）超过库存限额以外的现金应在下班前送存银行。

（2）为加强对现金的管理，除工作时间需要的少量备用金可放在出纳人员的抽屉内，其余应放入出纳专用的保险柜内，不得随意存放。

（3）限额内的库存现金当日核对清楚后，一律放在保险柜内，不得放在办公桌抽屉内过夜。如特殊原因滞留超过限额的现金在单位过夜的，必须经财务部负责人或单位领导批准，并确保现金的安全。

（4）单位的库存现金不准以个人名义存入银行，以防止有关人员利用公款私存取得利息收入，也防止单位利用公款私存形成账外小金库。银行一旦发现公款私存，可以对单位处以罚款，情节严重的可以冻结单位现金支付。

（5）库存现金，包括纸币和铸币，应分类保管。各单位的出纳人员对库存票币分别按照纸币的票面金额和铸币的币面金额，以及整数(大数)和零数(小数)分类保管。纸币一定要打开铺平存放，并按照纸币的票面金额，以每100张为一把，每10把一捆扎好。凡是成把、成捆的纸币即为整数(大数)，均应放在保险柜内保管，随用随取；凡不成把的纸币视为零数(小数)，也要按照票面金额，每10张为一扎，分别用曲别针别好，放在存票箱或抽屉内，一定要存放整齐，秩序井然。

铸币也是按照币面金额，以每100枚为一卷，每10卷为一捆，同样将成捆、成卷的铸币放在保险柜内保管，随用随取；不成卷的铸币，应按照不同币面金额，分别存放在卡数器内。

（6）库存现金存放要有安全措施。单位保管现金的地方要有安全防范措施，门要安装保险锁，配备专门的保险柜进行现金的保管，同时保管有价证券和票据，出纳人员下班时要检查确认窗户、保险柜门锁完好后方能离开。

（7）单位应当定期和不定期地进行现金盘点，编制现金盘点报告表，确保现金账面余额与实际库存相符，发现不符应及时查明原因，做出处理。

4.2 现金的清查

现金清查是为了确保现金的安全。企业除实行钱账分管制度外，出纳人员还应在每日和每月终了时根据现金日记账的合计数，结出库存现金余额，并与库存现金实有数核对，做到账实相符。

4.2.1 现金的实地盘点

现金清查的主要方法是通过实地盘点库存现金的实存数，与现金日记账核对，确定账存与实存是否相等。清查程序如下：

（1）盘点前，出纳人员应先将现金收、付凭证全部登记入账，并结出余额。

（2）盘点时，出纳人员必须在场，现金由出纳人员经手盘点，清查人员从旁监督。盘点时，除查明账实是否相符，还要查明有无违反现金管理规定的情况，如有无以“白条”抵冲现金、现金库存是否超过核定的限额、有无坐支现金等。

（3）盘点结束应根据盘点结果编制库存现金盘点报告表，注明现金实存数与现金日记账账面余额，并由检查人员和出纳人员签名盖章，作为重要的原始凭证。库存现金盘点报告表具有盘存单和实存账存对比表的作用。

（4）清查后，将清查的结果汇报给有关领导，对于账实不符的情况，按领导批示的意见进行处理，将账实不符的库存现金盘点报告表传递给制证员编制记账凭证。

（5）根据审核无误的记账凭证登记现金日记账。

4.2.2 现金长款与短款的核算

现金长款与短款分别是指库存现金的盘盈与盘亏。对于账实不符的情况，清查小组应查明原因。在没有查明长短款原因之前，应先记入“待处理财产损溢—待处理流动资产损溢”账户中，待查明原因后，根据批复意见再分别进行处理。具体核算见图 2-32。

	短款	长款
批准前	借：待处理财产损溢—待处理流动资产损溢 贷：库存现金	借：库存现金 贷：待处理财产损溢—待处理流动资产损溢
批准后	借：其他应收款—×××责任人 （应由责任人赔偿的部分） —应收保险赔款 （应由保险公司赔偿的部分） 管理费用—现金短缺 （无法查明原因的部分） 贷：待处理财产损溢—待处理流动资产损溢	借：待处理财产损溢—待处理流动资产损溢 贷：其他应收款—×××单位或×××个人 （应支付给有关人员或单位的部分） 营业外收入—现金溢余 （无法查明原因的部分）

图 2-32 现金长款与短款核算

例 1 2024 年 12 月 31 日，ABC 公司清查小组对出纳保管的现金进行清查，由出纳甄仔细、盘点人王浩共同清查，财务主管徐冬梅监督，清查结果见图 2-33。

要求制单员根据盘点结果编制记账凭证、复核会计复核记账凭证、出纳登记现金日记账。

库存现金盘点报告表

单位名称：ABC公司　　　　2024年12月31日　　　　单位：元

<table>
<tr><td>面值</td><td>数量</td><td>金额</td><td rowspan="13">主管
批准</td><td>总经理：</td></tr>
<tr><td>100元</td><td>18</td><td>1800.00</td><td rowspan="3"></td></tr>
<tr><td>50元</td><td>13</td><td>650.00</td></tr>
<tr><td>20元</td><td>5</td><td>100.00</td></tr>
<tr><td>10元</td><td>10</td><td>100.00</td><td>主管经理：</td></tr>
<tr><td>5元</td><td>2</td><td>10.00</td><td rowspan="4"></td></tr>
<tr><td>1元</td><td>7</td><td>7.00</td></tr>
<tr><td>5角</td><td></td><td></td></tr>
<tr><td>1角</td><td></td><td></td></tr>
<tr><td>1分</td><td></td><td></td><td>财务主管：</td></tr>
<tr><td>合计</td><td>2667.00</td><td></td><td rowspan="3"></td></tr>
<tr><td>账面数</td><td>2717.00</td><td></td></tr>
<tr><td>盘点盈亏</td><td>50.00</td><td></td></tr>
<tr><td colspan="5">上列款项于12月31日盘点，盘点时本人在场，并如数归还无误。

出纳：甄仔细　　　　主管：徐冬梅　　　　盘点人：王浩</td></tr>
</table>

图 2-33　库存现金盘点报告表

（1）制单会计根据审核无误的库存现金盘点报告表编制记账凭证，如图 2-34。

记账凭证

2024年12月31日　　　　记字第85号

<table>
<tr><td rowspan="2">摘要</td><td colspan="2">会计科目</td><td colspan="8">借方金额</td><td colspan="8">贷方金额</td><td rowspan="2">记
账</td></tr>
<tr><td>总账科目</td><td>明细科目</td><td>十</td><td>万</td><td>千</td><td>百</td><td>十</td><td>元</td><td>角</td><td>分</td><td>十</td><td>万</td><td>千</td><td>百</td><td>十</td><td>元</td><td>角</td><td>分</td></tr>
<tr><td>现金
盘亏</td><td>待处理
财产损溢</td><td>待处理流动
资产损溢</td><td></td><td></td><td></td><td></td><td>5</td><td>0</td><td>0</td><td>0</td><td></td><td></td><td></td><td></td><td></td><td></td><td></td><td></td><td></td></tr>
<tr><td></td><td>库存现金</td><td></td><td></td><td></td><td></td><td></td><td></td><td></td><td></td><td></td><td></td><td></td><td></td><td></td><td>5</td><td>0</td><td>0</td><td>0</td><td></td></tr>
<tr><td></td><td></td><td></td><td></td><td></td><td></td><td></td><td></td><td></td><td></td><td></td><td></td><td></td><td></td><td></td><td></td><td></td><td></td><td></td><td></td></tr>
<tr><td></td><td></td><td></td><td></td><td></td><td></td><td></td><td></td><td></td><td></td><td></td><td></td><td></td><td></td><td></td><td></td><td></td><td></td><td></td><td></td></tr>
<tr><td></td><td></td><td></td><td></td><td></td><td></td><td></td><td></td><td></td><td></td><td></td><td></td><td></td><td></td><td></td><td></td><td></td><td></td><td></td><td></td></tr>
<tr><td colspan="3"></td><td></td><td></td><td></td><td>¥</td><td>5</td><td>0</td><td>0</td><td>0</td><td></td><td></td><td></td><td>¥</td><td>5</td><td>0</td><td>0</td><td>0</td><td></td></tr>
</table>

附凭证 1 张

财务主管：　　　记账：　　　审核：　　　制单：张月

图 2-34　记账凭证

（2）复核会计复核记账凭证，如图 2-35。

记账凭证

2024年12月31日　　　　　　记字第85号

摘要	会计科目		借方金额								贷方金额								记账
	总账科目	明细科目	十	万	千	百	十	元	角	分	十	万	千	百	十	元	角	分	
现金盘亏	待处理财产损溢	待处理流动资产损溢					5	0	0	0									
	库存现金														5	0	0	0	
						¥	5	0	0	0				¥	5	0	0	0	

附凭证 1 张

财务主管：　　　　记账：　　　　审核：李华军　　　　制单：张月

图 2-35　记账凭证

（3）出纳根据审核无误的记账凭证登记现金日记账，如图 2-36。

现金日记账　　　　第16页

2024年		凭证		摘要	对方科目	收入（借方）	支出（贷方）	结余（余额）
月	日	种类	号数					
12	1			承前页		9362.00	7900.00	2536.00
	1	记	1	甲公司交合同违约金	营业外收入	3000.00		
	1	记	2	刘文龙差旅报销退回余款	其他应收款	381.00		5917.00
	2	记	10	发放职工困难补助	应付职工薪酬		2200.00	
	3	记	11	刘宏强出差借款	其他应收款		1000.00	2717.00
	31	记	85	现金盘亏	待处理财产损溢		50.00	

图 2-36　现金日记账

例 2　2024 年 12 月 31 日，领导对现金盘亏批示结果如图 2-37。要求制单会计编制记账凭证，出纳对现金日记账进行月结、年结，本年度库存现金借方发生额合计 110043 元，贷方发生额合计 112658 元。

库存现金盘点报告表

单位名称：ABC公司　　　　2024年12月31日　　　　单位：元

面值	数量	金额	主管批准	总经理：
100元	18	1800.00		
50元	13	650.00		
20元	5	100.00		
10元	10	100.00		主管经理：
5元	2	10.00		
1元	7	7.00		
5角				
1角				
1分				财务主管：
合计	2667.00			出纳人员的差错，盘亏金额由其赔偿。
账面数	2717.00			
盘点盈亏	50.00			徐冬梅2024.12.31
上列款项于12月31日盘点，盘点时本人在场，并如数归还无误。				
出纳：甄仔细		主管：徐冬梅		盘点人：王浩

图 2-37　库存现金盘点报告表

（1）制单会计根据审核无误的库存现金盘点报告表编制记账凭证，如图 2-38。

记账凭证

2024年12月31日　　　　记字第86号

摘要	会计科目		借方金额								贷方金额								记
	总账科目	明细科目	十	万	千	百	十	元	角	分	十	万	千	百	十	元	角	分	
处理现金	其他应收	甄仔细					5	0	0	0									
	待处理财产损溢														5	0	0	0	
						¥	5	0	0	0				¥	5	0	0	0	

附凭证 1 张

财务主管：　　记账：　　审核：　　制单：张月

图 2-38　记账凭证

（2）出纳对现金日记账进行月结、年结，如图 2-39。

现金日记账　　第16页

2024年		凭证		摘要	对方科目	收入（借方）	支出（贷方）	结余（余额）
月	日	种	号					
12	1			承前页		9362.00	7900.00	2536.00
	1	记	1	甲公司交合同违约金	营业外收入	3000.00		
	1	记	2	刘文龙差旅报销退回余款	其他应收款	381.00		5917.00
	2	记	10	发放职工困难补助	应付职工薪酬		2200.00	
	2	记	11	刘宏强出差借款	其他应收款		1000.00	2717.00
	31	记	85	现金盘亏	待处理财产损溢		50.00	2667.00
	31			本月合计		3381.00	3250.00	2667.00
	31			本年合计		110043.00	112658.00	2667.00
	31			结转下年				

图 2-39　现金日记账

知识拓展

现金长短款的原因及常见差错

在实际工作中，现金的长款、短款大都是由工作差错造成的，出纳人员应在工作中特别注意避免以下情况，尽量减少长款、短款的发生。

1. 收款中容易出现差错的情况

（1）一笔款未收完，又接着收第二笔，搞乱缴款者的款项。

（2）收款清点完毕，对券别加计总数时不认真复核，发生加错金额、看错金额、看错券别、看错大数、点错尾数等差错。

（3）把自己的款与他人的款混淆在一起，误作长款退给了他人。

（4）初点不符，复点相符，不再进行第三次核实，实际有误，就作无误收下。

（5）缴款者交来的现金零乱，只以初次清查计算的数目为准。

（6）忘记将应找补的现金还给缴款者。

（7）清点10张或20张的折叠钞票时，只点平版的9张或19张，忽视了折起来的那张。

（8）手工清点现金时贪快，有夹杂其中的不同面额的票币未能发现。

（9）用机器点完一把钞票，拿起来捆扎时，没有看清接钞台上是否仍留有人民币，或人民币被卷入输送带未发现，以至产生一把多、一把少的现象。

2. 付款中容易出现差错的情况

（1）备用金的放置不定位，付款时取错券别，既不细看又不复核，随手付出，或者将凭证连同款项一起交给收款人。

（2）小沓折叠钞票，每沓数量不固定，有时10张一沓，有时20张一沓，付出时不复点。

（3）未看清凭证上所列的付款金额数，粗心大意，随手付出。

（4）贪图方便，付款时不用计算器加计券别，单靠心算，以致出错。

3. 现金收、付款中常见的差错

（1）看错凭证上的金额位数，或将金额颠倒看错。如把元看成角、分，把69看成96等。

（2）凭证大、小写金额不一致，未严格复核，就按大写（或小写）金额收款或付款。

（3）一笔收款（或付款）有若干张凭证，加计总数时没有认真进行复核，为图省事，不使用计算器，总金额计算有误。

（4）在收款、付款中有抵收抵付的现金凭证，在计算扣减时未认真复核，以致计算错误。

（5）违背收款、付款操作规则，没有及时在凭证上加盖“收讫”或“付讫”专用章，以致发生重付、少收。

（6）没有及时登记“现金日记账”，不慎将凭证遗失。

（7）去银行提取现金或收取外单位（个人）大额款项，未核对查实就予以签收，造成错款。

（8）将外币与人民币混放，造成错收错付。

（9）出纳人员之间工作移交时未办理交接手续或交接手续不清而发生差错。

巩固练习

一、单项选择题

1. 对现金进行盘点时，（　　）必须在场。

A. 会计人员　　　　B. 出纳人员

C. 单位负责人　　D. 上级主管单位负责人

2. 对现金进行盘点时，盘点结果应编制的原始凭证是(　　)。

A. 盘存单　　B. 实存账存对比表

C. 库存现金盘点报告表　　D. 银行对账单

3. “库存现金盘点报告表”应由(　　)签章方能生效。

A. 经理和出纳　　B. 会计和盘点人员

C. 盘点人员和出纳　　D. 会计和出纳

4. 现金清查发现现金短款时，应贷记(　　)账户。

A. 其他应收款　　B. 库存现金

C. 营业外支出　　D. 待处理财产损溢

5. 若企业库存现金实有数小于账面数 200 元，则该差错的原因不可能是(　　)。

A. 库存现金出纳人员少付库存现金　　B. 库存现金出纳人员少收库存现金

C. 库存现金出纳人员贪污　　D. 误将 100 元支出作为收入入账

6. 某公司职工王强预支差旅费 8000 元，财会部门以现金支付。下列会计分录正确的是(　　)。

A. 借：其他应收款—王强　　8000

　　贷：库存现金　　8000

B. 借：应收账款—王强　　8000

　　贷：库存现金　　8000

C. 借：其他应付款—王强　　8000

　　贷：库存现金　　8000

D. 借：管理费用　　8000

　　贷：库存现金　　8000

二、多项选择题

1. 对库存现金进行清查盘点时，应该(　　)。

A. 清查现金实有数，并且与现金日记账余额核对

B. 盘点的结果应填列“库存现金盘点报告表”

C. 出纳人员必须在场，并且由出纳亲自盘点

D. 检查库存限额的遵守情况及有无“白条抵库”的情况

2. 现金清查的重点包括(　　)。

A. 有无私设小金库　　B. 有无“白条抵库”

C. 有无私借公款　　D. 有无挪用公款

3. 下列有关企业进行库存现金盘点时的做法，正确的是(　　)。

A. 库存现金的清查方法采用实地盘点法

B. 在盘点库存现金时，出纳人员必须在场

C. 经领导批准，借条、借据可以抵充现金

D.“库存现金盘点报告表”需由盘点人和出纳人员共同签章方能生效

三、判断题

1. 现金清查时出纳人员不得在场，应回避。(　　)

2. 现金清查后，如出现现金日记账账面余额和库存现金数额不符的情况，应填写“库存现金盘点报告表”，并据以调整现金日记账的账面记录。(　　)

3. 出纳人员应与货币资金清查人员相互分离，即货币资金清查必须指定其他的专门人员，不能由出纳人员一人完成。(　　)

4. 对于库存现金，只要保证出纳人员每天与现金日记账核对相符，就无须专门进行清查。(　　)

四、业务题

1. 2024 年 7 月 30 日，甲公司清查小组对库存现金进行盘点，发现短款 110 元，经报领导批准后作报销费用处理，完成本笔业务，要求列出主要步骤。

项目三

银行存款收付业务

任务一　银行存款相关管理制度

知识目标

1. 掌握不同银行结算账户的种类。
2. 掌握不同银行结算账户的使用规定。
3. 了解开立银行结算账户的流程。
4. 了解银行结算账户的变更、合并、迁移和撤销有关规定。
5. 掌握银行账户支付结算的原则。

能力目标

1. 能够准确区分基本存款账户、一般存款账户、临时存款账户及专用存款账户。
2. 熟练处理银行结算账户的开立、使用和管理。

思政目标

1. 培养学生良好的思想品德，负责、细致的工作作风，遵守会计从业人员职业道德。
2. 树立遵纪守法、廉洁自律的职业意识，树立正确的人生观、价值观。
3. 使用银行结算账户时保证严谨、一丝不苟的工作态度，不出差错。

情境导入

某一天，ABC公司的老板告诉甄仔细，公司只有一个在建设银行开立的账户，现在随着业务的扩展，要处理的业务越来越多，交易双方都感觉到了很多不便，因此，老板想要另开立一个工行账户，以便于日常交易事项的结算。现在，老板让甄仔细前往银行办理开户相关事宜。

请同学们思考，该公司的建行账户和后续即将开立的工行账户分别属于哪一类的账户呢？开立银行结算账户时需要准备哪些资料？开户流程具体又是怎样的呢？

1.1　银行结算账户的种类

在单位的生产经营过程中，现金能够进行的交易很有限，为了便于与其他单位的大额往来交易，以及一些大额的费用支出，需要通过银行存款来进行结算，这就需要用到银行结算账户。

银行结算账户按照存款人的不同，主要分为单位银行结算账户和个人银行结算账户两类。其中，存款人在经办银行以单位名称开立的办理资金收付结算的人民币活期存款账户为单位银行结算账户。单位银行结算账户按照用途，又可以分为四类，分别是基本存款账户、一般存款账户、临时存款账户和专用存款账户。

1. 基本存款账户

基本存款账户是单位因办理日常转账结算相关业务以及现金收付需要所开立的银行结算账户，是单位办理转账结算和现金收付的主要账户。单位经营活动的日常资金收付及工资、奖金和现金的发放、支取均可以通过基本存款账户办理。

按人民币银行结算账户管理办法规定，每个单位只能选择一家银行申请开立一个基本存款账户，不能同时开立多个基本存款账户。存款单位的现金支取，只能通过基本存款账户办理。单位开立此账户需向中国人民银行分支机构申报。

一个单位有且只有一个基本存款账户，所有的现金支取只能通过这个基本存款账户进行。开立基本存款账户是开立其他银行结算账户的前提。

2. 一般存款账户

一般存款账户是单位因借款或其他结算需要，在基本存款账户开户银行以外的银行营业机构开立的银行结算账户。一般存款账户用于办理单位借款转存、借款归还和其他结算的资金收付业务，此账户可以办理现金缴存业务，但不能办理现金支取业务。

单位开立一般存款账户没有数量限制，可以根据单位不同业务种类设立多个一般存款账户，但一般存款账户不能在单位基本存款账户的开户银行开立。

3. 临时存款账户

临时存款账户是单位因为临时需要且在规定期限内使用而开立的银行结算账户。例如，存款人有设立临时机构、异地临时经营活动、注册验资等需求时，可以申请开立临时存款账户，以便于资金的收付。临时存款账户的有效期最长不得超过 2 年。

有下列情况的，存款人可以申请开立临时存款账户：

(1) 设立临时机构，如设立工程指挥部、筹备领导小组、摄制组等。

(2) 异地临时经营活动，如建筑施工及安装单位等异地的临时经营活动。

(3) 注册验资(注册验资的临时存款账户在验资期间只收不付)。

(4) 境外(含港澳台地区)机构在境内从事经营活动等。

其中最常见的临时存款账户就是企业成立时开立的注册验资账户。

4. 专用存款账户

专用存款账户是单位按照法律、行政法规和规章等，对其有特定用途的资金进行专项管理和使用而依法开立的银行结算账户。

专用存款账户主要用于办理单位各项专用资金的收付。针对不同的专用资金，它的使用范围也有所不同。

(1) 单位银行卡账户的资金必须由其基本存款账户转账存入，该账户不可办理现金收付业务。

(2) 财政预算外资金、证券交易结算资金、期货交易保证金和信托基金专用存款账户，该账户不得支取现金。

（3）基本建设资金、更新改造资金、政策性房地产开发资金、金融机构存放同业资金账户需要支取现金的，应在开户时报中国人民银行批准。

（4）粮、棉、油收购资金，住房基金，社保基金，党团工会经费等专用存款账户，可以支出现金。

（5）收入汇缴账户，只收不付，不得支取现金。业务支出账户，只付不收，可支出现金。

综上所述，这些分类基于不同的需求和用途，帮助单位更好地管理和使用其银行结算账户。请注意，开立基本存款账户、临时存款账户和预算单位开立专用存款账户需要经中国人民银行核准。同时，符合《人民币银行结算账户管理办法》相关规定的，还可以开立异地结算账户（表 3–1）。

表 3–1　不同银行结算账户的特点汇总

银行结算账户	特　点
基本存款账户	每个单位只能开立一个； 可以办理转账结算，也可以进行现金收付
一般存款账户	没有数量限制，可以开立多个； 可办理转账结算，但只能够进行现金存入，不可以支取现金
临时存款账户	因临时需要而开立的，有效期最长不超过两年； 可以办理转账结算，也可以进行现金收付
专用存款账户	针对有专项用途的资金而开立的账户； 可以办理转账结算，也可以进行现金收付

1.2　开立银行结算账户

银行结算账户是指存款人在经办银行开立的办理资金收付结算的人民币活期存款账户。开立银行结算账户需要遵循一定的规定和流程。

1.2.1　开立的条件

单位在开立银行结算账户之前，需要先办理工商注册登记，获取营业执照，再去为单位刻制公章、财务专用章、法定代表人章等印章，最后带上营业执照和相关印章到银行去办理结算账户的开立手续。

在开立银行结算账户时，需要注意以下几点：

（1）选择合适的账户类型。根据自身的业务需求，选择合适的账户类型，如基本存款账户、一般存款账户、专用存款账户或临时存款账户等。

（2）提供完整的证明文件。按照银行的要求，提供完整的开户所需证明文件，如营业执照、税务登记证、组织机构代码证、法人代表身份证等。

（3）填写准确的开户申请书。在填写开户申请书时，需要准确无误地填写相关信息，如账户名称、账号、开户银行名称等。

（4）遵守账户管理规定。在账户使用过程中，需要遵守银行账户管理规定，如不得出租、出借账户，不得利用账户进行违法犯罪活动等。

不同的银行结算账户，开立条件也有所不同：

1. 基本存款账户开立条件

（1）证件要求：存款人应提供有效的营业执照正本及加盖公章的复印件，或其他有效证件，如税务登记证、组织机构代码证等。

（2）经营活动要求：存款人应处于正常经营状态，有固定的经营场所和合法的经营活动。

（3）法定代表人或负责人要求：提供法定代表人或负责人的有效身份证件及复印件。

（4）银行要求的其他资料：如开户银行可能要求的其他相关证明文件或资料。

2. 一般存款账户开立条件

（1）基本存款账户存在：存款人必须在其他银行已开立基本存款账户。

（2）借款或其他结算需求：存款人应有明确的借款或其他结算需求。

（3）提供相关证明：提供借款合同、协议等能证明借款或结算需求的文件。

（4）银行要求的其他资料。

3. 临时存款账户开立条件

（1）临时需要：存款人因临时经营活动、临时机构设立或其他临时需要而开立。

（2）提供相关资料：提供与临时经营活动或临时机构设立相关的证明文件。

（3）银行要求的其他资料。

4. 专用存款账户开立条件

（1）特定用途资金：存款人拥有特定的、符合国家法律法规规定的资金来源。

（2）提供相关资料：提供相关政府部门或法律法规规定的证明文件，如基建项目批准文件、基金会登记证等。

（3）银行要求的其他资料。

总之，开立银行结算账户是单位进行资金收付结算的重要步骤，需要认真了解相关规定和流程，并遵守银行账户管理规定，确保账户资金的安全性和合规性。

1.2.2 开户的流程

单位具备了开立银行结算账户的条件，且相关材料全部准备齐全之后，就可以去办理结算账户的开立手续了。下面以开立基本存款账户为例，流程如下：

1. 填写开户申请书

单位在选定的银行填写“开立单位银行结算账户申请书”，包括单位基本情况、账户性质及相关责任人等内容，如图 3-1 所示。

2. 提供相关资料

提交开户申请后，银行会要求单位提供一系列相关资料，如企业营业执照、组织机构代码证、税务登记证等，以便进行后续的审核。

开立单位银行结算账户申请书

存款人名称		电话	
地址		邮编	
存款人类别		组织机构代码	
法定代表人（√） 单位负责人（ ）	姓名		
	证件种类	证件号码	
行业分类	A( )B( )C( )D( )E( )F( )G( )H( )I( )J( ) K( )L( )M( )N( )O( )P( )Q( )R( )S( )T( )		
注册资金		地区代码	
经营范围			
证明文件种类		证明文件编号	
税务登记证（国税或地税）编号			
关联企业	关联企业信息填列在"关联企业登记表"上。		
账户性质	基本（√）一般（ ）专用（ ）临时（ ）		
资金性质		有效日期至	年 月 日

以下为存款人上级法人或主管单位信息：

上级法人或主管单位名称			
基本存款账户开户许可证核准号		组织机构代码	
法定代表人（ ） 单位负责人（ ）	姓名		
	证件种类		
	证件号码		

以下栏目由开户银行审核后填写：

开户银行名称		开户银行代码	
账户名称		账号	
基本存款账户开户许可证核准号		开户日期	

本存款人申请开立单位银行结算账户，并承诺所提供的开户资料真实、有效。 存款人（公章） 年 月 日	开户银行审核意见： 经办人（签章） 银行（签章） 年 月 日	人民银行审核意见： （非核准类账户除外） 经办人（签章） 人民银行（签章） 年 月 日

填写说明：

1、申请开立临时存款账户，必须填列有效日期；申请开立专用存款账户，必须填列资金性质。

2、该行业标准由银行在营业场所公告。"行业分类"中各字母代表的行业种类如下：A：农、林、牧、渔业；B：采矿业；C：制造业；D：电力、燃气及水的生产供应业；E：建筑业；F：交通运输、仓储和邮政业；G：信息传输、计算机服务及软件业；H：批发和零售业；I：住宿和餐饮业；J：金融业；K：房地产业；L：租赁和商务服务业；M：科学研究、技术服务和地质勘查业；N：水利、环境和公共设施管理；O：居民服务和其他服务业；P：教育业；Q：卫生、社会保障和社会福利业；R：文化、教育和娱乐业；S：公共管理和社会组织；T：国际组织。

3、带括号的选项填"√"。

4、本申请书一式三联，一联开户单位留存，一联开户银行留存，一联中国人民银行当地分支行留存。

由存款人填写　　由银行机构填写

图 3-1　开立单位银行结算账户申请书

这些资料包括但不限于：单位营业执照副本、组织机构代码证、税务登记证、法定代表人或负责人的身份证件及其他可能的行业特定证明文件。

单位需要确保提供的所有资料真实、完整且有效。

3. 银行审核资料

银行在收到单位提供的资料后，会进行详细的审核。审核的主要目的是确保单位的身份真实、业务合规，以及满足银行开户的其他相关要求。

4. 签署结算协议

资料审核通过后，单位需要与银行签署银行结算账户服务协议。协议中会明确双方的权利和义务，以及账户使用、维护、管理等相关的规定。单位确认好协议内容后签字盖章，即完成协议的签订。

5. 办理银行预留印鉴

单位通过银行存款办理相关付款业务时，需加盖与银行预留印鉴完全一致的印章，以用于核实企业身份和授权。因此，在签订好银行结算账户服务协议后，还需要填写预留印鉴卡(图 3-2)，并加盖预留印鉴。后续在办理银行结算业务时，银行会将待办资料与预留印鉴进行扫描比对核验，确认两者完全相符后，才可以办理相关业务。

××银行股份有限公司印鉴卡　　　No: ________________

户名		账号	
地址		币种	人民币
联系人		账户性质	基本户
联系电话		是否通兑	□通兑 □不通兑
预留银行签章式样		使用说明	
		启用日期	2024年8月15日
		注销日期	年　月　日

图 3-2　银行预留印鉴卡

单位应严格按照流程操作，确保顺利完成账户的开立并合规使用。

知识拓展

单位开立的银行结算账户自开立之日起三个工作日后，方可办理付款业务，注册验资的临时存款账户转为基本存款账户和因借款转存开立的一般存款账户除外。

1.3　银行结算账户的使用规定

单位在使用银行结算账户时，需要严格遵守相关规定：

(1) 银行结算账户必须以单位的真实名称开立，确保账户信息的准确性和可追溯性。任何虚假、冒用他人名义开立的账户都是非法的，并将受到相应的法律制裁。

(2) 单位从其银行结算账户支付给个人银行结算账户的款项，单笔超过 5 万元，应向开户银行提供以下付款依据：

① 代发工资协议和收款人清单：如果款项是用于支付工资，单位应提供代发工资协议以及包含收款人信息的清单。

② 奖励证明：如果款项是作为奖励支付给个人的单位应提供相应的奖励证明文件。

③ 劳务合同或支付证明：对于新闻出版、演出主办等单位与收款人签订的劳务合同，或者支付给个人的其他款项，单位应提供相关的劳务合同或支付证明。

④ 证券公司、期货公司、信托投资公司、奖券发行或承销部门支付或退还给自然人款项的证明。

⑤ 债权或产权转让协议：如果款项涉及债权或产权的转让，单位应提供相关的转让协议。

⑥ 借款合同：如果款项是基于借款合同而支付的，单位应提供该借款合同的复印件或相关证明。

⑦ 保险公司的证明：如果款项与保险业务有关，单位应提供保险公司的证明文件。

⑧ 税收征管部门的证明：对于应纳税的款项，单位应提供税收征管部门出具的完税证明。

⑨ 农、副、矿产品购销合同：如果款项涉及农、副、矿产品的购销，单位应提供相关的购销合同。

⑩ 其他合法款项的证明：对于不属于以上列举的其他合法款项，单位应提供相应的证明文件。

(3) 单位银行卡账户的资金必须由其基本存款账户转账存入，不能缴存现金，也不能将销货收入款项转存入信用卡账户。

(4) 单位不得出借、出租银行结算账户，不得利用银行结算账户套取银行信用。

(5) 单位应确保账户内的资金充足，以保证正常的支付需求。对于资金不足导致的支付问题，单位应承担相应的法律责任。

(6) 银行结算账户应遵循专款专用的原则，即账户内的资金只能用于约定的用途，不得挪作他用。单位应严格按照账户用途使用资金，确保资金的合规性和安全性。

1.4 管理银行结算账户

在单位的生产经营过程中，经济业务可能会发生变化，为了满足这些业务变化的需求，需要对银行结算账户作变更、合并、迁移和撤销的处理。

1.4.1 银行结算账户的变更

银行结算账户的变更指的是变更单位银行结算账户的有关信息。根据银行结算账户有关管理规定，当单位的名称、法定代表人或负责人、地址、邮编、电话等开户资料信息发生变更时，单位应及时到开户银行申请办理开户资料信息变更手续。

1. 变更单位名称

如果单位更改名称，但不改变开户银行及账号，需更新单位在银行预留的财务专用章。单位应于 5 个工作日内向开户银行提出银行结算账户的变更申请，并出具有关部门的证明文件，废除旧印鉴，预留新印鉴。

2. 变更单位法定代表人或主要负责人、住址以及其他开户资料

单位的法定代表人或主要负责人、住址以及其他开户资料发生变更时，需更新单位在银行预留的法定代表人章。单位应在 5 个工作日内向开户银行提交书面变更通知，填写申

请表并提供相关证明，废除旧印鉴，预留新印鉴。

对于核准类银行结算账户的存款人名称、法定代表人或单位负责人的变更，银行在接到变更申请后的 2 个工作日内，将存款人的变更银行结算账户申请书、开户许可证以及有关证明文件报送中国人民银行当地分支行。

此外，银行在发现企业名称、法定代表人或单位负责人发生变更时，有义务及时通知企业办理变更手续。如果企业在接到通知后的合理期限内仍未办理变更手续，且未提出合理理由，银行有权采取措施适当控制账户交易。

1.4.2　银行结算账户的合并

银行结算账户的合并涉及单位机构调整、合并等需要撤销、合并账户的情况。具体操作流程如下：

（1）首先，单位应向银行提出申请，说明合并账户的原因和具体需求。

（2）其次，银行会对单位的申请进行审查，如果同意合并账户，单位需要与开户银行核对存贷款账户的余额，并结算全部利息。

（3）再次，在全部核对无误后，单位需要开出支取凭证结清余额，并将未用完的各种重要空白凭证交给银行注销。

（4）最后，单位可办理撤销、合并手续，完成银行结算账户的合并。

请注意，如果撤销账户的单位未交回空白凭证，由此产生的一切问题应由撤销单位自己承担责任。

1.4.3　银行结算账户的迁移

单位银行结算账户的迁移主要涉及单位因办公或经营地点变更时，需要到银行办理账户迁移手续的过程。银行结算账户的迁移分为同城迁移和异地迁移。

1. 同城迁移

同城迁移指单位的银行结算账户迁入地和迁出地在同一个城市。这时，单位需要将准备好的迁移材料提交给原开户银行，并填写“银行结算账户同城迁移申请表”，在开户银行同意后，即注销原账户并将原账户的资金余额转入新账户，随后，单位可以凭迁出行出具的凭证到迁入行开立新账户。

2. 异地迁移

异地迁移指单位的银行结算账户迁入地和迁出地不在同一个城市。如果搬迁到异地，单位应按照规定到迁入地银行重新办理开户手续，然后，在搬迁结束并已在当地恢复经营活动时，应在一个月内到原开户银行结清原账户并办理销户手续。

在搬迁过程中，如果需要，可以要求原开户银行暂时保留原账户。

1.4.4　银行结算账户的撤销

银行结算账户的撤销是指单位因开户资格或其他原因从而终止银行结算账户使用的行为。以下是关于银行结算账户撤销的一些重要信息：

1. 申请原因

（1）被撤并、解散、宣告破产或关闭的。

（2）注销、被吊销营业执照的。

（3）因迁址需要变更开户银行的。

（4）其他原因需要撤销银行结算账户的。

2. 办理手续

存款人主体资格终止后，应在5个工作日内向开户银行提出撤销银行结算账户的申请。

根据《人民币银行结算账户管理办法实施细则》的有关规定，单位申请撤销银行结算账户的，应当先撤销一般存款账户、专用存款账户、临时存款账户，将账户资金转入基本存款账户后，方可办理基本存款账户的撤销。

银行在收到存款人撤销银行结算账户的申请后，对于符合销户条件的，应在2个工作日内办理撤销手续。

3. 注意事项

（1）如果存款人尚未清偿其开户银行债务，不得申请撤销该银行结算账户。

（2）撤销单位银行结算账户的申请书应加盖单位公章和法定代表人（单位负责人）或其授权代理人的签名、盖章。

（3）如果企业营业执照、法定代表人或单位负责人有效身份证件列明有效期限的，银行应在到期日前提示企业及时更新。在有效期到期后，如果企业在合理期限内仍未更新，且未提出合理理由，银行应按规定中止其办理业务。

知识拓展

如果单位开立银行结算账户后，一年内没有发生任何收付活动，银行可以认为该账户已经不需要继续存在，这时，银行会通知单位在接到通知之日起一个月内，到银行办理销户，若单位逾期未办理销户手续，则视为单位自愿销户。

业务练习

某企业开具出一张银行承兑汇票，承诺到期付款，但票据到期时该企业账户资金不足以支付款项，请问银行作为承兑人应该替该企业垫付资金吗？请说明理由。

业务处理

银行承兑汇票业务中，银行作为承兑人且账户中的资金不足以支付时，银行也不会垫付资金。这是因为银行已经按照存款人的委托进行了结算，不应承担额外的垫付责任。

巩固练习

一、单项选择题

1. 单位因办理日常转账和现金收付，可以在银行开立（　　）。

A. 基本存款账户 B. 一般存款账户

C. 专用存款账户 D. 临时存款账户

2. 一般存款账户不能办理的业务是(　　)。

A. 借款转存 B. 借款归还 C. 现金缴存 D. 现金支取

3. 一个单位只能选择一家银行申请开立一个银行结算账户的是(　　)。

A. 基本存款账户 B. 一般存款账户

C. 专用存款账户 D. 临时存款账户

4. 存款人能够办理日常转账结算和现金收付的账户是(　　)。

A. 基本存款账户 B. 一般存款账户

C. 临时存款账户 D. 专业存款账户

二、多项选择题

1. 银行存款支付结算原则包括(　　)。

A. 恪守信用、履约付款原则 B. 谁的钱进谁的账、由谁支配原则

C. 银行代垫款项原则 D. 银行不垫款项原则

2. 下列各项中，银行结算账户的管理包括(　　)。

A. 银行结算账户的变更 B. 银行结算账户的撤销

C. 银行结算账户的合并 D. 银行结算账户的迁移

3. 下列各项中，属于基本存款账户特点的是(　　)。

A. 每个单位只能开立一个 B. 每个单位可以开立多个

C. 可以办理转账结算 D. 可以办理现金的收付业务

任务二　编制银行存款业务记账凭证

知识目标

1. 掌握银行存款收款凭证的编制方法。
2. 掌握银行存款付款凭证的编制方法。
3. 了解银行存款收款凭证和付款凭证的区别。

能力目标

1. 能够区分银行存款收款凭证和付款凭证。
2. 能够根据经济业务熟练编制相应的收付款凭证。

思政目标

1. 培养学生严谨负责、细致的工作作风和态度。

2. 培养学生专业的职业操守，如保密、客观、公正、独立等，确保在处理会计信息和提供咨询服务时始终将职业操守放在首位。

3. 在学习过程中提升学生的法律意识，确保在工作中严格遵守各项法律法规。

情境导入

最近，ABC 公司收到了几笔客户的付款，并需要将这些款项准确地记入公司的银行账户。同时，公司也需要支付一些供应商的费用，这些支出也需要从银行账户中扣除。为了确保公司财务的透明和准确，甄仔细现在需要为公司编制银行存款业务的记账凭证。

情境一：ABC 公司收到了一笔来自客户 A 的 10000 元付款，该款项是客户 A 支付的预付款，用于购买公司即将上市的新产品。

情境二：ABC 公司又收到了一笔来自客户 B 的 5000 元付款，这笔款项是客户 B 支付的上个月订购的产品的尾款。

情境三：ABC 公司需要向供应商 C 支付 3000 元的费用，这是上个月购买原材料的费用。

情境四：ABC 公司需要支付一笔 2500 元的广告费用给广告公司 D，以扩大产品的市场份额。

请问，甄仔细该怎样编制 ABC 公司这四笔银行存款收付款业务的记账凭证呢？

2.1 银行存款收款凭证的编制

银行存款收款凭证的编制依据是审核无误的银行存款收款业务取得的原始凭证。

当单位采用专用记账凭证时，银行存款收款业务就应该编制收款凭证。银行存款收款凭证的编制流程与方法如下：

（1）选取空白收款凭证。

（2）在凭证的左上角“借方科目”处，按照业务内容选填“银行存款”科目。

（3）在凭证上方的“年、月、日”处，填写银行进账单或银行收款回单戳记的日期。如果收到的进账单日期与银行收款回单的日期相隔较远，或者次月初收到上月末的银行存款收款回单的，填写实际转账日期。

（4）记账凭证编号：在凭证右上角的“字　第　号”处，填写“银收”或“收”字和已填制凭证的顺序编号。

当一笔经济业务需要填制一张以上的记账凭证时，采用分数编号法。

知识拓展

记账凭证的编号方法有多种，可以根据企业的具体情况和需求选择适合的编号方式。

一种常见的编号方法是将财会部门内的全部记账凭证作为一类统一编号，例如“记字第××号”。这种编号方式简单易行，适用于凭证数量较少的企业。

另一种编号方法是分别按现金和银行存款收入、现金和银行存款付出以及转账业务三类进行编号，例如“收字第××号”“付字第××号”“转字第××号”。这种编号方式可以清晰地反映每类业务的具体情况，适用于凭证数量较多的企业。

如果企业的凭证数量非常多，还可以考虑按现金收入、现金付出、银行存款收入、银行存款付出和转账五类进行编号，例如“现收字第××号”“现付字第××号”“银收字第××号”“银付字第××号”“转字第××号”。这种编号方式更加详细，可以更好地满足企业的管理需求。

无论采用哪种编号方式，都应当确保编号的连续性和唯一性，避免出现重复或遗漏的情况。同时，编号应当分月份按自然数字顺序进行，方便后续的凭证管理和查询。

在实际操作中，企业可以根据自身的业务特点和需求，选择最适合自己的记账凭证编号方式，并进行规范化和标准化的管理，以提高工作效率和准确性。

（5）在“摘要”栏填写能反映经济业务性质和特征的简要说明。摘要的填写应该真实、清楚、简明扼要。

（6）在“总账科目”和“明细科目”栏填写与银行存款收入相对应的总账科目及其明细科目。

（7）在“金额”栏填写与同一行科目相对应的发生额。在“合计”栏填写各发生额的合计数。书写要规范，合计栏的金额前面需要写人民币符号“ ¥ ”。

（8）在凭证“附件　张”处填写所附原始凭证的张数。

（9）在凭证下方分别由相关人员签字或盖章。

（10）凭证编制完成后，需要由专门的复核人员进行审核。复核人员应仔细核对凭证上的所有信息，确保凭证内容的真实性和准确性。

（11）在“记账”栏则应在已经登记账簿后打“√”，表示已经入账，以免发生漏记或重记错误。

业务练习

图 3-3 所示为 ABC 公司 2024 年 1 月第 26 笔业务，第 10 笔银行存款收款业务，请根据原始凭证编制一张银行存款收款凭证。

ICBC 中国工商银行　业务回单（收款）

日期：2024年01月08日
回单编号：44165112
付款人户名：天津渤商大百商贸股份有限公司　付款人开户行：中国银行天津河东支行
付款人账号（卡号）：272660097994
收款人户名：ABC公司　收款人开户行：中国工商银行北京分行
收款人账号（卡号）：1100006323145695632
金额：壹拾壹万叁仟元整　小写：113000.00元
业务（产品）种类 跨行收报　凭证种类：000000000　凭证号码：0000000000000000
摘要：货款　用途：货款　币种：人民币
交易机构：0410000298　记账柜员：00023　交易代码：52110　渠道：其他

附言：
支付交易序号：23076093　报文种类：普通贷记业务　委托日期：2024-01-08
业务类型（种类）：普通汇兑

本回单为第1次打印，注意重复　打印日期：2024年01月08日　打印柜员：9　验证码：536FE9A71006

图 3-3　工商银行收款原始凭证

业务处理

（1）根据图 3-3 所示的原始凭证，应借记“银行存款”科目，贷记“主营业务收入”“应交税费—应交增值税(销项税额)”等科目。

（2）根据业务内容编制银行存款收款凭证(见图 3-4)。

收款凭证

借方科目：银行存款　　2024 年 01 月 08 日　　总第26号 收第10号

摘要	贷方科目		记账	金额									
	总账科目	明细科目		千	百	十	万	千	百	十	元	角	分
货款	主营业务收入					1	0	0	0	0	0	0	0
税率13%	应交税费	应交增值税(销项税额)					1	3	0	0	0	0	0
附件3张	合计				¥	1	1	3	0	0	0	0	0

会计主管：　记账：　出纳：　审核：　制单：

图 3-4　编制银行存款收款凭证

2.2　银行存款付款凭证的编制

银行存款付款凭证的编制依据是审核无误的银行存款付款业务取得的原始凭证。

当单位采用专用记账凭证时，银行存款付款业务就应该编制付款凭证。银行存款付款凭证的编制流程与方法如下：

（1）选取空白付款凭证。

（2）在凭证的左上角“贷方科目”处，按照业务内容选填“银行存款”科目。

（3）在凭证上方的“年、月、日”处，填写相应的日期。

（4）记账凭证编号：在凭证右上角的“字　第　号”处，填写“银付”或“付”字和已填制凭证的顺序编号。

单位可根据自身经济业务的具体情况，选择使用总字编号法、三类编号法、五类编号法等。

当一笔经济业务需要填制一张以上的记账凭证时，可采用分数编号法。

（5）在“摘要”栏填写能反映经济业务性质和特征的简要说明。摘要的填写应该真实、清楚、简明扼要。

（6）在“总账科目”和“明细科目”栏填写与银行存款支出相对应的总账科目及其明细科目。

（7）在“金额”栏填写与同一行科目相对应的发生额。在“合计”栏填写各发生额的合计数。书写要规范，合计栏的金额前面需要写人民币符号“¥”。

（8）在凭证“附件　张”处填写所附原始凭证的张数。

（9）在凭证下方分别由相关人员签字或盖章。

（10）凭证编制完成后，需要由专门的复核人员进行审核。复核人员应仔细核对凭证上的所有信息，确保凭证内容的真实性和准确性。

（11）在“记账”栏则应在已经登记账簿后打“√”，表示已经入账，以免发生漏记或重记错误。

知识拓展

如果涉及现金与银行存款之间相互划转的业务，只编制银行存款付款凭证。例如从银行账户提取现金，这时单位库存现金增加，银行存款减少，只需要编制银行存款付款凭证，无须编制库存现金的收款凭证。

业务练习

图3-5所示为ABC公司2024年1月第30笔业务，第15笔银行存款付款业务，企业采用三类编号法，请根据原始凭证编制一张银行存款付款凭证。

1100174130　　北京增值税专用发票　　№ 09618383　　1100174130

发票联　　09618383

开票日期：2024年01月10日

购买方	名　　称：ABC公司 纳税人识别号：91110000120342489S 地址、电话：北京市朝阳区平乐园村93号 010-63553534 开户行及账号：中国工商银行北京分行 1101186028155126639	密码区	4</73**8-/+7+358/3*1761*6448 241<38*91<457<66812003+0/651 8/863<*55>*+4752+32/48<11*4/ 9++4/<*311<+*227-1398689495-

货物或应税劳务、服务名称	规格型号	单位	数量	单价	金额	税率	税额
笔记本电脑		台	15	5000	75000.00	13%	9750.00
合　　计					¥75000.00		¥9750.00
价税合计（大写）	⊗ 捌万肆仟柒佰伍拾圆整				（小写）¥84750.00		

销售方	名　　称：京慧研科技信息有限公司 纳税人识别号：91101128802035226W 地址、电话：北京市丰台区南苑镇永安路39号 010-56228366 开户行及账号：中国工商银行北京分行 1101186028155126639	备注	

收款人：　　复核：　　开票人：　　销售方：（章）

税总函［2019］117号北京印钞有限公司

第三联：发票联　购买方记账凭证

图3-5　增值税专用发票

业务处理

（1）根据图3-5所示原始凭证，应借记“固定资产”“应交税费—应交增值税（进项税额）”科目，贷记“银行存款”科目。

（2）根据业务内容编制银行存款付款凭证（见图3-6）。

付款凭证

总第30号

贷方科目：银行存款　　　　2024 年 01 月 10 日　　　　付第15号

摘要	借方科目		记账	金额									
	总账科目	明细科目		千	百	十	万	千	百	十	元	角	分
购买笔记本电脑	固定资产	笔记本电脑					7	5	0	0	0	0	0
税率13%	应交税费	应交增值税（进项税额）						9	7	5	0	0	0
附件3张	合计					¥	8	4	7	5	0	0	0

会计主管：　　记账：　　出纳：　　审核：　　制单：

图 3-6　编制银行存款付款凭证

巩固练习

一、单项选择题

1. 将现金存入银行应填制哪种凭证？（　　）

A. 现金收款凭证　　B. 现金付款凭证

C. 银行收款凭证　　D. 银行付款凭证

2. 付款凭证左上角的“贷方科目”可能登记的科目是（　　）。

A. 预付账款　　B. 银行存款　　C. 应付账款　　D. 其他应付款

3. 收款凭证左上角的“借方科目”可能登记的科目是（　　）。

A. 预付账款　　B. 库存现金　　C. 银行存款　　D. 其他应收款

4. 某公司购买原材料商品，款项已通过银行存款付讫，该笔业务应编制的记账凭证是（　　）。

A. 现金收款凭证　　B. 银行收款凭证

C. 现金付款凭证　　D. 银行付款凭证

5. 当单位发生从银行提取现金业务时，应编制（　　）。

A. 现金收款凭证　　B. 现金付款凭证

C. 银行收款凭证　　D. 银行付款凭证

二、多项选择题

1. 下列各项中，需要编制银行存款付款凭证的是（　　）。

A. 从银行账户提取备用金

B. 将当日销售收入存入银行

C. 购买生产设备一台，款项通过银行存款付讫

D. 月末支付银行借款利息

2. 下列各项中，需要编制银行存款收款凭证的是（　　）。

A. 收到 7 月银行存款利息

B. 支付 3 月公司通信费

C. 支付水电费

D. 收到客户转账的销售收入

任务三　银行存款记账凭证的审核

知识目标

1. 了解银行存款记账凭证的审核要点。

2. 掌握银行存款记账凭证审核结果的处理。

能力目标

1. 能够根据各审核要点在实务中审核银行存款记账凭证。

2. 能够对错误凭证进行正确处理。

思政目标

1. 通过结合实际案例，培养学生的职业素养，如诚信、守法、廉洁等，使其在今后的工作中能够严格遵守法律法规，诚实守信。

2. 通过对记账凭证的审核实践，深化学生对出纳工作的认识，提高实际操作能力和解决问题的能力，为今后的工作打下坚实基础。

3. 通过学习银行存款记账凭证的审核，向学生传达合规文化的重要性。要求学生严格遵守相关法规制度，不得有任何违规行为。这有助于培养学生的法治意识和合规意识，为未来的职业生涯打下坚实的基础。

情境导入

情境一：会计主管要求甄仔细对编制好的银行存款收款及付款凭证进行审核，以便后续登记入账。

请问她该如何审核这些记账凭证呢？

情境二：审核时发现有一张凭证出现错误，但这张记账凭证已登记入账。

请问甄仔细该如何处理这张错误凭证呢？

3.1　审核要求

银行存款收付款的记账凭证是登记银行存款日记账的直接依据，为确保银行存款日记账的准确可靠，登账之前须对银行存款收款凭证和付款凭证进行审核。主要包括以下审核要点：

（1）审核银行存款收付款业务记账凭证上的日期是否与交易或事项发生的实际日期一致。

（2）审核所附原始凭证的张数是否与银行存款收付款业务记账凭证所列附件张数相符。

（3）如果使用专用记账凭证，审核所选择的记账凭证类别(收款凭证、付款凭证、转账凭证)是否正确。

（4）检查记账凭证编号是否连续，有无跳号或重复现象。

（5）审核记账凭证所列会计科目(包括一级科目、明细科目)、应借应贷方向和金额是否正确，借贷双方的金额是否平衡，明细科目金额之和与相应的总账科目的金额是否相等。

（6）审核记账凭证摘要是否填写清楚。

（7）审核记账凭证上的签字手续是否齐全，包括制单人、审核人、记账人等的签字。

只有经过审核无误后的记账凭证，才能据以登记账簿。所有填制好的记账凭证，都必须经过其他会计人员认真的审核。在审核记账凭证的过程中，如发现记账凭证填制有误，应当按照规定的方法及时加以更正。

3.2 审核结果处理

对银行存款收付款业务记账凭证的审核结果处理，主要是根据审核的结果来采取相应的措施，确保记账凭证的准确性和合规性。

审核记账凭证时如果发现记账凭证填制有误，且暂未登记入账，则应将此记账凭证作废，重新编制一张正确的记账凭证。

如果发现记账凭证填制有误，但已登记入账，则应该按照不同的错账类型进行处理，不得直接作废错误的记账凭证。

知识拓展

错账更正的方法

1. 划线更正法

这种方法主要适用于在结账前，发现记账凭证填制无误，但账簿记录由于会计人员不慎出现笔误或计算失误，造成账簿中的文字或数字错误。对于文字错误，只需在错误的文字中间划一道红线，然后在上方用蓝字书写正确的文字。对于数字错误，需在错误的数字中间划一道红线(错误数字全部注销)，然后在上方用蓝字书写正确的数字。

2. 红字更正法

又称红字冲销法，这种方法适用于以下两种情况：一是原记账凭证上会计科目名称写错或应借、应贷的方向记错而造成账簿记录错误；二是原记账凭证上会计科目、借贷方向正确，只是所记的金额大于经济业务的实际金额，造成账簿记录中金额错误。具体操作是先用红字填制一张与原凭证相同的记账凭证，后用蓝字填制一张正确的会计凭证。如果只是金额多记，只需将多记的金额用红字填写一张记账凭证。

3. 补充登记法

这种方法适用于那些会计科目正确但核算金额小于应计金额的情况。与红字冲销法不同，补充登记法是通过编制转账分录，将调整金额直接入账来更正错账的。

具体操作是，按照原会计分录的科目和对应关系，补做一张与原记账凭证完全相同的记账凭证，然后在金额栏内填入少记的金额，并在摘要栏内注明“补充某年某月某号凭证少记金额”。依据这张补充的记账凭证，将少记的金额过入相应的账簿中，并在账簿的摘要栏内注明“补充某年某月某日少记金额”。这样，就能够将原来的错误记录更正为正确的记录。

巩固练习

一、单项选择题

1. 审核记账凭证时如果发现记账凭证填制有误，且暂未登记入账，此时应该(　　)。

A. 将此记账凭证作废，重新编制一张正确的记账凭证

B. 直接修改记账凭证

C. 无须作废此记账凭证

D. 无须做任何操作

二、多项选择题

1. 错账更正方法包括(　　)。

A. 划线更正法　　B. 红字更正法　　C. 补充登记法　　D. 涂改法

任务四　银行存款日记账

知识目标

1. 掌握登记银行存款日记账所使用的账页格式。
2. 掌握银行存款日记账的登记方法。
3. 掌握银行存款日记账的对账和结账。
4. 掌握银行存款余额调节表的编制方法。

能力目标

1. 能够根据实务案例登记银行存款日记账。
2. 能够进行银行存款日记账的对账和结账。
3. 能够根据实务完成银行存款余额调节表的编制。

思政目标

1. 通过实际记账操作，培养学生诚实守信的品质。在记录每一笔交易时，要求学生真实、准确地反映资金流动情况，不得有丝毫隐瞒或歪曲。这种严格的诚信要求，有助于学生在日常生活中践行诚信原则，树立良好的个人形象。

2. 通过实际操作，学生深刻认识到自己作为经济活动的参与者，需要承担相应的经济责任。每一次记账都是一次对经济活动的确认和负责，有助于培养学生的经济责任感和使命感。

3. 在记账过程中，让学生意识到资金运作中可能存在的风险，并学会采取相应的防控措施。这有助于培养学生的风险意识和应对能力，为未来可能出现的经济风险做好准备。

情境导入

2024 年 2 月 ABC 公司发生如下银行存款收付业务：

情境一：2 月 2 日，将超出现金限额的 20000 元现金存入银行。

情境二：2 月 6 日，通过转账支付办公室电话费 550 元。

情境三：2 月 11 日，销售一批产品，价款 15000 元，增值税税额 1950 元，全部通过银行收妥。

情境四：2 月 18 日，用银行存款归还前欠购货款 3000 元。

情境五：2 月 24 日，购入一台笔记本电脑，价款 5500 元，增值税税额 715 元，已通过银行转账付讫。

情境六：2 月 28 日，收到本月银行存款利息 1200 元。

请问，根据以上经济业务，甄仔细该如何登记 ABC 公司 2024 年 2 月份的银行存款日记账？

4.1 银行存款日记账的登记

银行存款日记账是用来专门记录银行存款收支业务的特种日记账。银行存款日记账是由出纳人员根据审核无误的银行存款收付凭证，序时逐笔登记的账簿。

4.1.1 银行存款日记账账页格式

银行存款日记账必须采用订本式账簿，其账页格式一般采用“收入”(借方)、“支出”(贷方)和“余额”三栏式。如图 3-7 所示。

4.1.2 银行存款日记账登记方法

(1) “日期”栏应根据登记账簿的会计凭证上的日期填写。

银行存款日记账一般依据记账凭证登记，因此，此处日期为编制该记账凭证的日期。不能填写原始凭证上记载的发生或完成该经济业务的日期，也不是实际登记该账簿的日期。

银行存款日记账

年		凭证		对方科目	摘　要	借方金额											核对号	贷方金额											余额										
月	日	字	号			亿	千	百	十	万	千	百	十	元	角	分		亿	千	百	十	万	千	百	十	元	角	分	亿	千	百	十	万	千	百	十	元	角	分

图 3-7　银行存款日记账

（2）凭证编号：

“凭证字号”栏中应填入据以登账的会计凭证类型及编号。例如，若单位采用通用凭证格式，则根据记账凭证登记银行存款日记账时，应填入“记×号”；若单位采用专用凭证格式，则根据现金收款凭证登记银行存款日记账时，应填入“收×号”。

（3）“摘要”栏需要简要说明登记入账的经济业务的内容，做到简明扼要。

（4）“对方科目”栏应填入会计分录中与“银行存款”科目相对应的会计科目，用以反映银行存款增减变化的来龙去脉。

知识拓展

在填写对方科目时，应注意以下三点：

第一，对方科目只填总账科目，不需要填明细科目。

第二，对方科目有多个时，应填入主要的对方科目，例如销售产品收到货款存入银行，则“银行存款”的对方科目有“主营业务收入”和“应交税费—应交增值税(销项税额)”两个，此时可在对方科目栏中填入“主营业务收入”科目。

第三，当对方科目有多个且不能从科目上划分出主次时，可在对方科目栏中填入其中金额较大的科目，并在其后加上“等”字。

（5）“借方金额”栏、“贷方金额”栏应根据相关凭证中记录的“银行存款”科目的借贷方向及金额记入。

（6）“余额”栏应根据“本行余额=上行余额+本行借方-本行贷方”公式计算填入。

正常情况下银行存款不允许出现贷方余额，因此，银行存款日记账余额栏前未印有借贷方向，其余额方向默认为借方。若在登记银行存款日记账过程中，由于登账顺序等出现了贷方余额，则在余额栏用红字登记，表示贷方余额。

4.1.3 银行存款日记账登记的要点

银行存款日记账登记时应注意以下几点：

(1) 必须根据审核无误的记账凭证记入账内，并且在登记完毕后，应在记账凭证上注明“√”符号，表示已经入账。

(2) 要按经济业务发生的顺序，逐笔进行登记。

(3) 账页必须连续登记，不得跳行、隔页，随意更换账页和撕扯账页。

(4) 登账时使用蓝色或黑色钢笔或水笔，若发现登记错误需要更正时要使用红色钢笔或水笔。不得使用圆珠笔(银行复写账簿除外)或铅笔书写。

(5) 启用账簿或调换记账人员时，应在账簿的“启用及交接记录”封面内逐项填记有关事项。

(6) 日记账应该按日结出余额，日结可逐笔查询余额，但也可以每隔五笔结一次余额，每日的最后一笔不必另起一行，应自然结出当日余额。

(7) 年末各账户按前述方法进行月结的同时，在各账户的本年最后一笔记录下面划通栏双红线，表示年末封账的意思。有余额的账户结转下年时，应在年末划通栏双红线，并在下面一行摘要居中红笔注明“结转下年”字样。

4.2 银行存款日记账的对账和结账

为确保资金安全、准确反映财务状况，定期进行银行存款日记账的对账是不可或缺的环节。同现金日记账一样，登记完银行存款日记账后，还需要对日记账进行对账与结账。

4.2.1 银行存款日记账的对账

出纳人员在核对银行存款日记账时，一般会核对三个方面内容，分别是账证核对、账账核对和账实核对。下面是针对这三个方面对银行存款日记账进行对账工作的具体步骤和内容：

1. 账证核对

账证核对是指将登记好的银行存款日记账与银行存款收付业务的记账凭证进行核对，核对的内容主要包括以下几个方面：

(1) 核对账簿记录与记账凭证的时间、凭证字号、内容、金额等是否一致。

(2) 核对记账方向是否相符。这主要是检查账簿记录中的借方和贷方是否正确、是否符合会计记账规则。

(3) 对于缺失或错误的凭证，须及时补充或更正。

通过账证核对，可以及时发现和纠正会计工作中的错误和疏漏，保证会计资料的真实性和准确性。

2. 账账核对

账账核对是指将出纳人员登记好的银行存款日记账与相关的总账及明细账进行核对，内容包括下列几个方面：

（1）将银行存款日记账的日报表、月报表与银行对账单进行核对。

（2）重点关注账表上的合计数、累计数等关键数据，确保与银行对账单一致。

（3）对于账表上的错误或遗漏，须及时进行调整和修正。

3. 账实核对

账实核对是指出纳人员将登记好的银行存款日记账与单位在银行的银行存款实际数额进行核对，每月至少要核对一次。这种核对主要涉及将银行存款日记账的余额与银行对账单进行比对，以验证企业在银行的存款情况。以下是银行存款账实核对的主要内容和方法：

（1）核对账户余额。从银行获取最新的对账单，确认截止日期；将企业银行存款日记账的余额与银行对账单上的余额进行核对，确保两者一致；若发现余额不符，需进一步查明原因，并进行调整。

（2）核对发生额。逐笔核对银行存款日记账中的收入与支出发生额和银行对账单上的记录；特别关注大额交易、异常交易及非正常交易时间的记录；对发生额不一致的情况，需及时与银行沟通并查明原因。

（3）核对未达账项。查找银行存款日记账与银行对账单中未达账项，即一方已记录而另一方尚未记录的交易；对于未达账项，需进一步了解原因，如银行处理延迟、企业记账错误等；待未达账项到达后，再次进行核对，确保双方记录一致。

4. 除上述三个方面需要核对，还需要注意以下信息的核对

（1）关注银行账户是否存在被冻结、销户等特殊情况，确保与银行存款日记账记录一致。

（2）核对银行账户的利息收入、手续费支出等是否准确记录。

（3）对于其他可能影响银行存款日记账准确性的因素，如银行系统升级、政策调整等，也需进行相应核对。

通过以上核对过程，可以确保银行存款日记账与银行对账单的一致性，从而保障单位资金安全、准确反映财务状况。在核对过程中发现的问题，需及时与银行沟通并处理，确保企业资金流动的准确性和合规性。

4.2.2 银行存款日记账的结账

银行存款日记账同样需要结账。

（1）结账时，应结出每个账户的期末余额。如果需要结出当月发生额，应当在摘要栏

内注明“本月合计”字样，并在下面通栏划单红线。如果需要结出本年累计发生额，应当在摘要栏内注明“本年累计”字样，并在下面通栏划单红线。12 月末的“本年累计”就是全年累计发生额，全年累计发生额下应当通栏划双红线。

（2）年度终了时，应将银行存款日记账的账户余额结转到下一会计年度，并在摘要栏注明“结转下年”字样。在“结转下年”字样下空格处，从右上角至左下角划一条斜线注销。在下一会计年度新建有关会计账簿的第一行余额栏内填写上年结转的余额，并在摘要栏注明“上年结转”字样。

以上步骤完成后，银行存款日记账的结账工作就完成了。在结账过程中，需要确保各项数据的准确性和完整性，以确保财务信息的真实性和可靠性。

4.3 银行存款的清查

银行存款清查是一种核对法，主要是将开户银行定期送来的对账单与本单位的银行存款日记账逐笔进行核对，以查明银行存款收、付及余额是否正确。

4.3.1 银行存款清查方法

一般来说，银行存款的清查在月末进行。在进行清查之前，需要确保截止到清查日所有银行存款的收付业务都已登记入账。如果有错账或漏账，应及时查清并更正。然后再与银行的对账单逐笔核对。

如果银行存款日记账的余额与银行对账单的余额相符，那么通常说明没有错误。

如果两者余额不相符，原因一般有两种，一是企业或银行一方或双方记账过程中出现了错误，这种情况应及时进行更正；二是双方之间存在未达账项。

未达账项是指由于企业与银行取得凭证的实际时间不同，导致记账时间不一致，而发生的一方已取得结算凭证且已登记入账，而另一方未取得结算凭证尚未入账的款项。

导致未达账项的原因可归纳为以下四种：

（1）企业已经收款入账，但银行尚未办理完转账手续，因而未收款入账。

（2）企业已经付款入账，但银行尚未办理完转账手续，因而未付款入账。

（3）银行已经收款入账，但企业尚未收到银行的收款通知，因而未收款入账。

（4）银行已经付款入账，但企业尚未收到银行的付款通知，因而未付款入账。

详见表 3-2。

表 3-2 未达账项发生原因汇总

单 位	银 行	未达账项结果	举 例
已收款入账	未收款入账	银行存款日记账账面余额>银行对账单账面余额	单位收到客户开具的转账支票，但尚未交付银行入账

续表

单　位	银　行	未达账项结果	举　例
已付款入账	未付款入账	银行存款日记账账面余额<银行对账单账面余额	单位开出转账支票，但尚未交付银行入账
未收款入账	已收款入账	银行存款日记账账面余额<银行对账单账面余额	银行已收到委托收款的转账，但尚未交付收款通知给单位
未付款入账	已付款入账	银行存款日记账账面余额>银行对账单账面余额	银行代扣单位相关费用款项，但尚未交付扣款通知给单位

知识拓展

在清查过程中，除了核对账实是否相符，还需要检查银行存款管理制度的遵守情况，例如是否存在公款私存、挪用舞弊等情况。

总的来说，银行存款清查是一个重要的财务管理过程，有助于确保单位资金的安全性和准确性。通过定期清查，单位可以及时发现并纠正错误，确保资金流动的顺利进行。

4.3.2　编制银行存款余额调节表

1. 银行存款余额调节表的格式

针对以上未达账项，单位应编制“银行存款余额调节表”来进行调节，调节后，银行存款日记账的账面余额应与银行对账单的账面余额相等。

知识拓展

调节相等后的银行存款余额是当日可以动用的银行存款实有数。对于银行已经划账，而企业尚未入账的未达账项，要待银行结算凭证到达后，才能据以入账，不能以“银行存款余额调节表”(图 3-8)直接作为记账依据。

银行存款余额调节表

开户行：　　　　　　　日期：　年　月　日　　　　账号：

项目	金额	项目	金额
银行存款日记账余额		银行对账单余额	
加：银行已收企业未收		加：企业已收银行未收	
减：银行已付企业未付		减：企业已付银行未付	
调节后的存款余额		调节后的存款余额	

主管：　　　　　会计：　　　　　出纳：　　　　编制单位：

图 3-8　银行存款余额调节表

2. 银行存款余额调节表的编制方法

银行存款余额调节表的编制方法一般是在双方账面余额的基础上，分别补记对方已记账而本方未记账的账项金额，然后验证调节后的双方账目是否相符。编制银行存款余额调节表可以按下列步骤进行：

（1）将银行存款日记账和银行对账单中所记录的经济业务逐一核对，核对相符后在相应业务后打“√”，表示已核对且无误。

（2）检查银行存款日记账和银行对账单中未打“√”的经济业务，确认记录不相符的原因。

（3）对于核对出的记账方面的错误，如果属于单位方，则应该按照规定的错账更正方法及时进行更正；如果错误属于银行方，则应该及时通知银行进行更正，同时调整银行对账单账面余额。

（4）对于未达账项，应编制银行存款余额调节表进行调节，编制时应遵循以下公式：

① 单位账面存款余额＝单位账面银行存款余额－银行已付而单位未付账项＋银行已收而单位未收账项

② 银行对账单调节后的存款余额＝银行对账单存款余额－单位已付而银行未付账项＋单位已收而银行未收账项

（5）通过核对调节，“银行存款余额调节表”上的双方余额相等，一般可以说明双方记账没有差错。如果经调节仍不相等，要么是未达账项未全部查出，要么是一方或双方记账出现差错，需要进一步采用对账方法查明原因，加以更正。

实务案例

某公司 5 月 31 日银行存款日记账账面余额为 80000 元，银行对账单账面余额为 87000 元。请根据下列经济业务编制银行存款余额调节表。

经逐笔核对，发现有以下未达账项：

（1）委托银行收货款 9000 元，银行已收到货款并已入账而公司尚未接到收款通知；

（2）银行已从公司账户中代为付出水电费 1800 元，公司未接到付款通知；

（3）开出转账支票支付王军差旅费 800 元，并已作存款减少入账，但持票人尚未到银行办理入账手续；

（4）公司送存银行方正公司转账支票一张 1000 元，并作存款增加入账，而银行尚未办理转账手续，未予入账。

实务解析

首先，应明确各类未达账项所属的类型：

（1）属于“银行已收但单位未收款项”；

（2）属于“银行已付但单位未付款项”；

（3）属于“单位已付但银行未付款项”；

（4）属于“单位已收但银行未收款项”。

其次，将各未达账项填入银行存款余额调节表并计算调节。

最后，将调节后的银行存款日记账余额与银行对账单余额进行比对，若一致则对账结束。

编制好的银行存款余额调节表如图 3-9 所示。

银行存款余额调节表

开户行：中国工商银行北京分行　　日期：2024年5月31日　　账号：×××

项目	金额	项目	金额
银行存款日记账余额	80000.00	银行对账单余额	87000.00
加：银行已收企业未收	9000.00	加：企业已收银行未收	1000.00
减：银行已付企业未付	1800.00	减：企业已付银行未付	800.00
调节后的存款余额	87200.00	调节后的存款余额	87200.00

主管：杨小晓　　会计：张敏　　出纳：小王　　编制单位：某公司

图 3-9　某公司银行存款余额调节表

巩固练习

一、单项选择题

1. 下列各项中，说法不正确的是(　　)。

A. 银行存款余额调节表主体分为两部分，一部分记录单位银行存款日记账余额，另一部分记录银行对账单的余额

B. 对于未达账项，单位需编制银行存款余额调节表进行调整

C. 银行存款的账实核对是指将银行存款日记账的账面余额与银行存款的实际余额进行比对

D. 单位银行存款日记账账面余额与银行对账单余额之间出现差额，说明存在未达账项

二、多项选择题

1. 银行存款日记账的对账工作内容是(　　)。

A. 账证核对　　B. 账账核对　　C. 账实核对　　D. 账表核对

2. 银行存款日记账的登记依据是(　　)。

A. 审核无误的银行存款收款凭证

B. 审核无误的现金收款凭证

C. 审核无误的现金付款凭证

D. 审核无误的银行存款付款凭证

3. 下列各项中，属于未达账项的情况有(　　)。

A. 企业已经收款入账，银行尚未收款入账

B. 企业已经付款入账，银行尚未付款入账

C. 银行已经收款入账，企业尚未收款入账

D. 银行已经付款入账，企业尚未付款入账

4. 在(　　)情况下，单位的银行存款日记账账面余额会小于银行对账单余额。

A. 单位开出现金支票，对方单位还未到银行收取

B. 银行代单位缴纳电话费，而单位尚未收到付款通知

C. 银行代收销货款项，单位尚未收到收款通知

D. 单位送存支票，银行尚未作收款记录

三、实务题

1. 2024 年 5 月 31 日，慧颜公司银行存款日记账余额为 432000 元，银行转来对账单余额为 664000 元。经逐笔核对，发现以下未达账项：

(1) 28 日，慧颜公司收到 A 公司开出的 480000 元转账支票，交存银行。该笔款项系 A 公司违约支付的赔款，慧颜公司已将该笔赔款登记入账，但银行尚未记账。

(2) 29 日，慧颜公司开出转账支票支付 B 公司咨询费 360000 元，并于当日将支票交给 B 公司。慧颜公司已将该笔咨询费登记入账，但 B 公司尚未将收到的支票送存银行。

(3) 慧颜公司委托银行代收 C 公司购货款 384000 元，银行已于 30 日收妥并登记入账，但慧颜公司尚未收到收款通知。

(4) 慧颜公司本月发生借款利息 32000 元，银行已减少其存款，但慧颜公司尚未收到银行的付款通知。

要求：根据上述资料编制慧颜公司银行存款余额调节表。

2. MM 公司某月银行存款日记账账面余额为 122000 元，银行对账单余额为 122200 元，经核对发现以下未达账项：

(1) 存入转账支票 4000 元，银行方面尚未入账。

(2) 开出转账支票 2400 元，银行方面尚未记账。

(3) 委托银行代收的货款 5400 元，银行已收到款项并已入账，但企业尚未取得收款通知，尚未入账。

(4) 通信公司委托银行代收 MM 公司的应付通信费 1800 元，银行已从 MM 公司银行存款中代扣，由于 MM 公司未收到付款通知，故尚未入账。

(5) 银行代付电费 1800 元，MM 公司尚未收到付款通知单，故尚未入账。

要求：根据上述资料编制 MM 公司银行存款余额调节表。

项目四

票据结算

任务一　票据结算概述

知识目标

1. 了解票据的基本概念、分类和功能。
2. 掌握票据行为和票据权利，以及票据的权利丧失补救措施。
3. 掌握票据责任。

能力目标

1. 能判断不同种类的票据，区分票据功能。
2. 能根据相关概念判断票据权利、责任。

思政目标

1. 正确理解契约精神，在业务处理中能够秉承契约精神，依照《票据法》等相关规则，准确进行权责认定。

2. 在岗位工作中，坚持注重细节、精益求精的精神。

情境导入

ABC公司在购买原材料后，需要支付给供应商一笔货款。由于货款金额庞大，现金携带不方便，为了方便支付，提高支付安全系数，ABC公司给供应商开具了一张支票。支票是一种由银行支付的付款凭证，具有一定的支付保证。ABC公司在支票上填写了付款金额、收款人姓名、开户银行等信息，并在支票上签字。供应商收到支票后，可以携带支票到银行进行兑现。这样，ABC公司通过开具支票完成了对货款的支付，同时也确保了支付的安全和便利。

1.1　银行票据结算

根据国家对货币管理的规定，一切进行独立核算的机关、团体、企事业单位和其他单位，都必须在银行开设账户，将资金存入银行。各单位之间的经济往来，除按规定的范围可以使用现金外，必须通过开户银行进行转账结算，从而减少使用现金。根据《支付结算办法》规定，企业目前可以选择使用的票据结算工具主要包括：支票结算、银行本票结算、银行汇票结算、商业汇票结算。可以选择使用的结算方式主要包括：银行汇兑结算、委托收款结算、托收承付结算、银行卡结算和信用证结算等。企业因采用的支付结算方式不同，其处理手续及有关会计核算也有所不同。

各单位的银行票据结算业务一般由出纳人员经办，因此作为出纳人员，必须熟练掌握现行银行结算办法及相关规定。

1.2 票据的概念和种类

1.2.1 票据的概念

票据有广义和狭义之分。广义的票据包括各种有价证券和凭证，如股票、国库券、发票、提单等；狭义的票据仅指《票据法》规定的票据，指由出票人签发的、约定自己或者委托付款人在见票时或指定的日期向收款人或持票人无条件支付一定金额并可转让的有价证券。票据是商业信用的载体，是金融工具的一种，具备支付、信用、汇兑、融资、流通等功能。合法合规、合理高效地运用票据，对于减少现金使用、协助企业发展具有重要的作用。

1.2.2 票据的种类

我国传统的人民币非现金支付工具主要包括"三票一卡"的结算方式。"三票一卡"即指汇票、本票、支票和银行卡。

票据主要包括汇票、本票和支票。其中汇票又可分为银行汇票和商业汇票。

1.3 票据关系和当事人

1.3.1 票据关系

票据关系是指票据当事人由于票据行为而产生的票据有关各方之间的权利义务关系。票据行为有出票、背书、承兑、保证、付款等，因此票据关系也有出票关系、背书关系、承兑关系、保证关系、付款关系等，从而在票据当事人之间产生了票据上的权利义务关系。在票据关系中，票据当事人享有的票据权利、承担的票据义务是票据关系的内容。票据关系的内容分为两类：一类是债权人的付款请求权与债务人的付款义务；另一类是债权人的追索权与债务人的偿付义务。

1.3.2 票据当事人

票据当事人是指票据法律关系中享有票据权利、承担票据义务的当事人，也称票据法律关系主体。票据当事人可以分为基本当事人和非基本当事人。

1. 基本当事人

票据的基本当事人是指在票据作成和交付时就已存在的当事人，是构成票据法律关系的必要主体。基本当事人不存在或者不完全，票据上的法律关系就不能成立，票据就无效。

票据的基本当事人包括出票人、付款人和收款人。在汇票及支票中有出票人、付款人和收款人；在本票中有出票人与收款人。

（1）出票人：依照法定方式签发票据并交付于收款人的人。银行汇票的出票人为银行；商业汇票的出票人为银行以外的企业和组织；银行本票的出票人为出票银行；支票的出票人为在银行开立支票存款账户的企业、其他组织和个人。

（2）收款人：票据正面记载的到期后有权收取票据所载金额的人，是票据的第一权利人。

（3）付款人：由出票人委托付款或自行承担付款责任的人。银行汇票的付款人是出票银行；商业汇票的付款人是承兑的企业，即合同中应该给予款项的一方当事人；银行承兑汇票的付款人是承兑银行；银行支票的付款人是开户银行，但其款项来源还是在银行开户单位的存款；银行本票的付款人是出票银行。

2. 非基本当事人

票据的非基本当事人是指在票据作成并交付后，通过一定的票据行为加入票据关系而享有一定权利、承担一定义务的当事人。如由于背书行为而产生的背书人和被背书人，由于保证行为而产生的保证人和被保证人，由于承兑行为而产生的承兑人，等等。

（1）承兑人。承兑人是指接受汇票出票人的付款委托，同意承担支付票款义务的人，又称汇票主债务人。

（2）背书人。背书人是指在转让票据时，在票据背面签字或者盖章并将该票据交付给受让人的票据收款人或持有人。

（3）被背书人。被背书人是指被记名受让票据或接受票据转让的人。

（4）保证人。保证人是指为票据债务提供担保的人，保证人必须由票据债务人以外的第三人担当。保证人在被保证人不能履行票据付款责任时，以自己的金钱履行票据付款义务，之后取得持票人的权利再向票据债务人追索。

票据上的非基本当事人在各种票据行为中都有自己特定的名称，所以，同一当事人可以有两个名称，即双重身份，如汇票中的付款人在承兑汇票后成为承兑人，第一次背书中的被背书人就是第二次背书中的背书人。

并非所有的票据当事人一定同时出现在某一张票据上，除基本当事人外，非基本当事人是否存在，完全取决于相应的票据行为是否发生。不同票据上可能出现的票据当事人也有所不同。

1.4 票据行为

票据行为是指票据当事人以发生票据债务为目的，以在票据上签名或盖章为权利义务成立要件的法律行为，包括出票、背书、承兑和保证等。

1. 出票

出票是指出票人依照法定规范作成票据并交付于收款人的行为。出票包括“作成”和“交付”两种行为。“作成”是指出票人依照《票据法》在原始票据上记载法定事项并签章；“交付”是指出票人根据本人的意愿将作成的票据交付给他人占用。

出票要求出票人必须与付款人具有真实的委托付款关系，并且具有支付票据金额的可靠资金来源，不得签发无对价的票据用以骗取银行或者其他票据当事人的资金。

出票人一旦签发票据并交付，即承担了该票据获承兑或者付款的责任。在票据得不到付款或者承兑时，出票人应当根据《票据法》的有关规定向持票人清偿所规定的金额和费用。

票据的必须记载事项为票据上必要记载的事项，如果不记载，则会导致该票据行为无效。票据的相对记载事项，如果未记载，由法律另作相应规定予以明确，并不影响票据的效力。票据的任意记载事项是指不记载时不影响票据效力，记载时则产生票据效力的事项。票据上记载不产生《票据法》上效力的事项是指记载的这些事项不具备票据效力，银行不负审查责任。

2. 背书

背书是指持票人为将票据权利转让给他人或者将一定的票据权利授予他人行使，而在票据背面或者粘单上记载有关事项并签章的行为。背书转让是持票人的票据行为，只有持票人才能进行票据的背书。

背书依据是否转让票据权利，可分为转让背书(图 4-1)和非转让背书(图 4-2)。转让背书是以转让票据权利为目的的背书；非转让背书是指以转让权利以外的目的而进行的背书。非转让背书依背书的具体目的又可以分为：质押背书和委托收款背书。质押背书是以担保债务而在票据上设定质权为目的的背书；委托收款背书是背书人委任被背书人代为行使被委托的票据权利的背书。

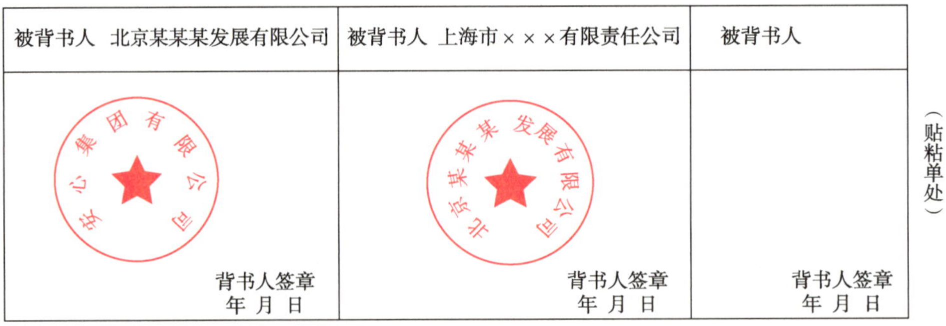

图 4-1 票据转让背书示例

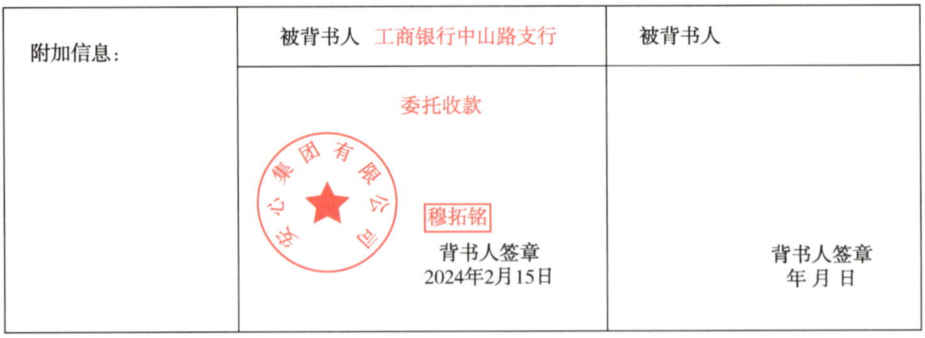

图 4-2 票据非转让背书示例

背书的特别规定：

（1）条件背书：背书时附有条件的，所附条件不具有票据上的效力。（背书有效）

（2）部分背书：将票据金额的一部分转让的背书或将票据金额分别转让给两人以上的背书，属于无效背书。

（3）期后背书：票据被拒绝承兑、被拒绝付款或者超过提示付款期限的，不得背书转让；背书转让的，背书人应当承担票据责任。

（4）限制背书（记载了“不得转让”字样）：出票人记载“不得转让”字样的，票据不得背书转让；背书人在票据上记载“不得转让”字样的，其后手再背书转让的，原背书人对后手的被背书人不承担保证责任。

3. 承兑

承兑是指汇票付款人承诺在汇票到期日支付汇票金额并签章的行为，仅适用于商业汇票。承兑不得附有条件，附有条件的承兑被视为拒绝承兑。付款人承兑汇票后，应承担到期付款的责任。

承兑的绝对记载事项：在汇票正面记载“承兑”字样并签章。承兑的相对记载事项：承兑日期。汇票上未记载承兑日期的，应当以收到提示承兑的汇票之日起 3 日内的最后一日为承兑日期。

4. 保证

保证是指除票据债务人以外的人为担保票据债务的履行、以负担同一内容的票据债务而在票据上记载有关事项并签章的行为。国家机关，以公益为目的的事业单位、社会团体，企业法人的分支机构和职能部门作为票据保证人的，票据保证无效。但经国务院批准为使用外国政府或者国际经济组织贷款进行转贷、国家机关提供票据保证的，以及企业法人的分支机构在法人书面授权范围内提供票据保证的除外。

被保证的票据，保证人与被保证人对持票人承担连带责任。保证人为两人以上的，保证人之间承担连带责任。保证不得附有条件，附有条件的不影响对票据的保证责任。票据到期后得不到付款的，持票人有权向保证人请求付款，保证人应当足额付款。保证人清偿汇票债务后，可以向被保证人及其前手行使追索权。

保证人对合法取得票据的持票人所享有的票据权利，承担保证责任。但是，被保证人的债务因票据记载事项欠缺而无效的除外。保证人必须在汇票或者粘单上记载下列事项：

（1）表明“保证”的字样；

（2）保证人的名称和住所；

（3）被保证人的名称；

（4）保证日期；

（5）保证人签章。

其中，绝对记载事项包括保证文句和保证人签章两项；相对记载事项包括被保证人的名称、保证日期和保证人住所。如果不记载被保证人的名称，已承兑的汇票，承兑人为被保证人；未承兑的汇票，出票人为被保证人。如果不记载保证日期，出票日期为保证日期。如果不记载保证人的住所，可以推定为保证人的营业场所或住所。

票据保证必须记载于汇票或者粘单上。如果保证人未在票据或者粘单上记载“保证”字样而另行签订保证合同或者保证条款的，不属于票据保证。

1.5 票据权利

票据权利是指票据持票人向票据债务人请求支付票据金额的权利，包括付款请求权和追索权。

1.5.1 付款请求权

付款请求权是指持票人向汇票的承兑人、本票的出票人、支票的付款人出示票据要求付款的权利，是票据的第一顺序权利。行使付款请求权的持票人可以是票据记载的收款人或最后的被背书人。承担付款义务的只能是主债务人，如银行承兑汇票中的承兑银行，为承担付款义务的主债务人。

1.5.2 追索权

票据的追索权是指票据当事人行使付款请求权遭到拒绝或有其他法定原因存在时，向其前手请求偿还票据金额及其他法定费用的权利，是第二顺序权利。

行使追索权的当事人除票据记载的收款人和最后一手背书的被背书人，还可能是代为清偿票据债务的保证人、背书人。持票人可以不按照票据债务人的先后顺序，对其中任何一人、数人或者全体行使追索权。持票人已经对票据债务人中的一人或者数人进行追索的，仍然可以对其他票据债务人行使追索权。被追索人清偿债务后，与持票人享有同一权利。

1. 取得或享有票据权利的情形

票据的取得，必须给付对价，即应当给付票据双方当事人认可的相对应的代价。取得票据权利的情形主要有：

（1）依法接受出票人签发的票据。

（2）依法接受背书转让的票据。

（3）因税收、继承、赠与可以依法无偿取得票据的，不受给付对价的限制。但是，无对价取得的票据权利不优于其前手权利。

2. 取得票据不享有票据权利的情形

（1）以欺诈、偷盗或者胁迫等手段取得票据的，或者明知有上述情形，出于恶意取得票据的。

（2）持票人因重大过失取得不符合《票据法》规定的票据的。

3. 票据权利的时效

票据权利时效是指票据权利人如果在一定的时间内不行使票据权利，票据债务人就可以依票据权利人超过票据时效而拒绝履行票据义务。票据权利在下列期限内不行使会消灭：

(1) 持票人对票据的出票人和承兑人的权利自票据到期日起 2 年。见票即付的汇票、本票自出票日起 2 年。

(2) 持票人对支票出票人的权利，自出票日起 6 个月。

(3) 持票人对前手的追索权，在被拒绝承兑或者被拒绝付款之日起 6 个月。

(4) 持票人对前手的再追索权，自清偿日或者被提起诉讼之日起 3 个月。

需要注意的是，持票人因超过票据权利时效或者因票据记载事项欠缺而丧失票据权利的，仍享有民事权利即利益返还请求权。持票人可以请求出票人或者承兑人返还其与未支付的票据金额相当的利益。

1.6 票据权利的丧失补救

票据由于灭失、遗失、被盗等而丧失，可以通过挂失止付、公示催告、普通诉讼三种形式进行权利补救。

1. 挂失止付

挂失止付是指失票人将丧失票据的情况通知付款人或代理付款人，由接收通知的付款人或代理付款人审查后暂停支付的一种方式。只有确定的付款人或代理付款人的票据丧失时才可进行挂失止付。以下票据可以进行挂失止付：已承兑的商业汇票、支票、填明“现金”字样和代理付款人的银行汇票以及填明“现金”字样的银行本票四种。《票据法》规定：“票据丧失，失票人可以及时通知票据的付款人挂失止付，但是，未记载付款人或者无法确定付款人及其代理付款人的票据除外。收到挂失止付通知的付款人，应当暂停支付。”

挂失止付并不是票据丧失后采取的必经措施，而只是一种暂时的预防措施，最终要通过申请公示催告或提起普通诉讼来补救票据权利。

失票人需要挂失止付的，应填写挂失止付通知书并签章。付款人或者代理付款人自收到挂失止付通知书之日起 12 日内没有收到人民法院的止付通知书的，自第 13 日起，不再承担止付责任，持票人提示付款即依法向持票人付款。

付款人或者代理付款人在收到挂失止付通知书之前，已经向持票人付款的，不再承担责任。但是，付款人或者代理付款人以恶意或者重大过失付款的除外。

2. 公示催告

公示催告指在票据丧失后由失票人向人民法院提出申请，请求人民法院以公告方式通知不确定的利害关系人限期申报权利，逾期未申报者，则权利失效，由法院通过除权判决宣告所丧失的票据无效的制度或程序。失票人应当在通知挂失止付后的 3 日内，或在票据丧失后，向票据支付地人民法院申请公示催告。

公示催告的申请人必须是原合法票据持有人，其他人不能提起公示催告程序，至于申请人因何故对该票据拥有的合法权利，则不在考虑范围之内。申请人必须是票据的最后持有人，即票据丧失前持有该票据的人，经过背书转让的，背书人不得提出申请。票据因被盗、遗失、灭失等不由原合法票据持有人掌握时，才能申请公示催告。至于被盗、遗失、灭失的票据是否已设定权利，则不是法定条件；未设定权利的票据被盗、遗失或者灭失，有可能被他人在票据上设定权利，从而使原票据持有人的利益受损，也可以申请公示催告。公示催告应当向票据支付地的基层人民法院申请，即票据付款人所在地。申请公示催告时，申请人必须提交申请书，申请书上应当写明票据金额、出票人、持票人、背书人等票据主要内容和申请的理由、事实。

人民法院收到申请后，经审查，认定申请不符合条件的，应不予受理；经审查，认定申请符合条件的，应在收到申请书之日起 7 日内决定受理，并通知申请人。

在公示催告期间，转让票据权利的行为无效。已公示催告的票据质押、贴现，因质押、贴现而接受该票据的持票人主张票据权利的，人民法院不予支持，但公示催告期间届满以后人民法院作出除权判决以前取得该票据的除外。由于票据已被盗、遗失或者灭失，人民法院无从得知该被盗、遗失或者灭失的票据原来是否归申请人合法持有，或者有无同该票据有利害关系的公民、法人或者其他组织。因此，为了维护公民、法人和其他组织的合法权益，人民法院决定受理申请后，应当在 3 日内发出公告，催告利害关系人申报票据权利。公告内容应包括申请人、所申请的票据、申报期间、申报法院以及在期间内不申报即丧权等内容。公告除张贴于人民法院公共告示栏和票据付款人所在地，还应登载于发行面比较广的报纸，或者通过诸如电视、电台等媒介手段，使大多数人有机会得知公告内容，从而向人民法院申报权利。

公示催告期间为国内票据自公告发布之日起 60 日内，涉外票据可根据具体情况适当延长，但最长不得超过 90 日。经人民法院公示催告后，同票据有利害关系的公民、法人或者其他组织，应当在人民法院指定的期限内申报权利。只能向发布公告的人民法院申报，可以书面申报也可以口头申报。利害关系人在申报期间内向人民法院申报的，无论其有无理由或理由如何，人民法院一旦收到利害关系人的申报，则应当裁定终结公示催告程序，并通知申请人和支付人；没有人申报的，人民法院应当根据申请人的申请，作出除权判决，宣告票据无效。

宣告票据无效的判决是一种推定的判决，无法保证一定正确。因此，为了维护法律的公正性，《民事诉讼法》规定，利害关系人因正当理由不能在判决前向人民法院申报的，自知道或者应当知道判决公告之日起 1 年内，有权以申请人为被告向人民法院提出票据诉讼。

3. 普通诉讼

普通诉讼是以丧失票据的人为原告，以承兑人或出票人为被告，请求法院判决其向持票人付款的诉讼活动。如果与票据上的权利有利害关系的人是明确的，无须公示催告，可按一般的票据纠纷向法院提起诉讼。

1.7 票据责任

票据责任指票据债务人向持票人支付票据金额的义务。票据债务人承担票据义务的情形主要有以下四种：

（1）汇票承兑人因承兑而应承担付款义务；

（2）本票出票人因出票而承担自己付款的义务；

（3）支票付款人在与出票人有资金关系时承担付款义务；

（4）汇票、本票、支票的背书人，汇票、支票的出票人、保证人，在票据不获承兑或不获付款时的付款清偿义务。

票据的持票人依照规定提示付款的，付款人必须在当日足额付款。付款人或代理付款人以恶意或者有重大过失付款的，应当自行承担责任。对于定日付款、出票后定期付款或者见票后定期付款的汇票，付款人在到期日前付款的，由付款人自行承担所产生的责任。

如果存在背书不连续等合理事由，票据债务人可以对票据债权人拒绝履行义务，此为票据的“抗辩”。票据债务人可以对不履行约定义务的，与自己有直接债权债务关系的持票人进行“抗辩”；票据债务人不得以自己与出票人或者与持票人的前手之间的抗辩事由对抗持票人。若持票人明知存在抗辩事由而取得票据的除外。

1.8 票据签章

票据签章是指票据有关当事人在票据上签名、盖章或签名并盖章的行为。签章是票据行为生效的重要条件，也是票据行为表现形式中不可缺少的应载事项。

法人和其他使用票据的单位在票据上的签章，为该法人或者该单位的盖章加其法定代表人或者其授权的代理人的签章。单位在票据上的签章，应为该单位的财务专用章或者公章加其法定代表人或者其授权的经办人的签名或盖章。在票据上的签名，应当为该当事人的本名。票据签发时由出票人签章，转让时由背书人签章，承兑时由承兑人签章，保证时由保证人签章。

支票的出票人、商业承兑汇票的承兑人在票据上的签章，应与其预留银行的印鉴一致。

巩固练习

一、单项选择题

1. 根据支付结算法律制度的规定，有权受理失票人公示催告申请的人民法院是(　　)。

A. 票据收款地法院　　B. 票据支付地法院

C. 失票人所在地法院　　D. 出票人所在地法院

2. 根据支付结算法律制度的规定，下列票据日期中，属于票据必须记载事项的是(　　)。

A. 出票日期　　B. 背书日期　　C. 承兑日期　　D. 保证日期

3. 根据《票据法》的规定，对于票据背书，下列说法不正确的是(　　)。

A. 用于支取现金的支票不可以背书转让

B. 背书转让可以附条件，所附条件也具有票据上的效力

C. 背书未记载日期的，视为票据到期日前背书

D. 银行汇票的背书转让以不超过出票金额的实际结算金额为准

二、多项选择题

1. 根据《票据法》的规定，对于票据背书，下列说法正确的是(　　)。

A. 用于支取现金的支票不可以背书转让

B. 背书转让可以附条件，所附条件也具有票据上的效力

C. 背书未记载日期的，视为票据到期日前背书

D. 银行汇票的背书转让以不超过出票金额的实际结算金额为准

2.《票据法》中规定的票据种类包括(　　)。

A. 支票　　B. 汇票　　C. 本票　　D. 债券

任务二　支票

知识目标

1. 理解支票的概念和种类。
2. 掌握支票的出票、付款、保管、挂失等处理方式。
3. 掌握支票的账务处理程序。

能力目标

1. 能自行开票。
2. 能根据支票的票面信息进行相应的账务处理。

思政目标

正确理解权利责任的关系，鼓励学生勇于担当，培养职业情操。

情境导入

2024 年 9 月 14 日，ABC 公司采购员刘刚遗失了一张已经盖好单位及有关人员印章的空白转账支票，他立即到财务处通知了出纳甄仔细，甄仔细第一次接触到这个情况，她请教主管，支票丢失了应该怎样处理？如果处理不当会产生什么法律责任和后果呢？

同学们，让我们和出纳甄仔细一起来学习吧！

2.1　支票的概念和种类

2.1.1　支票的概念

支票是出票人签发的，委托办理支票存款业务的银行在见票时无条件支付确定的金额给收款人或者持票人的票据。

单位和个人在统一票据交换区域的各种款项结算，均可以使用支票。全国支票影像系统支持全国使用。支票在其票据交换区域内可以背书转让，但用于支取现金的支票不能背书转让。

2.1.2　支票的种类

支票按照支付票款的方式可以分为现金支票、转账支票和普通支票。

1. 现金支票

印有“现金”字样的支票为现金支票(图 4-3)。现金支票只能用于支取现金，不能用于转账。现金支票是专门制作的、用于支取现金的一种支票。它既可以由存款人签发并到银行为本单位提取现金，也可以由存款人签发给其他单位或个人用来办理结算或委托银行代为支付现金给收款人。

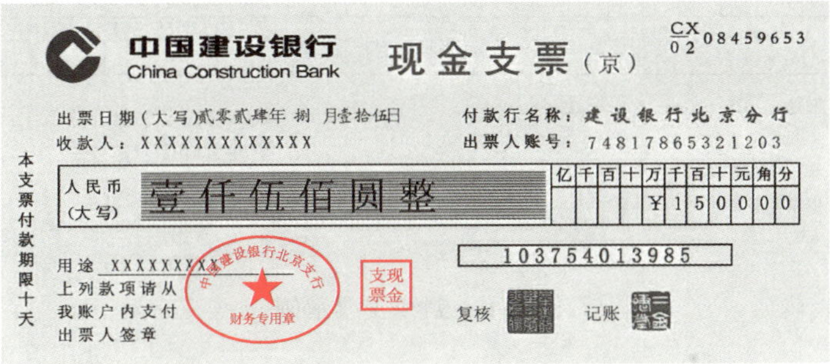

图 4-3　现金支票示例

2. 转账支票

印有“转账”字样的支票为转账支票(图 4-4)。转账支票是指由出票人签发，委托办理支票存款业务的银行在见票时按照确定的金额无条件支付给收款人或持票人的票据。转账支票无金额起点的限制，只能用于转账，不得用于支取现金。转账支票可以根据交易需要，背书转让给其他债权人。

图 4-4　转账支票示例

3. 普通支票

普通支票未印有“现金”“转账”字样，既可用于支取现金，也可用于转账(图 4-5)。

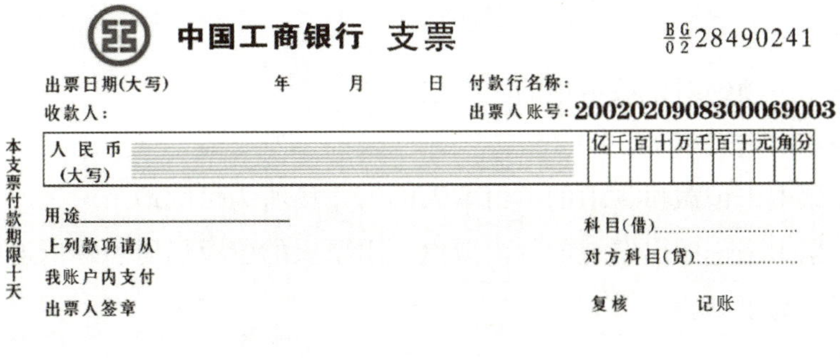

图 4-5　普通支票示例

普通支票左上角画有两条平行线的，为划线支票(图4-6)，划线支票只能用于转账，不能支取现金。

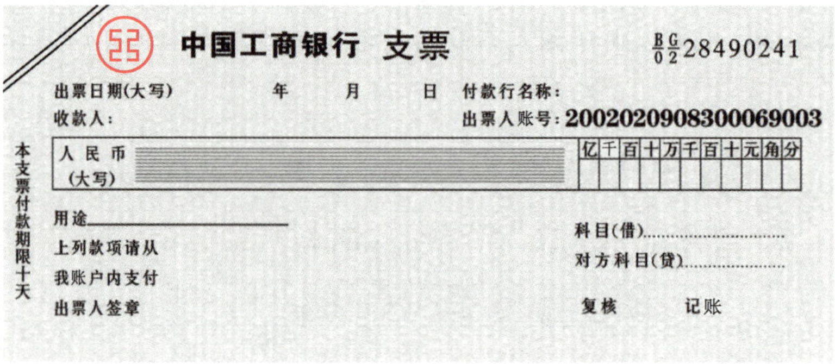

图4-6 划线支票示例

4. 电子支票

电子支票是纸质支票的电子替代物，将纸质支票改变为带有数字签名的电子报文，或利用其他数字电文代替纸质支票的全部信息。电子支票与纸质支票一样，也是用于支付的一种支付结算方式，它使用数字签名和自动验证技术来确定其合法性。支票上除了必需的收款人名称、账号、金额和日期，还隐含了加密信息。

2.2 支票的出票

支票的出票人是经中国人民银行当地分支行批准办理支票业务的银行机构开立可以使用支票存款账户的单位和个人，支票的出票人为存款人。

1. 支票的记载事项

(1) 支票的绝对记载事项：

表明“支票”的字样；

无条件支付的委托；

确定的金额；

付款人名称；

出票日期；

出票人签章。

缺少以上任意一项绝对记载事项的，支票无效。

(2) 支票的相对记载事项：

付款地。支票上未记载付款地的，付款人的营业场所为付款地。

出票地。支票上未记载出票地的，出票地为出票人的营业场所、住所地或经常居住地。

(3) 非法定记载事项：

支票的用途；

合同编号；

约定的违约金；

管辖法院等。

非法定记载事项并不发生支票上的效力。

（4）出票人授权补记事项：

支票的金额；

支票的收款人名称。

未补记前不得背书转让和提示付款。

2. 签发支票的注意事项

（1）签发支票应使用碳素墨水或墨汁填写，中国人民银行另有规定的除外。

（2）签发现金支票和用于支取现金的普通支票必须符合国家现金管理的规定。

（3）签发支票必须要素齐全、内容真实、数字正确、字迹清晰、不错不漏，禁止潦草、涂改。

（4）签发支票时应当按照支票簿上的支票号码顺序签发，不得跳页。

（5）单位和银行的名称使用全称，不得简写，单位和个人名称的填写要与其在银行开户的名称完全一致。

（6）支票日期必须是签发当日，不准签发远期支票。票据的出票日期必须使用中文大写，使用小写填写的银行不予受理。

（7）支票的出票人所签发的支票金额不得超过其付款时在付款人处实有的存款金额，否则为空头支票，禁止签发空头支票。如果签发了空头支票，中国人民银行将处以票面金额5%但不低于1000元的罚款；持票人有权要求出票人赔偿支票2%的赔偿金。对屡次签发空头支票的，银行应停止其签发支票。

（8）付款行名称和出票人账号为出票单位的开户银行名称和银行账号。

（9）支票上的大小写金额填写要规范。

（10）支票的出票人在票据上的签章，应为其预留银行的印鉴，该签章是银行审核支票付款的依据。出票人不得签发与其银行预留印鉴不符的支票。否则，银行不仅会将支票作废退回，还会处以票面金额5%但不低于1000元的罚款；持票人有权要求出票人赔偿2%的赔偿金。签章时，出票人为单位的，支票上出票人的签章应当为与该单位在银行预留印鉴一致的财务专用章或者公章，以及其法定代表人或其授权的代理人的签名或盖章；出票人为个人的，为与该个人在银行预留印鉴一致的签名或者盖章。

公司的预留印鉴通常为财务专用章和法定代表人章，分别由会计机构负责人和单位负责人（或其授权代理人）保管。在收到支票后首先进行审核，如发现有遗漏内容，应由出纳补充完整；有错误的内容，如日期、金额填写不规范、不正确，支票作废；有涂改的地方，支票也作废，需重新填写一张正确的支票。

支票上加盖的印章必须清晰，若印章模糊，该张支票也要作废。

（11）银行也可以与出票人约定使用支付密码，作为银行审核支付支票金额的条件。

出票人应该于签发时填写本张支票的密码，不能提前加填支票的密码，不得签发密码错误的支票。支票的密码可以在单位购买支票时从开户银行随机取得。单位在填写支票时，应在确认支付的支票“小写金额”栏下方的对应栏内填写该支票的密码；支票的密码也可以采用配置的密码机自动产生，由出纳人员在密码机上输入支票编号等信息后，密码机自动产生密码，将该密码填入“密码”栏，银行核对相符后方可办理款项转账与支现业务。

2.3 支票的付款

（1）支票的提示付款期限应当自出票日起10日内，即支票的持票人应当从出票日起10日内向银行提示付款，过期作废。提示付款是指票据持有人向银行提交票据并要求银行付款的行为。提示付款期就是提示付款的有效期。持票人未在提示付款期内提示付款的，票据作废。异地使用的支票，其提示付款期限由中国人民银行另行规定。超过提示付款期限的，付款人可以不予付款，付款人不予付款的，出票人仍应当对持票人承担票据责任。持票人可以是票面上记载的收款人，也可以是经过背书转让的被背书人。

（2）持票人可以委托开户银行收款或直接向付款人提示付款。用于支取现金的支票仅限于收款人向付款人提示付款，收款人提示付款时，应在支票背面“收款人签章”处签章，持票人为个人的，还需交验本人身份证件，并在支票背面注明证件名称、号码及发证机关。

（3）持票人持用于转账的支票向付款人提示付款时，应在支票背面背书人签章栏签章，并将支票和填制的进账单送交开户银行。

（4）委托收款时，应作委托收款背书，在支票背面背书人签章栏签章、记载“委托收款”字样、背书日期，在“被背书人”栏记载开户银行名称，并将支票和填制的进账单送交开户银行。

（5）付款人依法支付支票金额的，对出票人不再承担受委托付款的责任，对持票人不再承担付款责任。但是，付款人以恶意或者有重大过失付款的除外。

2.4 支票的购买

存款人领购支票，必须填写“票据和结算凭证领用单”并签章，签章应与预留银行的印鉴相符。购买支票时还可以网上预约，登录企业网上银行，进行购买凭证预约服务，预约成功后打印票据，按预约时间携带身份证件及单位预留印鉴等，到开户网点购买支票。

2.5 空白支票的保管

1. 专人保管

存有空白支票的单位，对空白支票必须严格管理，指定专人保管，要贯彻“票印分管”的原则，即空白支票和印章不得由一人负责保管。

2. 及时注销

当单位撤销、合并、结清账户时，应及时将剩余的空白支票交回银行注销。

3. 控制携带空白支票外出

由于特殊情况，而事先不能确定物资的单价和采购金额的，经财务领导批准，可将支票上的收款人名称和签发日期填好再交采购人员，还可以做用途和款项限额的控制，持票人员回单位后必须及时结算。

4. 领用销号

实行空白支票领用销号制度。出纳人员签发空白支票后，应在“支票领用登记簿”上加以登记，经办人签字。

2.6 支票的结算步骤

2.6.1 付款方结算步骤

1. 审核支票领用申请单

支票领用申请单是申请使用支票支付或提现时应填制的单据，应根据现金支出预算填写，注明领用日期、用途、金额及收款单位等信息，经部门领导批准签字后，到财务部门领取支票。出纳按照相关要求负责审核支票领用申请单(图 4-7)。

单位名称			
支票用途		支票号码	
支票金额:		使用日期:	
发票是否开具	是	否	
申请人:		部门领导:	
财务负责人			
财务经手人			

图 4-7　支票领用申请单示例

2. 确认申请单无误后签发支票，加盖法定代表人章，交由会计加盖财务专用章

支票签发时应该使用碳素墨水笔填写，或者采用支票打印机(或支票打印软件)输入相关内容后打印出来。

存根联的填写内容：出票日期、收款人、金额、用途。有支票领用申请单的单位，单位主管不需签字，若无支票领用申请单的，主管人需签字。

正联填写要求：出票日期必须大写；收款人必须与收款单位银行预留印鉴一致(如收款单位全称)；在填写人民币大写栏时要顶格书写，不得留下空格；小写金额数字前面加人民币符号“￥”；要填明用途；出票人签章必须与其预留银行印鉴一致(图 4-8)。

3. 填写支票领用登记簿

支票领用登记簿(图 4-9)需要记录经办人员领用的支票类型，以及相应的支票号码、领用日期、用途、预计金额等。领用人领用支票时要在登记簿“领用人”栏签名或盖章。

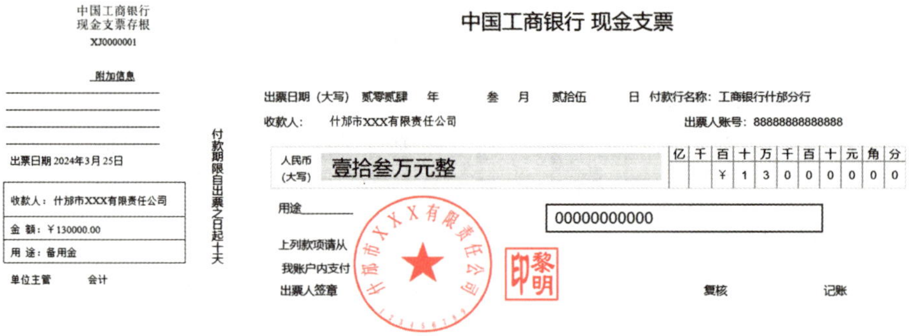

图 4-8　支票填写示例

支票领用登记簿

序号	出票日期	支票号	所属银行	金额	受款单位	用途	领用人	支票出账日期	备注

图 4-9　支票领用登记簿示例

4. 将支票交给收款方或直接将支票交给付款方开户银行，办理转账

2.6.2　收款方结算步骤

（1）收取支票，审核支票。

（2）在支票背面背书，在“背书人签章”处加盖法定代表人章，转交会计加盖财务专用章(图 4-10)。

图 4-10　支票背书示例

（3）填制进账单。

进账单是持票人或收款人将票据款项存入其开户银行的凭证，也是开户银行将票据款项记入持票人或收款人账户的凭证。企业收到的转账支票、银行本票、银行汇票都应填写进账单到银行办理进账，才能确认银行存款的增加。进账单共三联，第一联是回单，此联是受理银行交给持(出)票人的回单；第二联是贷方凭证，此联由收款人开户银行作贷方凭证；第三联是收账通知，此联是收款人开户银行交给收款人的收账通知(图 4-11)。

××银行进账单(回单)

日期：年 月 日

<table>
<tr><td rowspan="3">出票人</td><td>全称</td><td></td><td rowspan="3">收款人</td><td>全称</td><td colspan="11"></td></tr>
<tr><td>账号</td><td></td><td>账号</td><td colspan="11"></td></tr>
<tr><td>开户行</td><td></td><td>开户行</td><td colspan="11"></td></tr>
<tr><td rowspan="2">金额(大写)</td><td colspan="4" rowspan="2"></td><td>亿</td><td>千</td><td>百</td><td>十</td><td>万</td><td>千</td><td>百</td><td>十</td><td>元</td><td>角</td><td>分</td></tr>
<tr><td></td><td></td><td></td><td></td><td></td><td></td><td></td><td></td><td></td><td></td><td></td></tr>
<tr><td colspan="2">票据种类</td><td>票据张数</td><td colspan="13" rowspan="2"></td></tr>
<tr><td colspan="2">票据号码</td><td></td></tr>
<tr><td colspan="3">复核　　记账</td><td colspan="13">收款人开户银行签章</td></tr>
</table>

××银行进账单(贷方凭证)

日期：年 月 日

<table>
<tr><td rowspan="3">出票人</td><td>全称</td><td></td><td rowspan="3">收款人</td><td>全称</td><td colspan="11"></td></tr>
<tr><td>账号</td><td></td><td>账号</td><td colspan="11"></td></tr>
<tr><td>开户行</td><td></td><td>开户行</td><td colspan="11"></td></tr>
<tr><td rowspan="2">金额(大写)</td><td colspan="4" rowspan="2"></td><td>亿</td><td>千</td><td>百</td><td>十</td><td>万</td><td>千</td><td>百</td><td>十</td><td>元</td><td>角</td><td>分</td></tr>
<tr><td></td><td></td><td></td><td></td><td></td><td></td><td></td><td></td><td></td><td></td><td></td></tr>
<tr><td colspan="2">票据种类</td><td>票据张数</td><td colspan="13" rowspan="3">复核　　记账</td></tr>
<tr><td colspan="2">票据号码</td><td></td></tr>
<tr><td colspan="3">备注</td></tr>
</table>

××银行进账单(收账通知)

日期：年 月 日

<table>
<tr><td rowspan="3">出票人</td><td>全称</td><td></td><td rowspan="3">收款人</td><td>全称</td><td colspan="11"></td></tr>
<tr><td>账号</td><td></td><td>账号</td><td colspan="11"></td></tr>
<tr><td>开户行</td><td></td><td>开户行</td><td colspan="11"></td></tr>
<tr><td rowspan="2">金额(大写)</td><td colspan="4" rowspan="2"></td><td>亿</td><td>千</td><td>百</td><td>十</td><td>万</td><td>千</td><td>百</td><td>十</td><td>元</td><td>角</td><td>分</td></tr>
<tr><td></td><td></td><td></td><td></td><td></td><td></td><td></td><td></td><td></td><td></td><td></td></tr>
<tr><td colspan="2">票据种类</td><td>票据张数</td><td colspan="13" rowspan="2"></td></tr>
<tr><td colspan="2">票据号码</td><td></td></tr>
<tr><td colspan="3">复核　　记账</td><td colspan="13">收款人开户银行签章</td></tr>
</table>

图 4-11　银行进账单示例

填制进账单的要点：

① 票据日期：进账单的日期。

② 出票人全称：开具支票的单位全称。

③ 出票人账号：支票上显示的单位账号。

④ 出票人开户银行：支票上显示的单位开户银行。

⑤ 收款人全称：本公司全称。

⑥ 收款人账号：本公司账号。

⑦ 收款人开户银行：本公司开户银行。

⑧ 大写/小写金额：按照支票上的金额进行填写。

⑨ 票据种类：按照支票上显示的票据种类填写。

⑩ 票据张数：按照实际票据张数进行填写。

⑪ 票据号码：按照支票右上角的号码填写。

填写进账单的步骤：

① 核对进账单的编号，顺序为第二联放在第一页，第三联放在中间，第一联放在最后一页。

② 按照支票上的出票人签章，填写出票人的信息。

③ 填写收款人的信息及金额(注意小写金额前面要加人民币符号“￥”)。

④ 填写票据种类、张数和号码。

⑤ 填写进账当天日期(日期小写即可)。

(4) 将支票及进账单送交开户银行办理进账手续。

2.7 支票的账务处理

(1) 用现金支票提取现金。

借：库存现金

　贷：银行存款

(2) 用转账支票结算发生的业务。

借：库存商品/原材料/在建工程/管理费用等

　贷：银行存款

(3) 收到转账支票并存入银行。

借：银行存款

　贷：应收账款/主营业务收入/其他应收款等

2.8 支票的挂失

(1) 出票人将已经签发、内容齐备、可以直接支取现金的支票遗失，或者被盗的，应出具公函或相关证明，填写两联挂失申请书(可以用进账单代替)，加盖预留银行印鉴，向开户银行申请挂失止付。银行查明该支票确未支付的，经收取一定的挂失手续费后可受理挂失，在挂失人账户中用红笔注明支票号码及挂失的日期。

(2) 收款人将收到的、可以直接支取现金的支票遗失，或者被盗的，也应出具公函或相关证明，填写两联挂失止付申请书，经付款人签章证明后，到收款人开户银行申请挂失止付。其他有关手续同上。

同时，失票人应当在挂失止付后的 3 个月内，也可以在票据丧失后，依法向人民法院申请公示催告，或者向人民法院提起诉讼。可以背书转让票据的持票人在票据被盗、遗失或灭失时，须以书面形式向票据支付地(付款地)的基层人民法院提出公示催告申请。在失票人向人民法院提交的申请书上，应写明票据类别、票面金额、出票人、付款人、背书人等票据主要内容，并说明票据丧失的情形，同时提出相关证据，以证明自己确属丧失的票据的持票人，有权提出申请。

失票人在向付款人挂失止付之前，或失票人在申请公示催告之前，票据已经由付款人善意付款的，失票人不得再提出公示催告的申请，付款银行也不再承担付款的责任。由此给支票权利人造成的损失，应由失票人自行承担。

（3）已经签发的转账支票遗失或被盗的，由于其可以直接持票购买商品，银行不受理此类挂失。因此，失票人不能向银行申请挂失止付，但可以请求收款人及其开户银行协助防范。如果丧失的支票超过有效期或者挂失之前已经由付款银行支付票款的，所造成的一切损失，均应由失票人自行负责。

2.9 支票的退票

支票退票是指由于支票的内容记载不完整、书写不规范、付款单位存款数额不足以支付票款等，出票人开户银行认为该支票的款项不能进入收款人账户，并将支票退还持票人的情况。

支票退票的原因主要有以下几项：

（1）出票人存款不足，出现空头支票。

（2）出票人签章与预留银行印鉴不符。

（3）密码支票中未填密码或密码填写错误。

（4）远期支票。

（5）票据内容未使用碳素墨水或墨汁书写，如使用圆珠笔填写。

（6）最后持票人与委托收款背书不符。

（7）超出出票人的放款批准额度或经费限额。

（8）未填写收款人或收款人填写错误。

（9）超过提示付款期限。

（10）日期为小写。

（11）内容有涂改。

（12）出票人已撤销此银行账户。

（13）出票人已申请挂失止付。

（14）非出票人银行承付。

收款人或持票人收到银行退回的支票，应将支票退给签发人或背书人，向其追索票款，并按规定索赔。

知识拓展

支票的签发还可以通过支票打印机来完成。出纳人员可配备支票打印机来完成支票打印、填制工作，以达到准确、快捷、规范填制数据的效果。支票打印机有简易型和智能型两大类。简易型支票打印机专门用于支票的打印，智能型支票打印机除了可以通过支票打印软件进行支票打印，还具备打印其他文档的功能。使用支票打印机有以下优点：

（1）打印规范，完全符合《支付结算办法》的规定；

（2）操作简单、方便，签发支票时，只需通过键盘输入所需年、月、日和金额的阿拉伯数字，打印机液晶屏便会显示，方便出纳人员进行核对；

(3) 可防篡改、耐保存，支票打印机采用特制油墨，字迹清晰，具有凹凸感，且不怕水、酸、碱，可以长期保存。

转账支票可采用正送和倒送两种形式办理收付款业务。正送转账支票是指由付款方出纳人员签发支票交给收款方，并由收款方出纳人员送至收款人开户银行办理转账结算的支付结算方式。倒送转账支票是指由付款方出纳人员签发支票后送至其开户银行办理转账结算的支付结算方式。

巩固练习

一、单项选择题

1. 持票人对支票出票人的权利，自出票日期起(　　)不行使而消灭。

A. 2 年　　B. 6 个月　　C. 3 个月　　D. 1 年

2. 下列各项中，关于支票叙述不正确的是(　　)。

A. 支票由出票银行签发

B. 单位和个人在同一票据交换区域内的各种款项结算，均可使用支票

C. 用于支取现金的支票不能背书转让

D. 支票的付款期限自出票日起 10 日

3. 某票据的出票日期为“2024 年 3 月 15 日”，其规范写法是(　　)。

A. 贰零贰肆年零叁月壹拾伍日　　B. 贰零贰肆年叁月壹拾伍日

C. 贰零贰肆年零叁月拾伍日　　D. 贰零贰肆年叁月拾伍日

二、判断题

1. 支票的出票日期必须使用中文大写，使用小写填写的银行可以受理，但是由此产生的责任由出票人自己承担。(　　)

任务三　银行汇票

知识目标

1. 理解银行汇票的概念和区别于其他票据的特点。
2. 掌握银行汇票的出票方式及账务处理。

能力目标

1. 能自行填制银行汇票业务委托书，向银行申请签发银行汇票。
2. 能使用银行汇票完成企业一般购销业务款的往来结算。

思政目标

基于对银行汇票基础知识和结算流程的学习，激发学生的学习兴趣和结算欲望，体现

在账务处理中一丝不苟的会计职业精神，并对会计职业操作的规范性和严谨性有更深体会。

情境导入

2024 年 10 月 9 日，ABC 公司与上海某生产厂家签订了一批原材料采购合同，该厂家要求使用银行汇票结算货款，从未接触过银行汇票的甄仔细有些犯难，下面就让我们和她一起学习银行汇票的相关知识吧！

3.1　银行汇票的概念和适用范围

3.1.1　银行汇票的概念

银行汇票是出票银行签发的，由其在见票时按照实际结算金额无条件支付给收款人或者持票人的票据(图 4-12)。

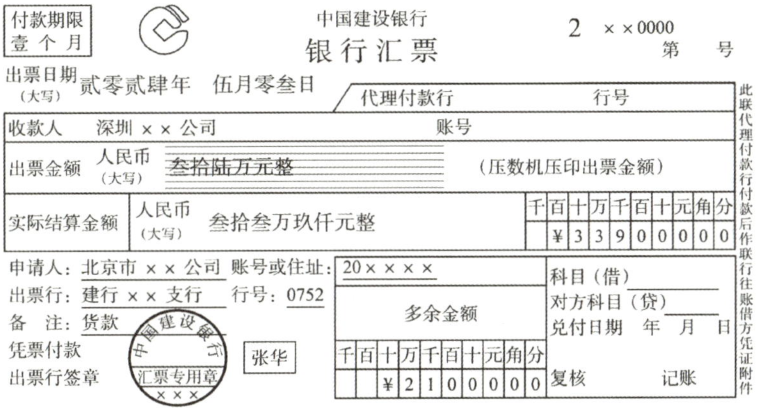

付款期限 壹个月
中国建设银行
银行汇票
2　××0000
第　号
出票日期（大写）贰零贰肆年　伍月零叁日
代理付款行　行号
收款人　深圳××公司　账号
出票金额　人民币（大写）叁拾陆万元整　（压数机压印出票金额）
实际结算金额　人民币（大写）叁拾叁万玖仟元整　千百十万千百十元角分　¥339000.00
申请人：北京市××公司　账号或住址：20××××
出票行：建行××支行　行号：0752
备　注：货款
凭票付款
出票行签章
中国建设银行 汇票专用章 ×××
张华
多余金额　千百十万千百十元角分　¥21000.00
科目（借）
对方科目（贷）
兑付日期　年　月　日
复核　记账
此联代理付款行付款后作联行往账借方凭证附件

图 4-12　银行汇票示例

3.1.2　银行汇票的适用范围

(1) 银行汇票可以用于转账，填明“现金”字样的银行汇票也可以支取现金。

(2) 单位和个人各种款项的结算，均可使用银行汇票。

3.2　银行汇票的出票

1. 银行汇票的联次

银行汇票一式四联：第一联(卡片)为出票行结清汇票时作汇出行借方凭证，须经申请人加盖预留银行印鉴；第二联(银行汇票)为代理付款行付款后作联行往账借方凭证附件；第三联(解讫通知)为代理付款行兑付后随报单寄出票行，由出票行作多余款贷方凭证；第四联(多余款收账通知)为出票行结清多余款后交申请人。

银行签发银行汇票后，将加盖汇票专用章的第二、三联交给申请人。

2. 银行汇票的出票

(1) 申请人使用银行汇票，应向出票银行填写“银行汇票申请书”，填明收款人名称、汇票金额、申请人名称、申请日期等事项并签章，签章为预留银行的印鉴。

（2）申请人或者收款人为单位的，不得在“银行汇票申请书”上填明“现金”字样。“现金”银行汇票的申请人和收款人都必须是个人。

（3）出票银行受理银行汇票申请书，收妥款项后签发银行汇票，并将银行汇票和解讫通知一并交给申请人。

（4）申请人应将银行汇票和解讫通知一并交付给汇票上记载的收款人。

（5）填写实际结算金额。

未填明实际结算金额和多余金额或者实际结算金额超过出票金额的，银行不予受理。

实际结算金额一经填写不得更改，更改实际结算金额的银行汇票无效。

未填写实际结算金额或者实际结算金额超过出票金额的银行汇票不得背书转让。

实际结算金额低于出票金额的，多余金额由出票银行退回给申请人。

3.3 银行汇票的特点

与其他结算方式相比，银行汇票结算方式具有如下特点：

1. 适用范围广

银行汇票是目前异地结算中较为广泛采用的一种结算方式。这种结算方式不仅适用于在银行开户的单位、个体经济户和个人，而且适用于未在银行开立账户的个体经济户和个人。

2. 票随人走，钱货两清

实行银行汇票结算，购货单位交款，银行开票，票随人走；购货单位购货给票，销售单位验票发货，一手交票，一手交货；银行见票付款，这样可以减少结算环节，缩短结算资金在途时间，方便购销活动。

3. 信用度高，安全可靠

银行汇票是银行在收到汇款人款项后签发的支付凭证，因而具有较高的信誉，银行保证支付，收款人持有票据，可以安全及时地到银行支取款项。

4. 使用灵活，适应性强

实行银行汇票结算，持票人可以将汇票背书转让给销货单位，也可以通过银行办理分次支取或转让，另外还可以使用信汇、电汇或重新办理汇票转汇款项，因而有利于购货单位在市场上灵活地采购物资。

5. 结算准确，余款自动退回

一般来讲，购货单位很难确定具体购货金额，因而出现汇多用少的情况是不可避免的。在有些情况下，多余款项往往长时间得不到清算，从而给购货单位带来不便和损失。而使用银行汇票结算则不会出现这种情况，单位持银行汇票购货，凡在汇票的汇款金额之内的，可根据实际采购金额办理支付，多余款项将由银行自动退回。这样可以有效防止交易尾欠的发生。

3.4 银行汇票的结算步骤

3.4.1 付款方结算步骤

（1）填写业务委托书并在“委托人签章”处加盖预留银行印鉴。

业务委托书是指单位或个人委托开户银行从其账户扣款或交存现金，申请办理汇款时使用的凭证。业务委托书分正联和回执联。业务委托书在异地或跨行之间业务往来使用，有五个业务类型可供选择：现金汇款、转账汇款、汇票申请书、本票申请书和其他。可根据业务需要选择。

（2）将业务委托书送交银行，由银行签发银行汇票并用压数机压印出票金额。

（3）从银行处领取业务委托书的回执及银行汇票的第二联和第三联。

（4）出纳人员将银行汇票第二联和第三联交供应部门，采购人员持银行汇票及解讫通知进行采购业务或款项结算，并将银行汇票第二联和第三联交给收款方，由收款方填写实际结算金额。

（5）实际结算金额小于票面金额的，开户银行会自动将款项退回，出纳人员从银行取得多余款收账通知联后，转交会计人员填制多余款入账的记账凭证。

3.4.2 收款方结算步骤

（1）销售部门从购货方取得银行汇票及解讫通知后，交给财会部门。

（2）出纳人员审核银行汇票的有关项目，主要审查以下内容：

银行汇票要素是否齐全、汇票号码和记载的内容是否一致；

收款人是否确为本单位或本人；

银行汇票是否在提示付款期限内；

必须记载的事项是否齐全；

出票人签章是否符合规定，是否有压数机压印的出票金额，并与大写出票金额一致；

出票金额、出票日期、收款人名称是否更改，更改的其他事项是否由原记载人签章证明。

（3）根据发票等单据在银行汇票上填写实际结算金额和多余金额。

（4）出纳人员填写进账单并在进账单的第二联上加盖预留银行印鉴，同时应在汇票背面“持票人向银行提示付款”处签章，然后将银行汇票和进账单送交开户银行。

3.5 银行汇票的账务处理

3.5.1 汇款企业的账务处理

汇款企业财务部门收到签发银行签发的银行汇票联和解讫通知联后，根据银行盖章退回的“银行汇票委托书”第一联，即存根联，编制银行存款付款凭证。财务处理如下：

借：其他货币资金—银行汇票

贷：银行存款

如果汇款企业用现金办理银行汇票，则财务部门在收到银行签发的汇票后，根据“银行汇票委托书”第一联，即存根联，编制现金付款凭证。账务处理如下：

借：其他货币资金—银行汇票

　　贷：库存现金

银行按规定收取手续费，汇款企业应根据银行出具的收费收据作相应处理。对于用现金支付的，编制现金付款凭证；对于从其账户中扣收的，编制银行存款付款凭证。账务处理如下：

借：财务费用

　　贷：库存现金/银行存款

汇款企业在用银行汇票购买货物并办理结算后，应等签发银行转来银行汇票第四联，即“多余款收账通知联”后，根据其实际结算金额栏的实际结算金额与供应部门转来的发票账单等原始凭证上的实际结算金额进行核对，核对相符后编制记账凭证。账务处理如下：

借：材料采购—××材料

　　贷：其他货币资金—银行汇票

银行汇票实际结算金额小于银行汇票汇款金额时，即产生多余款，汇款企业财务部门应根据签发银行转来的银行汇票第四联，即多余款收账通知联中列明的“多余金额”编制银行存款收款凭证。账务处理如下：

借：银行存款

　　贷：其他货币资金—银行汇票

3.5.2　收款单位账务处理

收款单位将“银行汇票联”“解讫通知联”和进账单送开户银行办理收款手续，财务部门根据银行退回的进账单第一联(回单)中所列的实际结算金额和发票存根联等原始凭证，编制银行存款收款凭证。账务处理如下：

借：银行存款

　　贷：主营业务收入等

对于银行按规定收取的手续费，汇款单位应根据银行出具的收费收据，用现金支付的方式编制现金付款凭证，从其账户中扣收的编制银行存款付款凭证，其会计分录为：

借：财务费用

　　贷：库存现金/银行存款

知识拓展

银行汇票的退款处理

申请人因银行汇票超过付款期限或其他原因要求退款时，应将银行汇票及解讫通知提交到出票银行，申请人为单位的，应出具该单位的证明；申请人为个人的，应出具本人的身份证件。出票银行对于在本行开立存款账户的申请人，只能将款项转入申请人账户，对于现金银行汇票和未在本行开立存款账户的申请人，才能退付现金。

巩固练习

一、单项选择题

1. 银行汇票的持票人向银行提示付款时，必须同时提交(　　)，缺少任何一联，银行不予受理。

A. 银行汇票和解讫通知　　B. 银行汇票和进账单

C. 银行汇票和收账通知书　　D. 银行汇票和收款委托书

2. 银行汇票的提示付款期自出票日起(　　)。

A. 1 个月　　B. 2 个月　　C. 6 个月　　D. 12 个月

二、多项选择题

1. 银行汇票的使用有哪些特点？(　　)

A. 票随人走　　B. 方便灵活　　C. 可背书转让　　D. 兑付性强

任务四　银行本票

知识目标

1. 了解银行本票的概念和特点。
2. 掌握银行本票使用的基本规定。
3. 掌握出票行的签发本票制度规定和操作规程。

能力目标

1. 能按照业务流程办理银行本票申请签发业务。
2. 能进行相应的账务处理。

思政目标

在学习中践行注重细节、精益求精的工匠精神，认真履行岗位职责。

情境导入

2024 年 6 月 18 日，ABC 公司采购部按照公司要求，拟从北京风尚包装厂购进纸盒包装 100 箱。经询价了解，风尚包装厂报价为 180 元/箱。ABC 公司派采购员携带银行本票去采购。6 月 30 日，由于购买的纸盒包装超出需求，ABC 公司以 200 元/箱的价格出售给另外一家公司。在其购销合同中，双方约定使用银行本票办理结算。

请各位同学协助 ABC 公司的出纳甄仔细进行以上两项业务的处理。

4.1 银行本票的概念和适用范围

4.1.1 银行本票的概念

本票是指出票人签发的，承诺自己在见票时无条件支付确定的金额给收款人或者持票人的票据。在我国，本票仅限于银行本票，即银行出票、银行付款。

银行本票一式两联：第一联由出票行留存，结清本票时作支付凭证附件。第二联由出票行结清本票时作支付凭证。用于转账兑付的本票需划去“现金”二字，按照规定可以支取现金的则划去“转账”二字，未划去的一律按转账处理(图 4-13)。

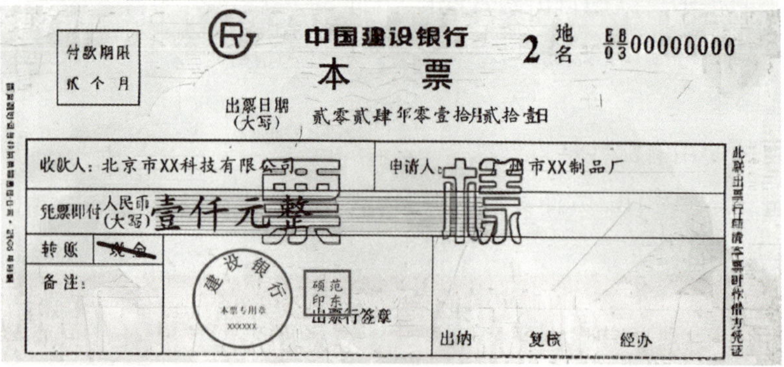

图 4-13 银行本票示例

4.1.2 银行本票的适用范围

(1) 银行本票可以用于转账，注明“现金”字样的银行本票可以用于支取现金。

(2) 单位和个人在同一票据交换区域需要支付各种款项，均可以使用银行本票。

4.2 银行本票的特点

1. 使用方便

单位、个体工商户和个人不管其是否在银行开户，他们之间在同城范围内的所有商品交易、劳务供应以及其他款项的结算都可以使用银行本票。收款单位持银行本票可以办理转账结算，个人也可以支取现金，同样也可以背书转让。银行本票见票即付，结算迅速。

2. 信誉度高，支付能力强

银行本票是由银行签发，并于见票时由签发银行无条件支付，因而信誉度很高，一般不存在得不到正常支付的问题。

4.3 银行本票结算的基本规定

1. 银行本票的申请

企业、个人申请使用银行本票时，应向银行填写“银行本票申请书”，并交纳一定数额的手续费。申请人或者收款人为单位的，不得申请签发带有“现金”字样的银行本票。

2. 银行本票的有效期

银行本票的提示付款期为自出票日起 2 个月，持票人超过提示付款期限提示付款的，代理付款行不予受理。

3. 银行本票的背书

（1）提示付款背书。

持票人向银行提示付款时，应在银行本票背面“持票人向银行提示付款签章”处加盖预留银行印鉴，并将银行本票和进账单送交开户银行办理转账。

（2）转让背书。

收款人可以将银行本票背书转让，填明“现金”字样的银行本票不得背书转让。

4. 银行本票的退款

银行本票见票即付，银行不主动退回多余款项。申请出票的企业因银行本票超过提示付款期限或其他原因要求退款时，可以分以下不同情况向签发银行申请退款：

（1）在银行开立账户的申请单位要求银行退款时，应向签发银行说明原因，并填写“银行进账单”一并交银行，待银行办妥退款手续后，凭银行进账单的收账通知进行账务处理。

（2）未在银行开立账户的申请单位要求银行退款时，应出具该单位证明，并在银行本票背面签章，提交有关证件，经银行审核无误后方予退款。

4.4 银行本票的账务处理

1. 付款方出纳业务处理流程

（1）填写一式三联的“银行本票申请书”，详细填明收款单位名称等各项内容。如申请人在签发银行开立了银行结算账户的，应当在“银行本票申请书”第二联加盖预留银行印鉴。

（2）银行认真审查申请书填写内容及收妥款项后签发银行本票。将办理好的银行本票第二联连同“银行本票申请书”存根联一并交给申请人。

（3）编制记账凭证。将办理好的银行本票交给单位有关人员持票办理结算，付款单位出纳人员或会计根据结算业务申请书回单及手续费凭单编制记账凭证。

（4）登记银行存款日记账。根据审核无误的记账凭证登记银行存款日记账和其他货币资金明细账。

付款单位收到银行本票和银行退回的“银行本票申请书”存根联后，财务部门根据“银行本票申请书”存根联编制银行存款付款凭证。账务处理如下：

借：其他货币资金—银行本票存款

　贷：银行存款

对于银行按规定收取的办理银行本票手续费，付款单位应根据银行的相应收费单据，编制银行存款或现金付款凭证。账务处理如下：

借：财务费用—银行手续费

贷：银行存款/现金

2. 收款方出纳业务处理流程

(1) 出纳人员审核收到的银行本票后，在银行本票第二联背面“持票人向银行提示付款签章”处加盖预留银行印鉴；如果收款人为个人，在本票背面“持票人向银行提示付款签章”处加盖个人印章或本人签字，同时填写身份证件名称和号码。

(2) 出纳人员填写银行进账单。根据审核无误的银行本票填写银行进账单，将填写好的一式三联进账单连同银行本票同时交予银行办理入账手续。

(3) 编制记账凭证。收款人开户银行办妥进账手续后，出纳根据开户银行退回的进账单和收账通知单编制记账凭证。

(4) 登记银行存款日记账。出纳人员根据审核无误的记账凭证，登记银行存款日记账。

收款方收到付款方交来的票据时，账务处理如下：

借：银行存款

贷：主营业务收入

应交税费—应交增值税(销项税额)

如果收款单位收受银行本票之后不准备立即到银行办理进账手续，而是准备背书转让，用来支付款项或者偿还债务，则应在取得银行本票时编制转账凭证。账务处理如下：

借：其他货币资金—银行本票

贷：主营业务收入

应交税费—应交增值税(销项税额)

收款单位将收受的银行本票背书转让给其他单位时，应根据有关原始凭证编制转账凭证。如果用收受的银行本票购买物资，则按发票账单等原始凭证编制转账凭证。账务处理如下：

借：材料采购/商品采购等

应交税费—应交增值税(进项税额)

贷：其他货币资金—银行本票

知识拓展

银行本票的退款和丧失

出票银行对于在本行开立了存款账户的申请人，只能将款项转入原申请人账户；对于现金银行本票和未在本行开立存款账户的申请人，才能退付现金。

银行本票丧失，失票人可以凭人民法院出具的其享有票据权利的证明，向出票银行请求付款或退款。

巩固练习

一、单项选择题

1. 根据票据法律制度的规定，下列关于银行本票的表述中，不正确的是(　　)。

A. 银行本票的付款人见票时必须无条件付款给持票人

B. 持票人超过提示付款期限不获付款的，可向出票银行请求付款

C. 银行本票不可以背书转让

D. 注明“现金”字样的银行本票可以用于支取现金

2. 根据支付结算法律制度的规定，下列关于银行本票的表述中，不正确的是(　　)。

A. 银行本票的出票人在持票人提示见票时，必须承担付款的责任

B. 注明“现金”字样的银行本票可以用于支取现金

C. 银行本票只限于单位使用，个人不得使用

D. 收款人可以将转账银行本票背书转让给被背书人

二、多项选择题

1. 根据支付结算法律制度的规定，下列各项中，属于银行本票必须记载事项的是(　　)。

A. 出票人签章

B. 出票日期

C. 收款人名称

D. 确定的金额

任务五　商业汇票

知识目标

1. 了解商业汇票的定义、特点和种类。
2. 掌握商业汇票的填写方法和使用流程。
3. 了解商业汇票的背书、遗失及挂失等相关问题。
4. 熟悉商业汇票的承兑与清偿流程。

能力目标

1. 能自行申请或者填制商业汇票。
2. 能根据业务类型及商业汇票不同种类进行相关的业务处理。

思政目标

培养学生团队合作、沟通和解决问题的能力。

情境导入

2024 年 7 月 15 日，某零售商向 ABC 公司采购了一批高档护肤品，在 ABC 公司向其供货后，该零售商以电子承兑汇票的方式向 ABC 公司支付了 15 万元货款。之后，ABC 公司的出纳甄仔细在找银行对该汇票进行承兑时，银行作出了不予承兑的决定。现在，甄仔细

应该做些什么呢?

5.1 商业汇票的概念、分类和适用范围

5.1.1 商业汇票的概念

1. 商业汇票

是出票人签发的，委托付款人在指定日期无条件支付确定的金额给收款人或者持票人的票据。

2. 电子商业汇票

是出票人依托上海票据交易所电子商业汇票系统(ECDS)，以数据电文形式制作的，委托付款人在指定日期无条件支付确定的金额给收款人或者持票人的票据。为便于企业支付和融资、支持商业银行票据业务发展和创新，各大商业银行都已使用电子商业汇票。

与纸质汇票相比，电子商业汇票能保证唯一性、完整性、安全性，规避假票和克隆票的风险；电子商业汇票足不出户就可被交易，方便、回款速度快，收票、托收实现“零在途”。经银行承兑的电子商业汇票与商业承兑汇票相比，具有更可靠的银行信用保证，流通范围广；可借助票据网快速贴现，既减少了企业的资金占用，又节省了资金使用成本；可以轻易实现电子化管理，准确查询每笔票据对应的票面信息及资金流向，管理成本低。

5.1.2 商业汇票的分类

商业汇票按照承兑人的不同，分为商业承兑汇票和银行承兑汇票。商业承兑汇票由银行以外的付款人承兑，银行承兑汇票由银行承兑。商业汇票的付款人为承兑人。

纸质商业承兑汇票(图4-14)一般一式三联。第一联“卡片”由承兑人留查，办理结算时，出票人在该联“出票人签章”处加盖预留印鉴。第二联“借方凭证”是收款人或持票人委托银行收款，汇票到期日由收款人或持票人随托收凭证寄付款行作为付款人开户银行反映银行存款减少的凭证。办理业务时，承兑人即付款人在承兑人签章处加盖预留印鉴。商业承兑汇票背书转让时，在第二联背面加盖背书人财务专用章和法定代表人章。第三联“存根”，由出票人存查。

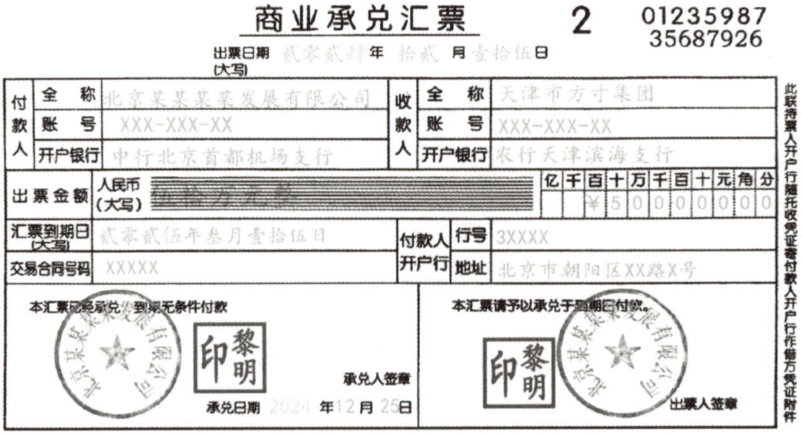
商业承兑汇票 2 01235987 35687926

出票日期(大写) 贰零贰肆年 拾贰 月壹拾伍日

付款人	全称	北京某某某某发展有限公司	收款人	全称	天津市方寸集团
	账号	XXX-XXX-XX		账号	XXX-XXX-XX
	开户银行	中行北京首都机场支行		开户银行	农行天津滨海支行
出票金额	人民币(大写) [redacted]		亿千百十万千百十元角分 ¥50000000		
汇票到期日(大写)	贰零贰伍年叁月壹拾伍日		付款人开户行	行号	3XXXX
交易合同号码	XXXXX			地址	北京市朝阳区XX路X号

本汇票已经承兑，到期无条件付款 承兑人签章 承兑日期 2024年12月25日

本汇票请予以承兑于到期日付款。 出票人签章

此联持票人开户行随托收凭证寄付款人开户行作借方凭证附件

图4-14 商业承兑汇票示例

纸质银行承兑汇票(图 4-15)只能由付款人签发，一般一式三联。第一联“卡片”由承兑银行留查，到期支付票款时作借方凭证附件。办理结算时，出票人在该联“出票人签章”处加盖预留印鉴。第二联为收款人开户银行随托收凭证寄付款行作借方凭证的附件。办理业务时，承兑行和出票人在相应位置分别签章。银行承兑汇票背书转让时，在第二联背面加盖背书人的财务专用章和法定代表人章。第三联“存根”，由出票人存查。

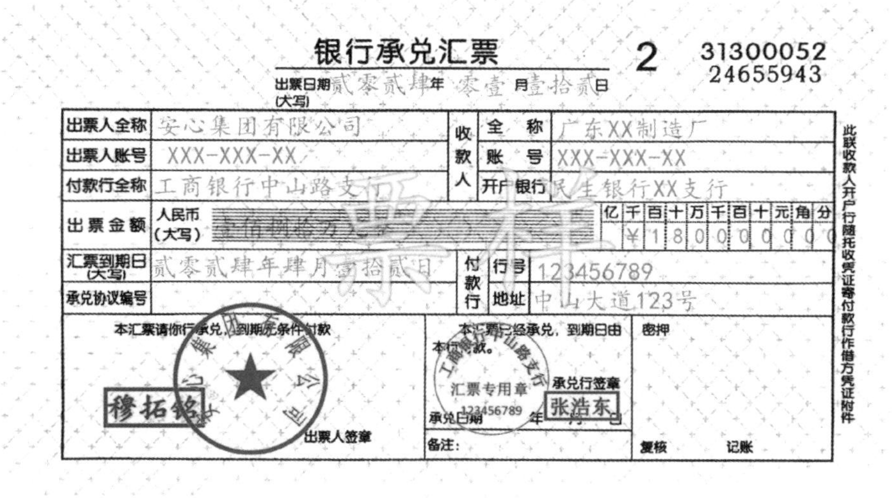
银行承兑汇票 2 31300052 24655943

出票日期(大写) 贰零贰肆年 零壹 月壹拾贰日

出票人全称	安心集团有限公司	收款人	全称	广东XX制造厂
出票人账号	XXX-XXX-XX		账号	XXX-XXX-XX
付款行全称	工商银行中山路支行		开户银行	民生银行XX支行
出票金额	人民币(大写) [illegible]		亿千百十万千百十元角分	¥18000000 0
汇票到期日(大写)	贰零贰肆年肆月壹拾贰日	付款行	行号	123456789
承兑协议编号			地址	中山大道123号
本汇票请你行承兑，到期无条件付款 穆拓铭 出票人签章		本汇票已经承兑，到期日由本行付款。汇票专用章 123456789 承兑行签章 张浩东 承兑日期 年 月 日 备注：		密押 复核 记账

此联收款人开户行随托收凭证寄付款行作借方凭证附件

图 4-15　银行承兑汇票示例

电子银行汇票同样可以分为电子银行承兑汇票(图 4-16)和电子商业承兑汇票(图 4-17)。电子商业承兑汇票由金融机构以外的法人或其他组织承兑。

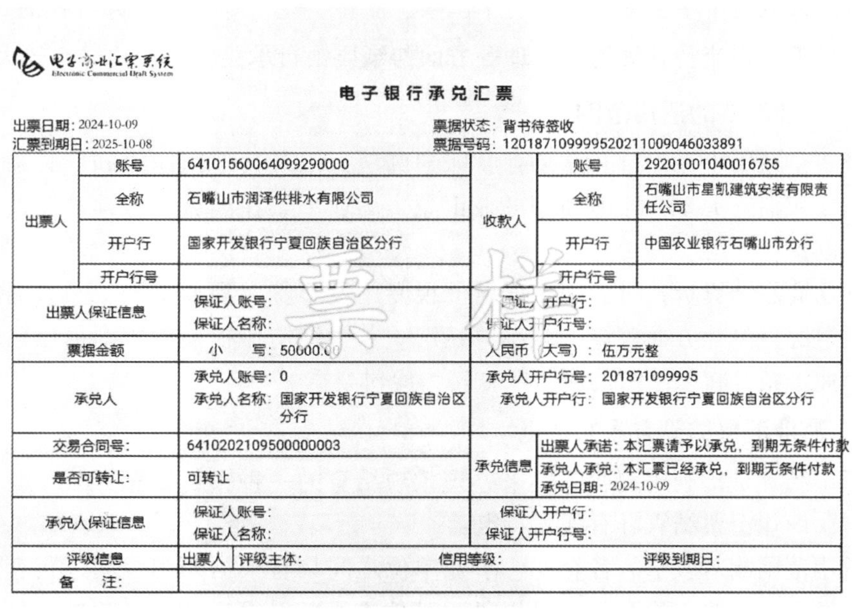
电子商业汇票系统 Electronic Commercial Draft System

电子银行承兑汇票

出票日期：2024-10-09　票据状态：背书待签收

汇票到期日：2025-10-08　票据号码：120187109999520211009046033891

出票人	账号	64101560064099290000	收款人	账号	29201001040016755
	全称	石嘴山市润泽供排水有限公司		全称	石嘴山市星凯建筑安装有限责任公司
	开户行	国家开发银行宁夏回族自治区分行		开户行	中国农业银行石嘴山市分行
	开户行号			开户行号	
出票人保证信息		保证人账号： 保证人名称：		保证人开户行： 保证人开户行号：	
票据金额		小　写：50000.00		人民币(大写)：伍万元整	
承兑人		承兑人账号：0 承兑人名称：国家开发银行宁夏回族自治区分行		承兑人开户行号：201871099995 承兑人开户行：国家开发银行宁夏回族自治区分行	
交易合同号：		6410202109500000003	承兑信息	出票人承诺：本汇票请予以承兑，到期无条件付款	
是否可转让：		可转让		承兑人承兑：本汇票已经承兑，到期无条件付款 承兑日期：2024-10-09	
承兑人保证信息		保证人账号： 保证人名称：		保证人开户行： 保证人开户行号：	
评级信息	出票人	评级主体：	信用等级：	评级到期日：	
备　注：					

图 4-16　电子银行承兑汇票示例

票据明细

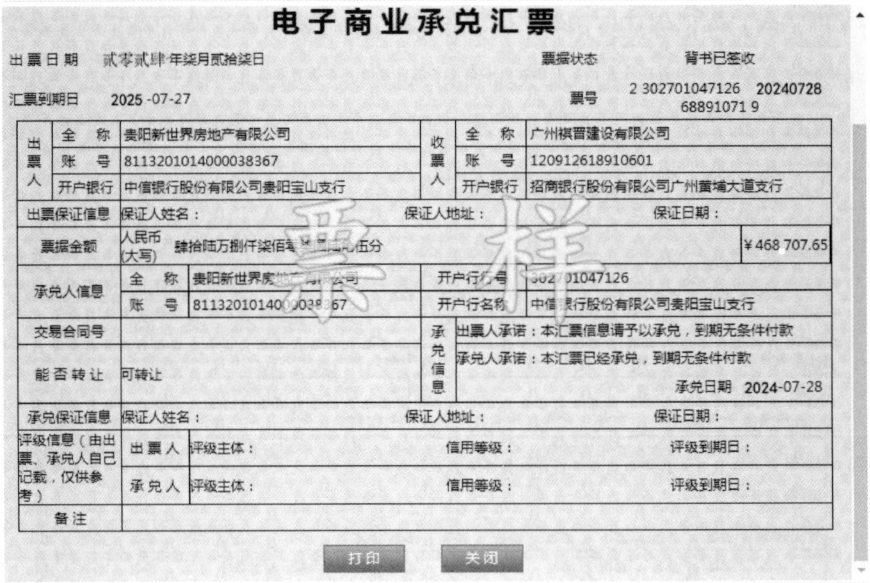

电子商业承兑汇票

出票日期　贰零贰肆年柒月贰拾柒日　　票据状态　背书已签收

汇票到期日　2025-07-27　　票号　2 302701047126 20240728 68891071 9

出票人	全　称	贵阳新世界房地产有限公司	收票人	全　称	广州祺晋建设有限公司
	账　号	811320101400003836 7		账　号	120912618910601
	开户银行	中信银行股份有限公司贵阳宝山支行		开户银行	招商银行股份有限公司广州黄埔大道支行
出票保证信息	保证人姓名：		保证人地址：		保证日期：
票据金额	人民币(大写)	肆拾陆万捌仟柒佰零[illegible]伍分			¥468 707.65
承兑人信息	全　称	贵阳新世界房[illegible]公司	开户行行号	302[illegible]01047126	
	账　号	8113201014[illegible]367	开户行名称	中信[illegible]行股份有限公司贵阳宝山支行	
交易合同号			承兑信息	出票人承诺：本汇票信息请予以承兑，到期无条件付款	
能否转让	可转让			承兑人承诺：本汇票已经承兑，到期无条件付款	
				承兑日期　2024-07-28	
承兑保证信息	保证人姓名：		保证人地址：		保证日期：
评级信息（由出票、承兑人自己记载，仅供参考）	出票人	评级主体：	信用等级：		评级到期日：
	承兑人	评级主体：	信用等级：		评级到期日：
备注					

图 4-17　电子商业承兑汇票示例

电子银行承兑汇票是指在出票人以数据电文形式向开户银行提出申请，经承兑银行审批并同意承兑后，保证承兑申请人在指定日期无条件支付确定金额给收款人或持票人的票据，由银行业金融机构、财务公司承兑。电子银行承兑汇票是纸质银行承兑汇票的继承和发展，所体现的票据权利义务关系与纸质银行承兑汇票没有区别，只是以数据电文形式替代了原有的纸质实物票据，以电子签名取代了实体签章，以网络传输取代了人工传递，以电子计算机录入取代了手工书写，实现了出票、流转、兑付等票据业务过程的完全电子化。电子银行承兑汇票在流转、集约化管理等方面与纸质银行承兑汇票相比具有较大优势。

5.1.3　商业汇票的适用范围

商业汇票只适用于在银行开立了存款账户的法人以及其他组织之间，必须具有真实的交易关系或债权债务关系，才能使用商业汇票。商业汇票在同城和异地均可使用，没有结算起点的限制。

企业采购商品结算货款时，则根据增值税专用发票签发商业汇票，一方面核算单位采购业务发生情况，另一方面核算货款结算情况。若为结清债权债务，则根据以前应付款的发生填制商业汇票，将未结清的应付账款转为应付票据。

5.1.4　商业汇票结算方式的特点

商业汇票结算是指利用商业汇票来办理款项结算的一种银行结算方式。与其他银行结算方式相比，商业汇票结算具有如下特点：

（1）适用范围相对较窄。各企业、事业单位之间只有根据购销合同进行合法的商品交易，才能签发商业汇票。除商品交易以外，其他方面的结算，如劳务报酬、债务清偿、资金借贷等不可采用商业汇票结算方式。

（2）使用对象相对较少。商业汇票的使用对象是在银行开立账户的法人或者其他组织。

使用商业汇票的收款人、付款人以及背书人、被背书人等必须同时具备两个条件：一是在银行开立账户；二是具有法人资格。个体工商户、农村承包户、个人、法人的附属单位等不具有法人资格的单位或个人以及虽具有法人资格但没有在银行开立账户的单位都不能使用商业汇票。

(3) 商业汇票必须经过承兑。商业汇票既可以由付款人签发，也可以由收款人签发，但都必须经过承兑才能具有法律效力，承兑人负有到期无条件付款的责任。如果商业汇票到期，因承兑人无款支付或其他合法原因，债权人不能获得付款时，可以按照汇票背书转让的顺序，向前手行使追索权，依法追索票面金额。该汇票上的所有关系人都应负连带责任。商业汇票的承兑期限由交易双方商定，一般为3~6个月，纸质商业汇票最长不得超过6个月，电子商业汇票最长不得超过12个月，属于分期付款的应一次性签发若干张不同期限的商业汇票。

(4) 未到期的商业汇票可以到银行办理贴现，从而使结算和银行资金融通相结合，有利于企业及时地补充流动资金，维持生产经营的正常进行。

(5) 商业汇票一律记名，并允许背书转让。商业汇票到期后，一律通过银行办理转账结算，银行不支付现金。

5.2 商业汇票的出票

商业汇票的出票，是指出票人签发商业汇票并将其交付给收款人的票据行为。

5.2.1 出票人的资格

商业承兑汇票的出票人为在银行开立存款账户的法人及其他组织，与付款人具有真实的委托付款关系，具有支付汇票金额的可靠资金来源。

银行承兑汇票应由在承兑银行开立了存款账户的法人及其他组织签发，出票人与承兑银行具有真实的委托付款关系，资信状况良好，具有支付汇票金额的可靠资金来源。

5.2.2 电子商业汇票的特殊使用规定

(1) 单张出票金额在100万元以上的商业汇票原则上应全部通过电子商业汇票办理。

(2) 单张出票金额在300万元以上的商业汇票应全部通过电子商业汇票办理。

企业办理电子商业汇票必须具备以下条件：一是具有中华人民共和国组织机构代码，并在商业银行开立人民币银行结算账户；二是开通商业银行企业网银业务中电子票据功能，并与银行签订银行电子商业汇票服务协议。

电子票据一切活动均在ECDS上记载生成。ECDS是由中国人民银行牵头建设的全国性金融业务运行系统，该系统具备金融级系统安全，杜绝了纸质票据流通过程中的一切风险。与纸质商业汇票一样，企业使用电子商业汇票，必须遵守《票据法》等相关法律规定，遵循诚实信用的原则，具有真实的交易背景和债权债务关系。

电子票据的核心就是将实物票据电子化，电子票据可以如同实物票据一样进行出票、承兑、查询、转让、贴现、质押、托收等行为。传统票据业务中的各项票据业务的流程均没有改变，只是每个环节都加载了电子化处理手段，使业务操作的手段和对象发生了根本的改变。

5.2.3 商业汇票的签发

商业承兑汇票可以由付款人签发并承兑，也可以由收款人签发交由付款人承兑。银行承兑汇票应由在承兑银行开立存款账户的存款人签发。

1. 商业汇票出票的记载事项

(1) 绝对记载事项。

商业汇票的绝对记载事项有：

表明“商业承兑汇票”或“银行承兑汇票”的字样；

无条件支付的委托；

确定的金额；

付款人名称；

收款人名称；

出票日期；

出票人签章。

电子商业汇票的必须记载事项有：

表明“电子银行承兑汇票”或“电子商业承兑汇票”的字样；

无条件支付的委托；

确定的金额；

出票人名称；

付款人名称；

收款人名称；

出票日期；

票据到期日；

出票人签章。

(2) 商业汇票的相对记载事项。

付款日期，即支付汇票金额的日期，汇票上未记载付款日期的为见票即付。

付款地，即汇票金额的支付地点，汇票上未记载付款地的，付款人的营业场所、住所或者经常居住地为付款地。

出票地，即出票人签发票据的地点，汇票上未记载出票地的，出票人的营业场所、住所或者经常居住地为出票地。

2. 商业汇票的出票效力

商业汇票一经签发，即对相关当事人产生票据上的效力。

(1) 对收款人的效力。

收款人取得出票人发出的汇票后，即取得票据权利，一方面就票据金额享有付款请求权；另一方面，在该请求权不能满足时，即享有追索权。同时，收款人享有依法转让票据的权利。

（2）对付款人的效力。

出票行为是单方行为，付款人并不因此而有付款义务，只是基于出票人的付款委托使其具有了承兑人的地位，在其对汇票进行承兑后，即成为汇票上的主债务人。

（3）对出票人的效力。

出票人签发汇票后，即承担保证该汇票承兑和付款的责任。出票人在汇票得不到承兑或者付款时，应当向持票人清偿法律规定的金额和费用。也就是，收款人在向付款人行使票据权利而得不到满足时，出票人必须就此承担票据责任。从法律上讲，该责任是一种担保责任，即担保汇票的承兑和付款。担保汇票的承兑是指汇票到期日前不获承兑时，收款人或持票人可以请求出票人偿还票据金额、利息和有关费用。担保汇票的付款是指汇票到期时，付款人虽已承兑但拒绝付款的，出票人必须承担清偿责任。

5.2.4　申请办理银行承兑汇票应提交的资料

（1）银行承兑汇票申请书，主要包括汇票金额、期限和用途，以及承兑申请人承诺汇票到期无条件兑付票款等内容。

（2）营业执照（正副本）复印件，法定代表人身份证明。

（3）上年度和当期的资产负债表、利润表和现金流量表。

（4）商品交易合同或增值税专用发票原件及复印件。

（5）按规定需要提供担保的，提供保证人有关资料［包括营业执照（正副本）复印件、当期资产负债表、利润表和现金流量表］或抵（质）押物的有关资料（包括权属证明、评估报告等）。

（6）银行要求提供的其他资料。

5.3　商业汇票的背书

5.3.1　委托收款背书

收款人或持票人委托开户银行收款，应做委托收款背书，在商业汇票背面“背书人”栏内签章处加盖预留银行印鉴；在“背书”栏内清晰记载“委托收款”字样，表明委托收款的意思；在“被背书人”栏记载被背书人名称，即委托人的开户银行；填写背书日期，背书日期属于相对记载事项，一般应予以记载，如果未记载，法律推定为票据到期日前背书。

5.3.2　转让背书

转让背书是收款人或持票人将商业汇票权利转让给他人的一种票据行为。持票人将商业汇票背书转让时，应在商业汇票背面“背书”栏内签章处加盖预留银行印鉴；记载被背书人名称，即收款单位名称；记载背书日期。

5.4　商业汇票的承兑

5.4.1　承兑的概念

承兑是指汇票付款人承诺在汇票到期日支付汇票金额的票据行为。承兑是商业汇票特有的一种制度。

5.4.2　承兑的主体

商业汇票可以在出票时向付款人提示承兑后使用，也可以在出票后先使用再向付款人提示承兑。

银行承兑汇票应由在银行开立了存款账户的存款人签发，由其开户银行进行承兑。银行承兑汇票的承兑银行，按照票面金额的一定比例向出票人收取手续费，手续费为市场调节价。

5.4.3　承兑的程序

1. 提示承兑

提示承兑是指汇票的持票人，向汇票上所载的付款人出示汇票，请求其承诺付款的行为。

提示承兑的期限：

（1）见票即付的汇票：无须提示承兑。

（2）定日付款或者出票后定期付款的汇票：应于到期日前提示承兑。

（3）见票后定期付款的商业汇票提示承兑期：应当自出票之日起 1 个月内提示承兑。

（4）超出提示承兑期限的法律后果：未按照汇票规定期限提示承兑的商业汇票，丧失对其前手的追索权。

2. 承兑成立

（1）承兑期限。

付款人应当自接收到提示承兑的汇票之日起 3 日内承兑或拒绝承兑。付款人在接收到提示承兑的汇票之日起 3 日内没有做出承兑或者拒绝承兑意思表示的，应当视为拒绝承兑。

（2）接受承兑。

付款人收到持票人提示承兑的汇票时，应当向持票人签发收到汇票的回单。注意：回单是付款人向持票人出具的已收到请求承兑汇票的证明，而并非承兑日期和承兑成立的证明。

（3）承兑的记载事项。

承兑人应当在汇票正面记载“承兑”字样和承兑日期并签章。承兑的绝对记载事项：在汇票正面记载“承兑”字样并签章。承兑的相对记载事项：承兑日期。未记载承兑日期的，视作在收到提示承兑的汇票之日起的 3 日内最后一日为承兑日期。

（4）承兑的效力。

付款人承兑汇票后，应当承担到期付款的责任。

（5）附有条件承兑。

承兑不得附有条件的，承兑附有条件，视为拒绝承兑。

5.5 商业汇票的付款

商业汇票的付款是付款人依照票据文义支付票据金额以消灭票据关系为目的的行为。商业汇票的付款人为承兑人，付款地为承兑人所在地。

5.5.1 付款的程序

1. 提示付款

（1）提示付款的概念。

提示付款是指持票人或其代理人向付款人或付款代理人出示票据并请求付款的行为。

（2）提示付款的期限。

提示付款必须在合法的期限内进行。

见票即付的汇票：

见票即付的汇票，持票人应当自出票日起1个月内向付款人提示付款。

定日付款、出票后定期付款或见票后定期付款的汇票：

定日付款、出票后定期付款或者见票后定期付款的汇票，持票人应当于到期日起10日内向承兑人提示付款（注意：电子商业汇票的提示付款日是指提示付款申请的指令进入人民银行ECDS的日期）。

2. 支付票款

（1）付款期限。

纸质商业汇票的付款期限：自出票日起，最长不得超过6个月。电子承兑汇票的付款期限：自出票日起，最长不得超过1年。

定日付款的汇票付款期限自出票日起计算，并在汇票上记载具体的到期日。

出票后定期付款的汇票付款期限自出票日起按月计算。

见票后定期付款的汇票付款期限自承兑或者拒绝承兑日起按月计算，并在汇票上记载。

电子商业汇票的出票日是指出票人记载在电子商业汇票上的出票日期。

（2）付款。

① 商业承兑汇票的付款：付款人应当在收到开户银行的付款通知当日通知银行付款；付款人若提前收到其承兑的商业汇票，应通知银行于汇票到期日付款。

② 银行承兑汇票的出票人应于汇票到期日前将票款足额交存开户银行，承兑银行应在汇票到期日或到期日后的见票当日支付票款。若银行承兑汇票的出票人于汇票到期日未能足额交存票款，承兑银行仍需凭票向持票人无条件付款，对于出票人尚未支付的汇票金额，承兑银行按照未付金额每天万分之五计收利息。

保证增信行或者贴现人承担偿付责任时，应当委托票据市场基础设施代其发送指令划付资金至持票人资金账户。

③ 付款的应答时间。持票人在提示付款期内通过票据市场基础设施提示付款的，承兑人应当在提示付款当日进行应答或者委托其开户银行进行应答。承兑人或者承兑人开户银行在提示付款当日未做出应答的，视为拒绝付款，票据市场基础设施提供拒绝付款证明并通知持票人。

5.5.2 付款的效力

付款人依法足额付款后，全体汇票债务人的责任解除，但是付款人存在恶意或重大过失而付款的除外。

5.6 商业汇票的贴现

1. 票据贴现的概念

票据贴现是指票据持票人在票据未到期前为获得现金向银行贴付一定利息而发生的票据转让行为。贴现按照交易方式，分为买断式贴现和回购式贴现。买断式贴现是指持票人将全部权利转让给贴现银行，不可回购，银行对贴现申请人无追索权，在票据不获偿付时，可以向出票人、承兑人、背书人、保证人行使追索权；回购式贴现是指贴现申请人申请贴现时，双方约定申请人可以在约定的赎回期内将票据赎回，按实际使用天数支付贴现利息。票据贴现是商业汇票特有的一种融资行为。

2. 票据贴现的种类

商业汇票的贴现可以分为三种，分别是贴现、转贴现和再贴现。

贴现是指商业汇票的持票人在汇票到期日前，为了取得资金，贴付一定利息将票据权利转让给银行的票据行为。这是持票人向银行融通资金的一种方式。

转贴现是指商业银行在资金临时不足时，将已经贴现但仍未到期的票据，交给其他商业银行或贴现机构给予贴现，以取得资金融通。

再贴现是指中央银行通过买进商业银行持有的已贴现但尚未到期的商业汇票，向商业银行提供融资支持的行为。

3. 票据贴现的条件

（1）票据未到期；

（2）未记载“不得转让”事项；

（3）持票人是在银行开立存款账户的企业法人或其他组织；

（4）持票人与出票人或者直接前手之间具有真实的商品交易关系。

4. 贴现所需的材料

（1）申请人营业执照原件及复印件，未实施三证合一的企业，还需提供税务登记证原件及复印件。

（2）经办人身份证原件、经办人与法定代表人身份证复印件。

（3）经办人授权申办委托书（需加盖公章且代理人已签字或盖章）。

（4）商业汇票原件及其正反面复印件。

（5）交易合同原件及其复印件。

（6）相关税务发票原件及其复印件。

（7）贴现凭证（需加盖公章或财务专用章，且与预留印鉴一致）。

（8）符合规定格式的贴现协议书（需要填写完整、加盖公章或合同专用章、法定代表人或授权代理人加盖名章或签名）。

（9）银行贴现业务受理机构所要求的其他材料。

5. 贴现前的基本工作

（1）纸质商业汇票。

纸质商业汇票贴现前，金融机构办理承兑、质押、保证等业务，应当不晚于业务办理的次一工作日在票据市场基础设施完成相关信息登记工作。纸质商业承兑汇票完成承兑后，承兑人开户银行应当根据承兑人委托代其进行承兑信息登记。承兑信息未能及时登记的，持票人有权要求承兑人补充登记承兑信息。纸质商业汇票票面信息与登记信息不一致的，以纸质票据票面信息为准。

（2）电子票据。

电子商业汇票签发、承兑、质押、保证、贴现等信息应当通过 ECDS 同步传送至票据市场基础设施。

电子商业汇票贴现必须记载：贴出人名称、贴现日期、贴现类型、贴现率、实付金额和贴出人签章。

6. 贴现凭证

持票人持未到期的商业汇票到银行申请贴现时，应根据汇票填制一式五联的贴现凭证。

贴现凭证一式五联，第一联（代申请书）由银行作贴现借方凭证；第二联（收入凭证）由银行作贴现申请人账户贷方凭证；第三联（收入凭证）由银行作贴现利息贷方凭证；第四联（收账通知）是银行给贴现申请人的收账通知；第五联（到期卡）由银行会计部门按到期日排列保管，到期日作贴现贷方凭证。

7. 贴现利息的计算

（1）贴现率。

贴现率按中国人民银行规定执行。贴现率是市场价格，由双方协商确定，但最高不能超过现行的贷款利率。一般情况下，按商业银行同档次流动资金贷款利率下浮 3 个百分点执行。

（2）贴现利息。

贴现利息是汇票的收款人在票据到期前为获取票款向贴现银行支付的利息。

其计算方式为：

贴现利息 = 贴现金额 × 贴现率 × 贴现期限

(3) 贴现期限。

贴现期限自贴现之日起至汇票到期日止。(贴现日至汇票到期前 1 日)

承兑人在异地的纸质商业汇票，贴现的期限以及贴现利息的计算应另加 3 日的划款日期。

(4) 贴现实得金额。

按票面金额扣除贴现日至汇票到期前 1 日的利息计算。计算方法为：

贴现实得金额=汇票票面金额-汇票票面金额×贴现率×(汇票到期日-贴现日)÷360

8. 贴现的收款

贴现到期，贴现银行应向付款人收取票款。不获付款的，贴现银行应向其前手追索票款。贴现银行追索票款时可以从申请人的存款账户直接收取票款。办理电子商业汇票贴现以及提示付款业务，可选择票款对付方式或同城票据交换、通存通兑、汇兑等方式清算票据金额。

5.7 商业汇票的挂失

已承兑的商业汇票丧失，失票人可通知付款人或代理付款人挂失止付。填写挂失止付通知书，记载票据丧失的时间、地点及原因，票据种类、号码、金额、出票日期、付款人名称、收款人名称，挂失止付人的姓名、营业场所或住所以及联系方法，缺少一项，银行不予受理。

付款人或者代理付款人收到挂失止付通知后，查明挂失确未付款时应立即暂停支付。在挂失前已被支付的，对其付款不承担责任。

失票人办理挂失手续止付的，应在通知挂失止付的次日起 3 日内向人民法院申请公示催告或提起诉讼；付款人或代理付款人自收到挂失止付通知书之日起 12 日内没有收到人民法院的止付通知书的，自第 13 日起，挂失止付通知书失效。

5.8 商业汇票的账务处理

1. 商业承兑汇票的账务处理

(1) 购货方的账务处理。

购货单位将承兑后的汇票寄交销货单位以后：

借：材料采购

　贷：应付票据

购货单位于到期日支付票款，收到开户银行的付款通知：

借：应付票据

　贷：银行存款

购货单位于到期日无力支付票款：

借：应付票据

　贷：应付账款—××单位

（2）销货方的账务处理。

销货单位收到付款人承兑的汇票，发运商品后：

借：应收票据

　贷：主营业务收入

汇票到期日，销货单位收到银行转来的委托收款凭证的收账通知：

借：银行存款

　贷：应收票据

销货单位如果因采购材料将商业承兑汇票背书转让给其他单位：

借：材料采购

　贷：应收票据

购货方无力支付到期的商业承兑汇票，销货单位收到银行退回的商业承兑汇票：

借：应收账款

　贷：应收票据

2. 银行承兑汇票的账务处理

（1）购货方的账务处理。

企业向银行申请承兑，按规定向银行缴纳承兑手续费：

借：财务费用

　贷：银行存款

企业购买材料物资等，将银行承兑汇票及解讫通知交给收款人：

借：材料采购

　贷：应付票据

收到银行支付到期票款的付款通知：

借：应付票据

　贷：银行存款

（2）销货方的账务处理。

销货单位收到购货单位寄交的银行承兑汇票，办理了商品发运手续：

借：应收票据

　贷：主营业务收入

汇票到期日，销货单位填写进账单，连同汇票一并送交开户银行办理收款，根据银行退回的进账单回单进行账务处理：

借：银行存款

　贷：应收票据

销货单位将银行承兑汇票背书转让给其他单位：

借：材料采购

　贷：应收票据

知识拓展

商业承兑汇票与银行承兑汇票的区别

（1）银行承兑汇票的出票人只能是交易中的购货方，商业承兑汇票的出票人可以是交易中的购货方或者销货方。

（2）银行承兑汇票的出票人签发银行承兑汇票时必须向银行申请承兑，填制银行承兑协议，商业承兑汇票则由收付款双方协商即可。

（3）银行承兑汇票由银行承兑，商业承兑汇票由付款人承兑。

（4）银行承兑汇票的出票人收到付款通知时应及时将票款送存银行，以便到期向收款人支付款项，若付款人没有及时存入款项或无力支付，银行承兑汇票则由承兑银行支付票款，并在支付款项后，将全部款项转为付款人的贷款；若商业承兑汇票付款人不能及时付款，商业承兑汇票则被银行退回，由双方协商解决。

（5）银行承兑汇票的承兑银行，应按票面金额向出票人收取万分之五的手续费。

银行承兑汇票的承兑人是承兑银行，对收款人来说风险较小，因此实际业务中较为常见的商业汇票是银行承兑汇票。

巩固练习

一、单项选择题

1. 甲公司向A银行交付50万元，申请签发银行承兑汇票向乙公司付款。关于该汇票的当事人，下列表述正确的是(　　)。

A. 出票人A银行，收款人乙公司　　B. 出票人甲公司，收款人乙公司

C. 出票人甲公司，收款人A银行　　D. 出票人A银行，收款人A银行

2. 下列有关商业汇票“背书”的规定，正确的是(　　)。

A. 背书人在背书时，未记载背书日期的，背书无效

B. 背书人可以将汇票金额转给两个以上的被背书人

C. 背书人在背书过程中，可以提出附加条件，该条件有效

D. 背书必须连续

3. 大华公司将自己持有的一张商业汇票背书转让给长江公司，但只在“背书人”栏签章，并未在“被背书人”栏记载长江公司的名称，长江公司发现后自己将公司名称填入“被背书人”栏。根据票据法律制度的规定，则该项行为(　　)。

A. 无效　　B. 有效

C. 经大华公司追认后有效　　D. 属于侵权行为

二、多项选择题

1. 下列关于商业汇票的表述，正确的是(　　)。

A. 见票即付的商业汇票无须提示承兑

B. 见票即付的商业汇票提示付款期限自到期日起 10 日

C. 见票后定期付款的商业汇票提示承兑期限是到期日前提示承兑

D. 出票后定期付款、定日付款的商业汇票提示付款期限自到期日起 10 日

2. 下列关于商业汇票的说法中，正确的有(　　)。

A. 商业汇票的承兑人是付款人

B. 商业汇票的承兑人一律为银行

C. 商业汇票提示付款期限为自汇票到期日起 10 日

D. 商业汇票提示付款期限为自汇票到期日起 6 个月

三、业务题

1. ABC 公司于 2024 年 2 月 1 日销售商品，收到面值 54000 元、期限 5 个月、利率 10% 的银行承兑汇票一张，5 月 11 日，该公司因急需资金周转持票据到银行贴现，贴现率为 12%，写出相关账务处理会计分录。

项目五

出纳报表业务

任务一　现金盘点业务处理

知识目标

1. 掌握现金盘点的方法。
2. 掌握现金盘点报告表的填写方法。
3. 掌握现金盘点业务的处理程序。

能力目标

1. 能准确盘点现金。
2. 能准确填写现金盘点报告表。
3. 能准确进行现金盘点业务的账务处理。

思政目标

1. 培养学生实事求是、精益求精、永远探索创新的工匠精神。
2. 树立追求真理、严谨治学的求实精神，培养专业素养和职业判断能力。

情境导入

ABC公司刚入职的出纳甄仔细遇到了一个难题，主管通知她下班前要核对公司的现金账目，进行现金盘点，并填好库存现金日报表。甄仔细有点为难，什么是现金盘点？如何进行现金盘点？库存现金日报表该怎样填写呢？

及时发现可能发生的现金差错或者是丢失，确保库存现金安全完整，在坚持日清月结制度的基础上，出纳人员还要对库存现金进行日常盘点，同学们，下面我们来一起学习现金的盘点和清查方法。

1.1　库存现金清查的概念

库存现金清查，是指通过实地盘点库存现金，查明其实有数，将实有数与账面数进行核对，确定账面余额和实际金额是否一致、是否存在短缺或溢余的专项工作，清查的库存现金包括人民币和各种外币。

库存现金的清查是对出纳工作的监督管理，是保证账实相符、保障库存现金资产安全的基本措施。库存现金清查是财务人员核对账目的常用方法，主要有出纳自行盘点、单位内部定期或不定期清查、接受审计人员的清查等。

1.2　库存现金盘点的目的

库存现金盘点不只是单纯的数钱，应根据每个企业的会计制度规定执行。目的是保证账实相符，避免坐支、“白条抵库”，防止资产流失。

1.3 库存现金盘点的范围

除经营部门、出纳外，企业内各部门经管的库存现金、备用金等，均在库存现金盘点的范围内。

1.4 库存现金盘点的方式

1.4.1 自行盘点

自行盘点，顾名思义，由出纳自行完成。下班前，出纳人员应将当日的收付款凭证全部登记入账，结出账面余额，然后清点保险柜里的库存现金实存数，同时编制库存现金日报表(表5-1)，再与库存现金日记账账面余额进行核对，以确定账实是否相符。

表5-1 库存现金日报表

库存现金日报表

年 月 日 第 号

摘要	金额									备注
	百	十	万	千	百	十	元	角	分	
上日结存										
本日收入										
本日支出										
本日结存										
附：现金收入凭证____字第____号至第____号共____张 现金支出凭证____字第____号至第____号共____张										

课前案例中的出纳甄仔细下班前，需要核对现金账目，按如下步骤进行现金盘点：

(1) 清点库存现金：甄仔细结出本日现金日记账金额后，对保险柜里的现金进行了盘点，先将现金按照币值、版别分别整理好，逐一进行清点，确认现金库存数，保险柜里的现金有100元100张、50元40张、20元25张、10元14张、1元9张，共计12649元。

(2) 对账：将清点的库存现金数额与库存现金日记账的当日余额进行核对。

(3) 编制库存现金日报表：作为一名出纳人员，必须做好现金管理工作。将每天的现金流动情况都记录在案，因此往往要编制库存现金日报表，该表一般包括上日库存现金、本日收入现金、本日支出现金、本日结存现金四个项目，如果要编制库存现金月报表，把日改为月即可。编制日期写盘点当日，按照金额如实填写库存现金日报表，并在备注栏填写对应的记账凭证号，如表5-2所示。

表 5-2　库存现金日报表

库存现金日报表

2024 年 4 月 21 日　　　　第　号

摘要	金额									备注
	百	十	万	千	百	十	元	角	分	
上日结存			1	3	0	0	0	0	0	
本日收入			2	0	2	3	4	0	0	记账凭证 1 号~3 号
本日支出			2	0	5	8	5	0	0	
本日结存										
附：现金收入凭证______字第______号至第______号共______张 现金支出凭证______字第______号至第______号共______张										

1.4.2　月末清查

每月结账前，由他人对库存现金进行清查，出纳必须在场。每到月末，出纳人员把所有原始单据登记入账后，结出现金日记账期末余额，然后由盘点人对库存现金进行清查盘点，填写库存现金盘点报告表，并与现金日记账进行核对，以发现现金实物或现金日记账是否有误，以及有无公款私用、挪用公款等现象。

1.4.3　审计清查

审计清查是由审计或税务稽查人员对企事业单位的现金进行的盘点，这类盘点具有突然性，往往会发现现金管理的薄弱环节，甚至是违法违纪问题。

库存现金清查的基本方法是实地盘点法，其中，企业清查或者审计清查会通过以下步骤来完成：

首先，盘点前成立清查小组，要求出纳人员将全部现金集中起来存入保险柜，在清查时，出纳人员必须在场，由出纳或清查人员盘点保险柜的现金实存数，将实存数填到库存现金盘点报告表中，分币种、面值列示盘点金额。若由出纳盘点，则有监盘人从旁监督。库存现金盘点报告表是重要的原始凭证，因此应由盘点人、监盘人和出纳人员共同签章方能生效。

其次，清查人员审核库存现金、收付款凭证和有关账簿，将账面余额填到库存现金盘点报告表中。

最后，将盘点金额与现金日记账余额进行核对，如有差异，应查明原因，并做出记录或适当调整。

1.5　库存现金盘点的时间

每月应不定期地进行至少一次库存现金的盘点。为了避免被盘点人将资金转移、缺失现金补齐等情况的出现，盘点之前是不应该告知现金保管人员及出纳人员的。

1.6　现金盘点人员

对于库存现金的盘点，必须确保至少三人在场。盘点人、被盘点人以及监督人是最基本的盘点人员。

1.7 填制库存现金盘点报告表

盘点人员应根据所盘点库存现金的真实情况填制库存现金盘点报告表(表 5-3)。库存现金盘点报告表依据各企业情况自行制定，但在表格内应标明企业常用的货币资金金额，并按照所点数量对应填入。现金数完后还应根据实际情况减去未记账的付款金额，加上未记账的收款金额；调节后的合计金额应与对应的现金日记账一致。针对一些经营部门资金流动较快或者备用金出现的未记账付款金额或未记账收款金额，被盘点人应持有合理、合法的票据或凭证作为依据。库存现金盘点后如果账实相符，应由盘点人员和保管人员、主管签章。

表 5-3 库存现金盘点报告表

<table>
<tr><td colspan="5">库存现金盘点报告表</td></tr>
<tr><td colspan="4">×年×月×日</td><td>单位：元</td></tr>
<tr><td>面值</td><td>数量</td><td>金额</td><td rowspan="17">主管批准</td><td>总经理：</td></tr>
<tr><td>100 元</td><td></td><td></td><td rowspan="3"></td></tr>
<tr><td>50 元</td><td></td><td></td></tr>
<tr><td>20 元</td><td></td><td></td></tr>
<tr><td>10 元</td><td></td><td></td><td>主管经理：</td></tr>
<tr><td>5 元</td><td></td><td></td><td rowspan="4"></td></tr>
<tr><td>1 元</td><td></td><td></td></tr>
<tr><td>5 角</td><td></td><td></td></tr>
<tr><td>1 角</td><td></td><td></td></tr>
<tr><td>1 分</td><td></td><td></td><td>财务主管：</td></tr>
<tr><td colspan="2">合计</td><td></td><td rowspan="7"></td></tr>
<tr><td colspan="2">其他项目</td><td></td></tr>
<tr><td colspan="2">未报销费用</td><td></td></tr>
<tr><td colspan="2">借支</td><td></td></tr>
<tr><td colspan="2">总计</td><td></td></tr>
<tr><td colspan="2">账面数</td><td></td></tr>
<tr><td colspan="2">盘点亏盈</td><td></td></tr>
</table>

保管人： 主管： 盘点人：

接上案例，2024 年 4 月 30 日，ABC 公司的会计陈慧、出纳甄仔细、主管陈思彤进行现金盘点。保险柜里的现金有 100 元 50 张、50 元 35 张、20 元 65 张、10 元 93 张、5 元 25 张、1 元 40 张、5 角 2 张，共计 9146 元。

会计陈慧根据现金日记账的余额填写账面金额 9146 元，出纳甄仔细根据清点结果填写实存金额 9146 元，填写完毕，盘点人员处由出纳甄仔细、会计陈慧签章确认，保管人员处由甄仔细签章确认，主管人员处由陈思彤签章确认，以明确责任(表 5-4)。

表 5-4　库存现金盘点报告表

<table>
<tr><td colspan="5">库存现金盘点报告表</td></tr>
<tr><td colspan="4">2024 年 4 月 30 日</td><td>单位：元</td></tr>
<tr><td>面值</td><td>数量</td><td>金额</td><td rowspan="17">主管批准</td><td>总经理：</td></tr>
<tr><td>100 元</td><td>50</td><td>5000.00</td><td rowspan="3"></td></tr>
<tr><td>50 元</td><td>35</td><td>1750.00</td></tr>
<tr><td>20 元</td><td>65</td><td>1300.00</td></tr>
<tr><td>10 元</td><td>93</td><td>930.00</td><td>主管经理：</td></tr>
<tr><td>5 元</td><td>25</td><td>125.00</td><td rowspan="4"></td></tr>
<tr><td>1 元</td><td>40</td><td>40.00</td></tr>
<tr><td>5 角</td><td>2</td><td>1.00</td></tr>
<tr><td>1 角</td><td></td><td></td></tr>
<tr><td>1 分</td><td></td><td></td><td>财务主管：</td></tr>
<tr><td colspan="2">合计</td><td>9146.00</td><td rowspan="7"></td></tr>
<tr><td colspan="2">其他项目</td><td>—</td></tr>
<tr><td colspan="2">未报销费用</td><td>—</td></tr>
<tr><td colspan="2">借支</td><td>—</td></tr>
<tr><td colspan="2">总计</td><td>9146.00</td></tr>
<tr><td colspan="2">账面数</td><td>9146.00</td></tr>
<tr><td colspan="2">盘点亏盈</td><td>—</td></tr>
</table>

保管人：甄仔细　　　　主管：陈思彤　　　　盘点人：陈慧　甄仔细

经典实例练习

2024 年 4 月 30 日 16：00，杭州恒申有限责任公司财务部会计汪小丽进行现金盘点，出纳李晓和会计主管张宏均在场，盘点库存现金中有 3 张 100 元、10 张 50 元、24 张 20 元、46 张 10 元、25 张 5 元、98 枚 1 元、17 枚 5 角和 17 枚 1 角。当日库存现金的账面价值为 2033. 20 元。请按照盘点情况如实填写表 5-5。

表 5-5　库存现金盘点报告表

<table>
<tr><td colspan="5">库存现金盘点报告表</td></tr>
<tr><td colspan="4">×年×月×日</td><td>单位：元</td></tr>
<tr><td>面值</td><td>数量</td><td>金额</td><td rowspan="17">主管批准</td><td>总经理：</td></tr>
<tr><td>100 元</td><td></td><td></td><td rowspan="3"></td></tr>
<tr><td>50 元</td><td></td><td></td></tr>
<tr><td>20 元</td><td></td><td></td></tr>
<tr><td>10 元</td><td></td><td></td><td>主管经理：</td></tr>
<tr><td>5 元</td><td></td><td></td><td rowspan="4"></td></tr>
<tr><td>1 元</td><td></td><td></td></tr>
<tr><td>5 角</td><td></td><td></td></tr>
<tr><td>1 角</td><td></td><td></td></tr>
<tr><td>1 分</td><td></td><td></td><td>财务主管：</td></tr>
<tr><td colspan="2">合计</td><td></td><td rowspan="7"></td></tr>
<tr><td colspan="2">其他项目</td><td></td></tr>
<tr><td colspan="2">未报销费用</td><td></td></tr>
<tr><td colspan="2">借支</td><td></td></tr>
<tr><td colspan="2">总计</td><td></td></tr>
<tr><td colspan="2">账面数</td><td></td></tr>
<tr><td colspan="2">盘点亏盈</td><td></td></tr>
</table>

保管人：　　　　主管：　　　　盘点人：

现金盘点业务处理流程如下：

1. 清点现金

企业盘点人员应将出纳保险柜中现金按不同的面额、币种分别清点整理。纸币要平铺整齐，将同面额的纸币按每 100 张为一把进行清点扎把，不够整把的，按照从大额到小额的顺序整理。铸币将面额为 1 元、5 角和 1 角的硬币分别按每 50 枚用纸卷成一卷，不足一卷的按照大额到小额的顺序整理。

2. 填写库存现金盘点报告表

企业盘点人员应按照实际清点的现金数量和币别填制库存现金盘点报告表(表 5-6)。填写完毕后，需要经出纳人员(保管人员)、盘点人(一般为会计人员、出纳人员)和财务主管对盘点结果予以确认，确认无误后签字。同时将盘点差异的处理意见，依次经财务主管、分管财务经理和总经理审批。

表 5-6　库存现金盘点报告表

<table>
<tr><td colspan="5">库存现金盘点报告表</td></tr>
<tr><td colspan="3">2024 年 4 月 30 日</td><td colspan="2">单位：元</td></tr>
<tr><td>面值</td><td>数量</td><td>金额</td><td rowspan="17">主管批准</td><td>总经理：</td></tr>
<tr><td>100 元</td><td>3</td><td>300. 00</td><td rowspan="3">按制度相关规定处理，追究出纳人员的责任。
孙丰</td></tr>
<tr><td>50 元</td><td>10</td><td>500. 00</td></tr>
<tr><td>20 元</td><td>24</td><td>480. 00</td></tr>
<tr><td>10 元</td><td>46</td><td>460. 00</td><td>主管经理：</td></tr>
<tr><td>5 元</td><td>25</td><td>125. 00</td><td rowspan="4">按制度相关规定处理，追究出纳人员的责任。
潘跃利</td></tr>
<tr><td>1 元</td><td>98</td><td>98. 00</td></tr>
<tr><td>5 角</td><td>17</td><td>8. 50</td></tr>
<tr><td>1 角</td><td>17</td><td>1. 70</td></tr>
<tr><td>1 分</td><td>—</td><td>—</td><td>财务主管：</td></tr>
<tr><td colspan="2">合计</td><td>1973. 20</td><td rowspan="7">按制度相关规定处理，追究出纳人员的责任。
张宏</td></tr>
<tr><td colspan="2">其他项目</td><td>—</td></tr>
<tr><td colspan="2">未报销费用</td><td>—</td></tr>
<tr><td colspan="2">借支</td><td>—</td></tr>
<tr><td colspan="2">总计</td><td>1973. 20</td></tr>
<tr><td colspan="2">账面数</td><td>2033. 20</td></tr>
<tr><td colspan="2">盘点亏盈</td><td>-60</td></tr>
<tr><td colspan="5">上列款项于 4 月 30 日 16 时盘点，盘点时本人在场，并如数归还无误。
保管人：李晓　　主管：张宏　　盘点人：汪小丽</td></tr>
</table>

3. 编制记账凭证

制单人员刘芳根据库存现金盘点报告表等有关单证编制盘亏业务的记账凭证(图 5-1)，并交给会计汪小丽审核。

记 账 凭 证

2024年4月30日　　　　记字第130号

摘要	总账科目	明细科目	V	借方金额										贷方金额									
				千	百	十	万	千	百	十	元	角	分	千	百	十	万	千	百	十	元	角	分
现金盘亏	待处理财产损溢	待处理流动资产损溢								6	0	0	0										
	库存现金																			6	0	0	0
合计									¥	6	0	0	0						¥	6	0	0	0

附单据1张

财务主管：　记账：　出纳：李晓　审核：汪小丽　制单：刘芳

附件：库存现金盘点报告表

图 5-1　记账凭证

4. 盘点差异处理

根据盘点差异的处理意见，追究出纳人员保管不善的责任，要求其承担 60 元赔偿，会计汪小丽当日收到出纳人员李晓赔偿人民币 60 元，并开具现金收款收据(图 5-2)，第二联回执联加盖财务章后交于交款人作为收执，剩余的第一联存根联和第三联记账联留存企业并交会计主管张宏审核。

收款收据

2024年4月30日　　　　NO:7

交款人(单位)	李晓							
摘要	上交赔偿款							
金额(大写)	人民币陆拾元整	万	千	百	十	元	角	分
				¥	6	0	0	0

现金收讫

第一联　存根联

收款人：汪小丽　　复核：张宏　　开票人：汪小丽

图 5-2　收款收据

5. 编制记账凭证

制单人员刘芳根据收款收据的第三联等有关单证编制盘亏处理业务的记账凭证(图 5-3)并交于会计汪小丽审核。

记 账 凭 证

2024年4月30日　　　　记字第131号

摘要	总账科目	明细科目	V	借方金额										贷方金额									
				千	百	十	万	千	百	十	元	角	分	千	百	十	万	千	百	十	元	角	分
收到责任人赔款	库存现金									6	0	0	0										
	待处理财产损溢	待处理流动资产损溢																		6	0	0	0
合计									￥	6	0	0	0						￥	6	0	0	0

附单据1张

财务主管：　记账：　出纳：李晓　审核：汪小丽　制单：刘芳

附件：收款收据第三联

图 5-3　记账凭证

巩固练习

一、单项选择题

1. 出纳人员在登记现金日记账时，有一笔业务记账凭证上现金借方金额为 3000 元，但反映在账本上是 8000 元，这属于(　　)。

A. 会计原理运用错误　　B. 会计原则运用错误

C. 计算错误　　D. 记账错误

2. 对现金进行清查应采用的方法是(　　)。

A. 实地盘点法　　B. 抽查检验法

D. 技术推算法　　C. 查询核对法

3. 对于财产清查中所发现的财产物资盘盈、盘亏和毁损，财会部门进行账务处理的原始凭证是(　　)。

A. 银行存款余额调节表　　B. 实存账存对比表

C. 盘存单　　D. 入库单

4. 财产清查按照(　　)，可以分为定期清查和不定期清查。

A. 清查范围　　B. 清查人员

C. 清查时间是否固定　　D. 清查地点是否固定

5. 下列反映在“待处理财产损溢”科目借方的是(　　)。

A. 财产的盘亏数　　B. 财产的盘盈数

C. 财产盘亏的转销数　　D. 尚未处理的财产净溢余

二、多项选择题

1. 财产清查按清查的执行单位可分为(　　)。

A. 内部清查　　B. 全部清查　　C. 外部清查　　D. 定期清查

2. 出纳工作中常见的记账错误有(　　)。

A. 会计原理运用错误　　B. 会计原则运用错误

C. 计算错误　　D. 记账错误

3. 关于银行存款的清查，下列说法正确的是(　　)。

A. 不需要根据银行存款余额调节表做任何账务处理

B. 对于未达账项，等以后有关原始凭证到达后再做账务处理

C. 如果调整之后双方的余额不相等，则说明银行或企业记账有误

D. 对于未达账项，需要根据银行存款余额调节表做账务处理

4. 下列属于财产清查一般程序的有(　　)。

A. 组织清查人员学习有关政策规定

B. 确定清查对象、范围，明确清查任务

C. 制定清查方案

D. 填制盘存单和库存现金盘点报告表

任务二　出纳报告单编制业务处理

知识目标

1. 掌握结账的方法。
2. 掌握出纳报告单的编制方法。

技能目标

1. 能准确地结账。
2. 能准确地编制出纳报告单。

思政目标

1. 培养学生实事求是、精益求精、永远探索创新的工匠精神。
2. 树立追求真理、严谨治学的求实精神，培养专业素养和职业判断能力。

情境导入

ABC公司的出纳甄仔细又遇到了一个难题，月末，主管通知她根据本企业的财务制度，编制出纳报告单。出纳报告单是什么？如何进行编制呢？

2.1　出纳报告的概念

出纳报告是出纳工作的最终成果，也是单位管理者进行经营决策的重要依据，因此，必须保证出纳信息的真实性、完整性和准确性。出纳人员应根据单位内部管理的要求设计

符合单位实际情况的出纳报告，定期编制并及时报送，以充分反映本单位一定时期内的货币资金和有价证券收、支、存的情况，并与总账会计核对期末余额。

2.2 出纳报告业务处理流程

出纳人员月末将现金日记账、银行存款日记账和其他货币资金明细账的借方余额、贷方余额和期末余额进行复核加计。

月末，出纳人员根据现金日记账、银行存款日记账和其他货币资金明细账的资料，编制出纳报告单(表 5-7)，并加盖相关经办人员的签章。

表 5-7 出纳报告单

出纳报告单

年 月 日— 年 月 日

单位名称：

编号：

项目	上期结存	本期收入	合计	本期支出	本期结存
库存现金					
银行存款 其中：基本账户 一般账户 专用账户					
其他货币资金 其中：外埠存款 银行汇票存款					

主管： 记账： 出纳： 复核： 制单：

经典实例练习

业务处理流程如下：

1. 期末结账

出纳人员月末将现金日记账(表 5-8)、银行存款日记账(表 5-9)和其他货币资金日记账(表 5-10)的借方余额、贷方余额和期末余额进行复核加计。

表 5-8 现金日记账

现金日记账 第一页

2024 年		凭证		摘要	对方科目	借方	贷方	借或贷	余额
月	日	字	号						
5				期初余额				借	8000.00
5	1	记	1	销售收款	主营业务收入等	5800.00		借	13800.00
5	2	记	2	预借差旅费	其他应收款		5000.00	贷	8800.00

续表

2024年		凭证		摘要	对方科目	借方	贷方	借或贷	余额
月	日	字	号						
5	3	记	3	报销差旅费	管理费用等		530.00	贷	8270.00
5	4	记	4	送存现金	银行存款		5590.00	贷	2680.00
5	5	记	5	提取现金	银行存款	3000.00		借	5680.00
5	31			本月合计		8800.00	11120.00	借	5680.00

表 5-9　银行存款日记账—基本账户

银行存款日记账——基本账户　　　　第一页

2024年		凭证		摘要	对方科目	借方	贷方	借或贷	余额
月	日	字	号						
5	1			期初余额				借	180000.00
5	2	记	1	申请签发银行汇票	其他货币资金		120000.00	贷	60000.00
5	3	记	2	退回多余款项	其他货币资金	3000.00		借	63000.00
5	4	记	3	收到货款	其他货币资金	116000.00		借	179000.00
5	5	记	4	收到前欠销售货款	应收票据	116000.00		借	295000.00
5	31			本月合计		235000.00	120000.00	借	295000.00

表 5-10　其他货币资金日记账——银行汇票

其他货币资金日记账——银行汇票

2024年		凭证		摘要	对方科目	借方	贷方	借或贷	余额
月	日	字	号						
5	1			期初余额				借	180000.00
5	6	记	1	申请签发银行汇票	银行存款	120000.00		借	300000.00
5	8	记	2	退回多余款项	银行存款		3000.00	贷	297000.00
5	11	记	3	支付货款	物资采购		116000.00	贷	181000.00
5	31			本月合计		120000.00	119000.00	借	181000.00

2. 编制出纳报告单

月末，出纳人员根据现金日记账、银行存款日记账和其他货币资金日记账的资料，编出纳报告单(表 5-11)，并加盖相关经办人员的签章。

注意事项：

(1) 填制时间：出纳报告单的报告期应根据财务管理的需要选择 1 天、10 天、30 天等。

(2) 上期结存：根据报告期的前一期的期末结存数填列。

(3) 本期收入：按照对应账簿的本期合计借方数据填列。

(4) 合计：根据“上期结存”和“本期收入”的合计数填列。

(5) 本期支出：按照对应账簿的本期合计贷方数据填列。

（6）本期结存：根据“合计”栏数据减去“本期支出”栏数据填列，本期结存数应与账面实际结存数相一致

表 5-11　出纳报告单

出纳报告单

2024 年 5 月 1 日—2024 年 5 月 31 日

单位名称：ABC 公司　　　　编号：0806

项目	上期结存	本期收入	合计	本期支出	本期结存
库存现金	8000.00	8800.00	16800.00	11120.00	5680.00
银行存款	180000.00	235000.00	415000.00	120000.00	295000.00
其中：基本账户					
一般账户	180000.00	235000.00	415000.00	120000.00	295000.00
专用账户					
其他货币资金	180000.00	120000.00	300000.00	119000.00	181000.00
其中：外埠存款					
银行汇票存款	180000.00	120000.00	300000.00	119000.00	181000.00

主管：张宏　　记账：甄仔细　　出纳：甄仔细　　复核：汪小丽　　制单：

知识拓展

库存现金差错查找的方法

在对账过程中，可能发生各种各样的差错。产生差错的原因可能是重记、漏记、数字颠倒、数字错位、数字记错、科目记错、借贷方向记反，从而影响会计信息的准确性。如发现差错，会计人员应及时查找并予以更正。

1. 除二法

除二法是用以查找借贷方向记反或红蓝字记反的有效方法。当账账、账证或账实不符，差数为偶数且差额恰是记错方向数字的 1 倍时，可用差数除以 2，得出的商就是账中记账方向的反方向数字，然后再到账目中去寻找差错的数字。这是一种最常见且简便的查错账方法。例如，应记入“库存现金”账户借方的 400 元误记入贷方，则该现金日记账的期末余额小于其总账期末余额 800 元，被 2 除的商 400 即借贷方向反向的金额。同理，如果借方总额大于贷方总额 700 元，即应查找有无 350 元的贷方金额误记入借方。若非此类错误，应另寻差错的原因。如错误差数是奇数，那就没有记账反向的可能，就不可使用除二法来查。

2. 除九法

是指将账账之间的差额除以 9，如能被除尽，再根据取得的商数分析找记账错误的方法。在登账过程中可能会把数字的位数搞错。如十位数记成百位数，而百位数记成千位数，或者把千位数记成百位数，如果出现这种情况，差数均可被 9 整除，其商数就是要查找的差错数。此法适用于以下三种情况。

（1）将数字写小。例如，将 300 误记成 30，错误数字小于正确数字 9 倍。查找的方法

是：以差数除以 9 后得出的商即写错的数字，商乘以 10 即正确的数字。本例中差数 270(300-30)除以 9，商 30，商 30 即错数，扩大 10 倍后即可得出正确的数字 300。

(2) 将数字写大。例如，将 30 误记成 300，错误数字大于正确数字 9 倍。查找的方法是：以差数除以 9 后得出的商即正确的数字，商乘以 10 后所得的积为错误数字。本例中差数 270(300-30)除以 9 后，所得的商 30 为正确的数字，商 30 扩大 10 倍后即为错误的数字 300。

(3) 邻数倒置。如果记账时出现将相邻两位数或三位数的数字顺序颠倒的错误，也可采用“除九法”查找。如果前大后小颠倒成前小后大，正确数与错误数的差是一个正数。例如，将 96 错记为 69，差数 27 除以 9 的商为 3，这就是相邻颠倒两数的差值(9-6)。如果前小后大颠倒成前大后小，正确数与错误数的差则是一个负数，这个差除以 9 所得商的有效数字就是相邻颠倒两数的差值。例如，将 69 错记为 96，差-27 除以 9 的商为-3，这就是相邻颠倒两数差值(6-9)。其差值最小为 1，最大为 8(9-1)。查找的方法是：将差除以 9，得到的商连续加 11，直到找出颠倒的数字为止。如 78 与 87 的差为 9，除 9 得 1，连加 11 为 12、23、34、45、56、67、78。

3. 尾数法

对于发生的角、分差错，可以只查找小数部分，以提高查错的效率。例如，试算平衡时，发现借方的合计比贷方多 0.78 元，可查找是否有尾数是 0.78 元的业务有误的情况。

4. 差数法

差数法是指运用差数的方向、金额的规律去查找错账的方法。差数法是查找漏记和重复记账的有效方法。例如，在记账过程中只登记了会计分录的借方或贷方，漏记了另一方，从而形成试算平衡表中借方合计与贷方合计不等的情况。其表现形式是：借方金额遗漏，会使该金额在贷方超出；贷方金额遗漏，会使该金额在借方超出。对于这样的差错，可由会计人员通过回忆和相关金额的记账核对来查找。

如果用上述方法检查均未发现错误，而对账结果又确实不符，还可以采用顺查、逆查、抽查等方法检查是否有漏记和重记等现象。顺查是指按账务处理的顺序，从凭证开始到账簿记录止从头到尾进行普遍核对。逆查法是指与账务处理顺序相反，从尾到头的检查方法。抽查法是指抽取账簿记录中某些局部进行检查的方法。如果发现差错的数字只是角位、分位，或者只是整数，就可以缩小查找范围，专门检查角位、分位或整数位的数字，其他数字则不必一一检查。采用上述方法进行检查后，如果查出是账簿登记错误，应按规定的更正方法进行更正。如差错确实不属于账簿登记、计算等问题，应及时向有关负责人汇报，同时认真回忆发生的经济业务，仔细检查办理的每一张收、付款凭证，分析差额产生的原因，在确认长短款数额后，应做出书面记录，并在账面反映出来。

需要特别说明的是，对短少的现金，出纳人员不得私自贴补，以掩盖错误；对长余现金出纳人员也不得私自提走。确实无法查明原因的，要按错款处理，上报审批。

巩固练习：

2024 年 5 月 31 日，杭州恒申有限责任公司库存现金、银行存款基本账户的数据明细资料如表 5-12。

表 5-12　数据明细资料

项目	上期结存	本期收入	本期支出	本期结存
库存现金	6000.00	8500.00	7500.00	7000.00
银行存款 其中：基本账户	120000.00	250000.00	130000.00	240000.00

要求：编制出纳报告单(表 5-13)。

表 5-13　出纳报告单

出纳报告单

年　月　日—　年　月　日

单位名称：　　　　　　　　　　　　编号：

项目	上期结存	本期收入	合计	本期支出	本期结存
库存现金					
银行存款 其中：基本账户 一般账户 专用账户					
其他货币资金 其中：外埠存款 银行汇票存款					

主管：　　记账：　　出纳：　　复核：　　制单：

任务三　会计档案概述

知识目标

1. 了解会计档案及其分类。
2. 熟悉会计档案的特点和作用。

技能目标

掌握会计档案的分类、特点和作用。

思政目标

1. 培养会计人员职业道德操守，养成知敬畏、守底线、守诚信的职业品质和德行。

2. 培养学生积极主动学习、互助式学习和探究式学习的习惯，同时培养学生团队合作、沟通交流的素养。

情境导入

会计资料产生于单位的经济活动之中，尤其是会计核算活动之中。会计资料主要包括会计凭证、会计账簿和财务报告等会计核算的专业材料，是记录和反映企业经济业务的重要史料和证据，因而具有非常重要的保留价值。各单位的会计资料往往是分散的，数量很多，类别也比较繁杂。为了对会计资料进行妥善保管，以充分发挥会计档案的作用，有必要对会计资料进行挑选、收集、整理，形成会计档案，集中妥善保管，有序存放，以方便检查，防止会计资料被销毁、散失和泄密。会计资料的整理就是将已收集的会计资料分门别类地加以系统化，按序存放。如何对会计资料进行系统化、编目以及必要的加工整理，是会计档案管理的重要内容，是存放、利用会计档案的前提。

3.1 会计档案概述

会计档案的特点是专业性强，利用率高。档案管理强调 12 个字：“及时收藏、妥善保管、充分利用”。会计档案也不例外。会计资料在形成、保管、利用等方面都有自己的特点。其优势在于归档基础较好，基于财会人员的职业敏感，会计档案的收集相对其他类别档案来说比较及时、完整，保管资料的意识普遍较强。会计档案与其他档案有着很大的不同，因而对其进行整理、归档的方法和要求也和其他档案不同。会计档案管理工作者要提高认识，树立科学的管理和服务理念，加强对会计档案管理具体措施的了解。

3.2 会计档案及其分类

3.2.1 会计档案的含义

会计档案是指会计部门根据国家有关规定，使用专门的方法和技术，在核算和监督资金活动的过程中形成的作为历史记录保存起来并对以后查考研究有价值的会计核算材料。简言之，会计档案就是在核算和监督经济业务活动的过程中形成的具有利用价值的原始会计核算专业材料。会计档案是记录和反映企事业单位经济业务发生情况的重要史料和证据，属于单位的重要经济档案，是检查企事业单位过去经济活动的重要依据，也是国家档案的重要组成部分。

出纳档案是会计档案的重要组成部分，是记录出纳业务内容、明确相关经济责任的书面证明，一旦遗失或因保管不善而毁坏，将给出纳人员本人和单位带来严重的影响。因此，出纳人员必须按规定对有关的会计资料进行妥善保管，保证会计档案记录的真实性、完整性、连续性和准确性。

《会计法》规定：“各单位对会计凭证、会计账簿、财务会计报告和其他会计资料应当建立档案，妥善保管。会计档案的保管期限、销毁、安全保护等具体管理办法，由国务院财政部门会同有关部门制定。”因此，会计档案保管的主要法律依据是《会计档案管理办法》，由国务院财政部门和国家档案局共同制定。准确地给会计档案分类，有助于正确地认识会计档案，进而科学地整理、保管和开发利用会计档案。

3.2.2 会计档案的分类

从档案管理的角度出发，按照外观形式和用途的不同，会计档案可分为四大类。

（1）会计凭证类。原始凭证、记账凭证、汇总凭证及其他会计凭证。

（2）会计账簿类。总账、明细账、日记账、固定资产卡片账、辅助账簿及其他会计账簿。

（3）财务报告类。月度、季度、年度财务报告，包括财务报表、附表、附注及文字说明，以及其他财务报告。

（4）其他类。银行存款余额调节表、银行对账单、应当保存的会计核算专业资料、会计档案移交清册、会计档案保管清册、会计档案销毁清册。

3.3 会计档案机构

3.3.1 综合档案室

综合档案室是国家机关或企事业单位建立的负责收集和保管本单位各种门类档案的内部性档案管理机构。综合档案室统管本单位党政工团、科技、会计、经营等方面的全部档案。

3.3.2 会计档案室

会计档案室是形成会计档案较多的单位建立在财会部门的专门性会计档案机构。有些大型或特大规模的企业，为加强对会计档案的集中统一管理，将所属机构的会计档案有效集中起来保管，以保证会计档案的齐全、系统、有序、得当，需要建立专门的会计档案室。

3.4 会计档案的特点

与文书档案、科技档案相比，会计档案有自身的特点，主要表现在三个方面。

1. 形成范围广泛

凡是具备独立会计核算的单位，都要形成会计档案。这些单位有国家机关、社会团体、企业、事业单位，以及按规定应当建账的个体工商户和其他组织。一方面，会计档案在社会的各领域无处不在；另一方面，会计档案的实体数量相对其他门类的档案数量更多一些。尤其是在企业、商业、金融、财政、税务等单位，会计档案是反映这些单位职能活动的重要材料，产生的数量非常大。

2. 档案类别稳定

会计工作的种类繁多，如工业会计、商业会计、银行会计、税收会计、总预算会计、单位预算会计等，但是会计核算的方法、工作程序以及所形成的会计核算材料的成分是一致的，即会计凭证、会计账簿、财务报告等。会计档案内容成分的稳定和共性，是其他门类档案无法比拟的，便于整理分类，有利于管理制度的制定和实际操作的规范、统一。

3. 外在形式多样

会计专业的性质决定了会计档案形式的多样化。会计账簿有订本式、活页式、卡片式之分。财务报告由于有文字、表格、数据而出现了16开或8开的纸张规格以及计算机打印报表等。会计凭证在不同行业，外形更是大小各异、长短参差不齐。会计档案的这个特点要求在会计档案的整理和保管方面，不能照搬照抄管理其他门类档案的方法，而是要从实际出发，防止“一刀切”。

3.5 会计档案的作用

会计档案是在会计工作中形成的，又是因管理经济的需要而产生的，因此，会计档案是单位经济活动的重要史料和证据，对单位的经济管理具有重要作用。

（1）会计档案可以为制定经济计划、进行可行性研究、作出经济决策提供可靠的数据，在经济活动中具有重要作用。

（2）会计档案以大量的原始数据为各单位的财务工作和生产经营提供决策依据。

（3）会计档案对保护国家财产、监督执行国家财务制度、查处经济案件等有着重要的作用。

（4）会计档案可以为研究经济发展提供史料。

知识拓展

新账换旧账，旧账是否归档？

在更换新出纳账簿后，应将旧账簿归入出纳档案。移交归档前应对旧账簿进行整理，对编号、扉页内容、目录等项目填写不全的，应按照有关要求填写齐全；使用活页式(如用计算机记账的单位，账簿资料输出裁剪后类似活页账)或卡片式辅助账的单位，对于活页式账簿、卡片式账簿，在归档时必须缩齐页码，加以装订，并要像订本式账簿一样加上扉页，注明单位名称、所属时期、共计页数和记账人员签章等，并加盖公章。

任务四　会计资料整理与归档业务

知识目标

掌握整理和保管会计资料业务基本处理技能和程序。

技能目标

1. 能准确地整理、保管、移交会计档案。

2. 能独立完成会计档案的整理和保管等工作。

思政目标

1. 培养会计人员职业道德操守，养成知敬畏、守底线、守诚信的职业品质和德行。

2. 培养学生积极主动学习、互助式学习和探究式学习的习惯，同时培养学生团队合作、沟通交流的素养。

4.1 会计资料的整理

4.1.1 确定归档范围

会计档案的归档范围主要包括本单位形成的会计凭证、会计账簿、财务报告等会计核算专业材料及银行存款余额调节表、银行对账单、会计档案移交清册、会计档案销毁清册、会计档案保管清册，实行会计电算化单位存储在磁性介质上的会计数据、程序文件以及其他会计核算资料。

本单位的经费预算、财务收支计划、调资定级、财务制度、财务政策管理文件材料，纳入文书档案立卷，不纳入会计档案归档范围。

4.1.2 出纳档案的整理程序

出纳档案的整理是出纳工作中的一部分。档案整理的程序如下：

1. 分类

出纳档案应按经济业务的性质和本单位的财务管理要求进行分类，一般应与本单位的会计分类相一致，兼顾档案装订和使用的需要。在对档案进行分类时，应当对一些无效或不需要的单据进行删除。

2. 装订

由于原始凭证大多零落散乱，容易遗失，所以出纳人员在对档案归类后应进行装订，以保证会计资料不易散落遗失。在装订时，应当注意档案厚度以便于使用；使用活页账或卡片账的，在归档时应装订并编齐页码，对不宜装订的应当连号存装，防止散落；对于采用会计电算化的单位，打印出的纸质会计档案必须装订编号；对于具备采用磁带、磁盘、光盘、微缩胶片等磁性介质保存会计档案条件的，由国务院业务主管部门统一规定，并报财政部国家档案局备案，保管时采用连号编排，保存在特定的档案盒中。

3. 成册

对于装订完毕的出纳资料，应当立卷成册，启用封面或扉页，用以记录每册的编号、所属单位、所属时期及页数、经办人员等详细内容，并加盖单位公章和经办人员私章。在保管上有特殊要求的，可以加盖骑缝章或加贴封条。

4.2 会计档案的整理

4.2.1 会计凭证的整理

会计凭证的整理顺序如下：

（1）去掉凭证中的金属物。

（2）凭证以左上对齐为准。

（3）填写会计凭证封面。会计凭证封面应写明单位名称、年度、月份、本月共几册、本册是第几册，记账凭证的起讫编号、张数，并由会计主管、装订人分别签名或盖章。对于数量过多的原始凭证，如收、发料单等，可以按上述要求单独装订成册，加上封面、封底，并在封面注明记账凭证日期、编号，存放在其他类会计档案中，同时在记账凭证上注明“附件另订”及原始凭证名称和编号。

（4）装订。

（5）填写会计档案凭证盒封面及侧面。封面应写明单位名称、起止时间、本月共几册、本盒是第几册，记账凭证的起讫编号、张数、保管期限，由会计主管、立卷人分别签名或盖章，严格的大型企业还要编制全宗号、目录号、案卷号。侧面应写明哪年哪月，记账凭证从第几号到第几号。常用会计档案凭证盒封面及侧面如表 5-14 所示。

表 5-14 常用会计档案凭证盒封面及侧面

封面　　　　会计档案（凭证）　　　　侧面

立档单位		全宗号
起讫日期	年　月　日至　年　月　日	目录号
本月共　　册　　本盒是第　　册		案卷号
凭证自　　号至　　号共　　张　　保管期限		年度
财会主管　　立卷人		月份
全宗号　　目录号　　案卷号		凭证号

4.2.2 会计账簿的整理

账簿在形成时一般都有固定的格式和明确的分类，可在年终结账后整理立卷。整理归档时应当注意以下几点：

（1）跨年度连续使用的固定资产等账簿，应在使用完的那一个年度归档。

（2）订本账中的空白页不能拆去，应保持账簿本身的完整性。

（3）活页账中的空白页要拆去，然后在剩余账页的左上角或右上角编上页码，撤账夹，加上账簿封面、封底，用脱脂线绳装订成册，并把使用登记表或经管人员一览表填写完整。

（4）会计账簿案卷封面应写明单位名称、账簿名称、所属年度、卷内张数、保管期限，并由会计机构负责人、立卷人签名或盖章。

4.2.3 财务报表的整理

财务报表按年度立卷。立卷时要区分不同的保管期限，年度报表要与季度、月度报表分开，编写页号，分别组卷。按照归档的要求，装订时，加装卷内目录、备考表和卷皮。

4.2.4 其他类会计档案的整理

会计档案移交清册、会计档案保管清册、会计档案销毁清册，每一个清册就是一个保管单位，编一个卷号，不需整理。采用计算机进行会计核算的单位，应当保存打印出的纸质会计档案，整理方法不变。

4.3 会计档案的装订

4.3.1 会计凭证的装订

1. 会计凭证装订前的准备

会计凭证装订前的准备是指对会计凭证进行排序、粘贴和折叠。因为原始凭证的纸张面积与记账凭证不可能全部一样，有时前者大于后者，有时前者小于后者，这就需要会计人员在制作会计凭证时对原始凭证加以适当整理，以便装订成册。

2. 会计凭证的装订方法

会计凭证的装订是指把定期整理完毕的会计凭证按照编号顺序，外加封面、封底，装订成册，并在装订线上加贴封签。

（1）三孔一线装订，装订时使用棉线，结扣应是活的，并放在凭证封皮的里面。在封面上应写明单位名称、年度、月份、记账凭证的种类、起讫日期、起讫号数，以及记账凭证和原始凭证的张数，并在封签处加盖会计主管的骑缝印章。装订时尽可能缩小所占部位，以便事后查阅。如果采用单式记账凭证，在整理装订凭证时，必须保持会计分录的完整。为此，应按凭证号码顺序还原装订成册，不得按科目归类装订。

（2）会计凭证装订的要求是既美观大方又便于翻阅，所以在装订时要先设计好装订册数及每册的厚度。一般来说，一本凭证的厚度以 1.5~2.0cm 为宜，太厚了不便于翻阅核查，太薄了又不利于戳立放置。凭证装订册数可根据凭证多少来定，原则上以月份为单位装订，每月订成一册或若干册。有些单位业务量少、凭证不多，把若干个月份的凭证合并订成一册就可以，只要在凭证封面注明本册所含的凭证月份即可。

（3）为了使装订成册的会计凭证外形美观，在装订时凭证外面要加封面，封面用质好的牛皮纸，规格略大于记账凭证，还要考虑到凭证的整齐均匀，特别是装订线的位置，如果太薄的可用纸折一些三角形纸条，均匀地垫在此处，以保证它的厚度与凭证中间的厚度一致。有些会计人员在装订会计凭证时采用角订法，装订起来简单易行。

（4）对于数量过多的原始凭证，可以单独装订保管，在封面上注明记账凭证日期、编号，同时记账凭证上注明“附件另订”和原始凭证名称、编号。

（5）对一些保管价值明显不同的凭证，如记载本单位重大生产经营活动、外事、对私改造或工资名册等，应抽出单独装订，但要在原记账凭证上注明抽出凭证的名称、数量、去向，并由立卷人签名盖章。

(6) 抽出的原始凭证组卷可按年度形成日期排列装订，可以同本年其他凭证一起编序号，但必须在目录上注明保管期限，同时要在相互的案卷上注明档号，以便备查。

(7) 独立抽出的单据，按记账凭证的大小折叠整齐，按时间顺序编写页号，加上封面装订成册。

4.3.2 会计账簿的装订

各种会计账簿年度结账后，除跨年使用的账簿外，其他账簿应按时整理立卷。

1. 装订前的要求

账簿装订前，首先按账簿启用表的使用页数核对各个账户是否相符、账页数是否齐全、序号排列是否连续；然后按会计账簿封面、账簿启用表、账户目录、该账簿按页数顺序排列的账页、会计账簿封底的顺序装订。

2. 账簿装订的要求

(1) 活页式账簿装订的要求。保留已使用过的账页，将账页数填写齐全，去除空白页并撤掉账夹，用质好的牛皮纸做封面、封底，装订成册。多栏式活页账、三栏式活页账、数量金额式活页账等不得混装，应按同类业务、同类账页装订在一起。在本账的封面上填写好账目的种类，编好卷号，会计主管人员和装订人(经办人)签章。

(2) 订本式账簿装订的要求。订本式账簿装订要求包括：去掉账夹，保留空白页，加封面面签，填好封面(见表 5-15)所列项目。

表 5-15 会计账簿封面

会计账簿封面			
单位名称：________________			
账簿名称：________________			
年度：________________			
本账簿共	张自第	页起至第	页止
负责人：	经管人：	保管期限：	
全宗号：	目录号：	案卷号：	

3. 账簿装订后的其他要求

(1) 会计账簿应牢固、平整，不得有折角、缺角、错页、掉页、加空白纸的现象。

(2) 会计账簿的封口要严密，封口处要加盖有关印章。

(3) 封面应齐全、平整，并注明所属年度及账簿名称、编号，编号为一年一编，编号顺序为总账、现金日记账、银行存款日记账、分户明细账。

(4) 会计账簿按保管期限分别编制卷号，如现金日记账全年按顺序编制卷号；总账、各类明细账、辅助账全年按顺序编制卷号。

4.3.3 财务报表的装订

财务报表编报完成以后，留存的报表按月、季装订成册，谨防丢失，财务报表的装订顺序为财务报表封面(见表 5-16)、财务报表编制说明、财务报表、财务报表封底。报表右上角应该编页号，采用三孔一线方式装订。

表 5-16 财务报表封面

财务报表封面			
单位名称：______________________			
报表名称：______________________			
年度：______________________			
本报表共	张自第	页起至第	页止
负责人：	经管人：	保管期限：	
全宗号：	目录号：	案卷号：	

知识拓展

1. 凭证纸张面积不一的处理

对于纸张面积大于记账凭证的原始凭证，可按记账凭证的面积尺寸，先自右向后，再自下向后两次折叠。注意应把凭证的左上角或左侧面让出来，以便装订后还可以展开查阅。

对于纸张面积过小的原始凭证，一般不能直接装订，可先按一定次序和类别排列，再粘在一张同记账凭证大小相同的白纸上，粘贴时宜用胶水。票证应分张排列，同类、同金额的单据尽量粘在一起；同时，在一旁注明张数和合计金额。如果是板状票证，可以将票面与票底轻轻撕开，厚纸板弃之不用。对于纸张面积略小于记账凭证的原始凭证，可先用回形针或大头针别在记账凭证后面，待装订时再抽去回形针或大头针。有的原始凭证不仅面积大，而且数量多，可以单独装订，如工资单、耗料单等，但在记账凭证上应注明保管地点。原始凭证附在记账凭证后面的顺序应与记账凭证所记载的内容顺序一致，不应按原始凭证的面积大小来排序。会计凭证经过上述加工整理之后，就可以装订了。

2. 角订法如何操作

① 将凭证封面和封底裁开，分别附在凭证前面和后面，再拿一张质地相同的纸(可以再找一张凭证封皮，裁下一半用，另一半为订下一本凭证备用)放在封面上角，做护角线。

② 在凭证的左上角画一边长为 5cm 的等腰三角形，用夹子夹住，用装订机在底线上分布均匀地打两个眼儿。

③ 用大针引线绳穿过两个眼儿。如果没有针，可以将回形针顺直，然后将两端折向同一个方向，将线绳从中间穿过并夹紧，即可把线引过来，一般装订机打出的眼儿是可以穿过的。

④ 在凭证的背面打线结。线绳最好在凭证中端系上。

⑤ 将护角向左上侧折，并将一侧剪开至凭证的左上角，然后抹上胶水。

⑥ 向后折叠，并将侧面和背面的线绳扣粘死。

⑦ 待晾干后，在凭证本的脊背上面写上某年某月第几册共几册的字样。装订人在装订线封签处签名或者盖章。现金凭证、银行凭证和转账凭证最好依次顺序编号，一个月从头编一次序号，如果单位的凭证少，可以全年顺序编号。

4.4 会计档案的整理归档

4.4.1 会计档案的整理立卷

各单位每年形成的会计档案都应由会计机构按照归档的要求整理立卷，装订成册，编制会计档案保管清册。会计档案的整理要求有以下几点：

1. 分类标准要统一

一般将财务会计资料分成一类会计账簿、二类会计凭证、三类财务报表、四类文字资料及其他会计核算资料。

2. 档案形成要统一

档案形成要统一，包括案册封面、档案卡夹、存放柜和存放序列都要统一。

3. 管理要求要统一

建立会计资料档案簿、会计资料档案目录。会计凭证要装订成册，报表和文字资料应分类立卷，其他零星资料要按年度排序汇编装订成册。

4.4.2 会计档案的归档

1. 整理、保管部门及人员

根据《会计档案管理办法》规定，单位当年形成的会计档案，在会计年度终了后，可暂由本单位会计机构保管 1 年。期满之后，应由会计机构编制会计档案移交清册，移交本单位的档案机构统一保管；未设立档案机构的，应当在会计机构内部指定专人保管，但出纳人员不得兼管会计档案。

单位会计机构向单位档案部门移交会计档案的程序是：第一步，编制会计档案移交清册，填写交接清单；第二步，在账簿使用日期栏填写移交日期；第三步，交接人员按移交清册和交接清单所列项目核查无误后签章。

移交本单位档案机构保管的会计档案，原则上应当保持原卷册的封装，一般不得拆封。个别需要拆封重新整理的，档案机构应当会同会计机构和经办人员共同拆封整理，以分清责任。

2. 会计档案的排列

根据立档单位性质和会计档案类型，会计档案分别按下列方式排列。

(1) 单一会计类型的立档单位，会计档案的排列方式：永久保管的财务报告，按年度顺序依次排列；定期保管的账簿、财务报告，按年度顺序一起依次排列，凡没有按此要求办理的，从 1999 年起，按该办法进行排列，档案一直没有整理的，可从单位成立年度起依该办法排列。即将保管期限 30 年的会计账簿、保管期限 10 年的报表进行合并排列。例如，某单位的会计档案 1999 年保管期限 30 年的会计账簿、保管期限 10 年的报表依次排完后，再排 2000 年保管期限 30 年的会计账簿、保管期限 10 年的报表，依此类推。定期保管的凭证按年度顺序依次排列。保管期限为 5 年的会计档案，可不系统排列。

(2) 有两种以上会计类型或财会部门的立档单位，会计档案的排列方式：对每一会计类型或财会部门的会计档案都各自按照单一会计类型的立档单位会计档案的排列方式排列。

(3) 企业会计档案的分类排列方式：企业会计档案的分类排列方式仍按国家档案局 1991 年印发的《工业企业档案分类试行规则》(国档发〔1991〕20 号)执行。

3. 会计档案的编号、编目

一个单位的会计档案分三个部分排列，编三个通号。永久的财务报告、会计凭证从单位成立年度起编号。保管期限 30 年的会计账簿、保管期限 10 年的报表原则上从 1999 年起合并排列，并从“1”开始多年编通号；档案一直没有整理的，可从单位成立年度起进行编号。每一部分编制一本案卷目录，给定一个目录号。一本目录内的案卷号最多不超过三位数，凡超过三位数，重新从“1”开始编号。对排列就绪的每一部分档案，依次编定案卷号。永久保管的案卷编制一式三份案卷目录(见表 5-17)，定期保管的案卷编制一式两份案卷目录。

表 5-17　会计档案案卷目录

会计档案案卷目录(凭证)

年度	案卷号	案卷标题	张数	保管期限(年)	经办人	备注
1991 年	1	1 月份会计凭证(1~5 号)	100	30	于××	
……						
2012 年	100	1 月份会计凭证(7~12 号)	80	30	张××	

4.5　会计档案的鉴定

对保管期满的会计档案，档案部门应及时会同财会部门，根据会计档案保管期限的规定和会计档案的实际价值，对保管期满的会计档案的保管期限进行重新认定。会计档案采取直接鉴定法，即逐卷(册)、逐件、逐页鉴定。对保管期满应予销毁的会计档案，由档案部门和财会部门进行终审鉴定，提出鉴定销毁意见，双方都认为确无保存价值的，才能作出销毁结论，认定意见不一致时，应当缓销。

对其中尚未了结的债权债务，以及对历史遗留问题有重要参考价值的原始凭证，如工资花名册，干部、职工离(退)休、退职方面的有关凭据，涉及土地征用、房屋维修、固定资产等财产买卖单据，涉外事务和对私改造的凭证，罚没赃款、赃物，产权赔偿和重大经济案件的原始凭证，均应抽出，另行立卷，由档案部门保管到确无继续保存必要时，再予以销毁。单位因撤销、解散、破产或者其他原因而终止的，在终止和办理注销登记手续之前形成的会计档案的管理：属全民所有制单位的，由终止单位按规范整理后交同级档案馆管理；其他单位，交业务主管部门或财产所有者代管；无业务主管部门或业务主管部门、财产所有者不便代管的，交由档案馆代管。

任务五　会计资料移交业务

知识目标

1. 掌握会计资料的整理方法。
2. 掌握会计资料的保管方法。

技能目标

1. 能正确整理会计资料。
2. 能合理保管会计资料。

思政目标

1. 培养会计人员职业道德操守，养成知敬畏、守底线、守诚信的职业品质和德行。

2. 培养学生积极主动学习、互助式学习和探究式学习的习惯，同时培养学生团队合作、沟通交流的素养。

情境导入

《会计档案管理办法》规定：各单位每年形成的会计档案，应当由会计机构按照归档要求，负责整理立卷，装订成册，编制会计档案保管清册。当年形成的会计档案，在会计年度终了后，可暂由会计机构保管1年，期满之后，应当由会计机构编制会计档案移交清册，移交本单位档案机构统一保管；未设立档案机构的，应当在会计机构内部指定专人保管。出纳人员不得兼管会计档案。移交本单位档案机构保管的会计档案，原则上应当保持原卷册的封装。个别需要拆封重新整理的，档案机构应当会同会计机构和经办人员共同拆封整理，以分清责任。

5.1　会计档案移交

5.1.1　移交的准备工作

为了使出纳工作移交清楚，防止遗漏，保证出纳交接工作顺利进行，出纳人员在办理交接手续前，必须做好以下准备工作：

（1）登记出纳账簿。将出纳账簿登记完毕，并在最后一笔余额后加盖名章。

（2）结账和对账。出纳日记账与现金、银行存款总账核对相符，现金账面余额与实际库存现金核对一致，银行存款账面余额与银行对账单核对无误。如有不符，要找出原因，弄清问题所在，加以解决，务求移交前做到相符。

（3）整理移交资料。整理应该移交的各项资料，对未了事项写出书面材料。

（4）填写出纳账簿启用表。在出纳账簿启用表上填写移交日期，并加盖名章。

（5）编制会计档案移交清册。根据清理情况，编制移交清册，并列明应当移交的会计凭证、账簿报表、印章、现金、有价证券、支票簿、发票、文件、其他会计资料和物品等的具体名称和数量，移交清册由交接表和接交说明书两部分组成。会计档案移交清册一式三份，存档一份，交接双方各一份。

库存现金移交表，银行存款移交表，有价证券、贵重物品移交表，核算资料移交表，物品移交表，出纳人员工作交接书分别如表 5-18～表 5-23 所示。

表 5-18　库存现金移交表

库存现金移交表

币别：人民币　　　　移交日期：　年　月　日　　　　单位：元

币别	数量	移交金额	接交金额	备注
100 元				
50 元				
20 元				
10 元				
5 元				
……	……	……	……	……
1 角				
合计				

单位领导人：　　　　移交人：　　　　监交人：　　　　接交人：

表 5-19　银行存款移交表

银行存款移交表

币别：人民币　　　　移交日期：　年　月　日　　　　单位：元

开户银行	账号	币种	期限	账面数	实有数	备注
……	……	……	……	……	……	……
合计						
附件及说明：						
(1)账面数为银行存款日记账金额。实有数为对账单金额。						
(2)银行存款余额调节表 1 份。						
(3)银行印鉴卡片 1 张。						

单位领导人：　　　　移交人：　　　　监交人：　　　　接交人：

表 5-20　有价证券、贵重物品移交表

有价证券、贵重物品移交表

移交日期：　年　　月　　日　　　　　　　　　　单位：元

名称	购入日期	单位	数量	面值	到期日	备注
……	……	……	……	……	……	……
合计						

单位领导人：　　　　移交人：　　　　监交人：　　　　接交人：

表 5-21　核算资料移交表

核算资料移交表

移交日期：　年　　月　　日

名称	年度	数量	起止日期	备注
现金日记账			年　月　日至　年　月　日	
银行存款日记账				
收据领用登记簿				
支票领用登记簿				
收据				
现金支票				
转账支票				
……	……	……	……	……
合计				

单位领导人：　　　　移交人：　　　　监交人：　　　　接交人：

表 5-22　物品移交表

物品移交表

移交日期：　年　　月　　日

名称	型号	购入日期	单位	数量	备注
		年　月			
……	……	……	……	……	……
合计					

单位领导人：　　　　移交人：　　　　监交人：　　　　接交人：

表 5-23　出纳人员工作交接书

出纳人员工作交接书
一、交接日期：
二、具体业务的移交：
1.
2.

续表

三、移交的凭证、账簿、文件：
1.
2.
四、印鉴：
五、交接前后的责任划分：
六、本交接书一式三份，双方各执一份，存档一份。
移交人：
接交人：
监交人：
部门公章：
年　　月　　日

5.1.2 正式办理交接手续

办理正式移交时，必须有监交人在场负责监交。一般出纳人员交接时，由企业会计机构负责人、会计主管人员负责监交工作。办理交接时，移交人员要按移交清册逐项移交，接替人员要逐项核对点收。

（1）交出出纳账簿。

出纳账簿和其他会计资料必须完整无缺，不得遗漏。账簿交接时，接交人应核对出纳日记账与总账、出纳日记账与库存现金和银行对账单的余额是否相符。核对无误后，接交人应在结账数下签名盖章；如有不符，应由移交人查明原因，在移交清册中注明，并负责处理。

银行存款及有关票据、票证的移交以及更换印鉴时，接交人应首先进行银行存款日记账余额与银行对账单核对，如果一致，方可移交；如果不一致，应编制银行存款余额调节表调节相符，如果调节后，仍不相符，应由移交人员负责查明原因，并在移交清册中注明。交接双方如有疑问要一同到开户银行复核，核对无误后，再移交票据、票证，同时更换预留在银行的私人印鉴。

（2）移交银行存款和有关票据、票证，更换印鉴。

（3）移交有价证券、贵重物品。

有价证券要根据出纳账簿和备查簿的有关记录进行点交。其他贵重物品按照移交数字由移交人交与接交人点收，验证无误后，接交人表示接受，并在贵重物品登记簿上签章。

（4）移交保险柜密码，重要工作台、室钥匙要按照规定程序进行移交。移交完毕后，为了安全起见接交人应重新更换保险柜密码，重要工作台、室钥匙。

（5）移交票据、公章和其他实物，接交人按移交清册接受票据、公章和其他实物，其中，公章主要包括财务专用章、发票专用章、法定代表人章等；在实行会计电算化的企业，移交人员对有关电子数据必须在实际操作状态下进行交接。

(6) 签名、盖章。交接完毕后，交接双方和监交人员要在移交清册上签名或者盖章。并应在移交清册上注明单位名称，交接日期，交接双方和监交人员的职务、姓名，移交清册页数以及需要说明的问题和意见等。

5.1.3 交接后相关规定

交接结束后，应遵循以下规定：接管人员应认真接管移交工作。继续办理移交未了的事项；接交人员应继续使用移交账簿，不得另行开立新账，以保持会计记录的连续性；移交后移交人员不能免除责任，即移交人员对移交的会计凭证、会计账簿、财务报表及其他资料的合法性、真实性承担法律责任。

5.2 会计档案的保管

5.2.1 会计档案的保管要求

《会计档案管理办法》规定：当年形成的会计档案，在会计年度终了后，可由单位会计管理机构临时保管1年，再移交单位档案管理机构保管。根据上述规定，会计档案的保管要求主要有以下几项。

1. 会计档案的移交手续

财务会计部门在将会计档案移交本单位档案部门时，应按下列程序进行：

(1) 开列清册，填写交接清单。

(2) 在账簿使用日期栏填写移交日期。

(3) 交接人员按移交清册和交接清单项目核查无误后签章。

2. 会计档案的保管要求

(1) 会计档案室应选择在干燥防水的地方，并远离易燃品堆放地，周围应备有适宜的灭火器材。

(2) 采用透明塑料膜作防尘罩、防尘布，遮盖所有档案架和堵塞鼠洞。

(3) 会计档案室内应经常用消毒药剂喷洒，保持清洁卫生，以防虫蛀。

(4) 会计档案室保持通风透光，并有适当的空间、通道和查阅地方，以利查阅，并防潮湿。

(5) 设置归档登记簿、档案目录登记簿、档案借阅登记簿，严防毁坏、损失、散失和泄密。

(6) 会计电算化档案保管要注意防盗、防磁等安全措施。

5.2.2 会计档案的保管期限

会计档案的保管期限可分为永久和定期两类。定期保管期限分为10年和30年两种，会计档案保管期限从会计年度终了后的第一天算起。各类会计档案的具体保管期限按照《会计档案管理办法》的规定执行。现列示企业和其他组织会计档案保管期限表，如表5-24所示。

表 5-24　企业和其他组织会计档案保管期限表

序号	档案名称	保管期限	备注
一	会计凭证		
1	原始凭证	30 年	
2	记账凭证	30 年	
二	会计账簿		
3	总账	30 年	
4	明细账	30 年	
5	日记账	30 年	
6	固定资产卡片		固定资产报废清理后保管 5 年
7	其他辅助性账簿	30 年	
三	财务会计报告		
8	月度、季度、半年度财务会计报告	10 年	
9	年度财务会计报告	永久	
四	其他会计资料		
10	银行存款余额调节表	10 年	
11	银行对账单	10 年	
12	纳税申报表	10 年	
13	会计档案移交清册	30 年	
14	会计档案保管清册	永久	
15	会计档案销毁清册	永久	
16	会计档案鉴定意见书	永久	

5.3　会计档案的查阅和复制

会计档案只供本单位使用，各单位保存的会计档案不得借出。如有特殊需要，经本单位负责人批准，可以提供查阅或者复制，并办理登记手续。外部查阅或复制会计档案时，应持有单位正式介绍信，经单位负责人批准后，方可办理查阅或复制手续；本单位内部人员查阅或复制会计档案时，也应经单位负责人批准后，才能办理有关手续。查阅人应认真填写档案查(借)阅、复制登记簿，查阅人姓名、单位、查阅内容、数量和借阅及归还日期等情况都必须填写清楚。查阅或者复制会计档案的人员，严禁在会计档案上涂画、拆封和抽换。各单位应当建立健全会计档案查阅、复制登记制度，严格查阅、复制和收回手续，保证会计档案的安全完整。

5.4　会计档案的销毁

5.4.1　会计档案的销毁程序和办法

单位会计档案保管期满需要销毁的，可以按照以下程序和办法进行：

(1) 本单位档案机构会同会计机构共同鉴定，严格审查，提出销毁意见，编制会计档案销毁清册，列明销毁会计档案的名称、卷号、册数、起止年度和档案编号、应保管期限、销毁时间等内容。

(2) 单位负责人在会计档案销毁清册上签署意见。

(3) 单位销毁会计档案时，单位档案机构和会计机构应共同派员监销；国家机关销毁会计档案时，应当由同级财政部门和审计部门派员参加监销；财政部门销毁会计档案时，应由同级审计部门派员参加监销。

(4) 监销人在会计档案销毁前，应当按照会计档案销毁清册所列内容清点核对所要销毁的会计档案；会计档案销毁后，监销人和经办人员应当在会计档案销毁清册上签名盖章，注明"已销毁"字样和销毁日期，同时将监销情况写出书面报告一式两份，一份报告交由本单位负责人，另一份归入档案备查。

5.4.2 保管期满不得销毁的会计档案

对于保管期满但未结清的债权债务原始凭证和涉及其他未了事项的原始凭证，不得销毁，应单独抽出立卷，由档案部门保管到未了事项完结时为止。单独抽出立卷的会计档案应当在会计档案销毁清册和会计档案保管清册中列明。

正在项目建设期间的建设单位，其保管期满的会计档案也不得销毁。会计档案的销毁是一项严肃的工作，各单位必须严格按照《会计法》和《会计档案管理办法》的规定进行。故意销毁依法应当保存的会计凭证、会计账簿、财务会计报告的行为，以及授意、指使、强令会计机构、会计人员及其他人员故意销毁依法应当保存的会计凭证、会计账簿、财务会计报告的行为，都是违法行为，如果构成犯罪的，要依法追究刑事责任；尚不构成犯罪的，也要承担行政责任，违法单位和责任人员应受到相应的行政处罚和行政处分。

5.5 电子会计档案的管理

随着计算机技术的迅速发展，会计电算化日益普及，与之相应的便是电子会计档案的大量产生，于是如何保管、使用电子会计档案的问题也就提上了议事日程。根据财政部、国家档案局有关规定，电子会计档案归档管理的方法和要求主要是：采用计算机进行会计核算的单位，鉴于安全保密、载体耐久性等问题，目前既要保存电子在线测试会计档案，又要保存纸质会计档案，以免电子会计档案信息丢失后造成无法弥补的损失。凡是具备采用磁带、磁盘、光盘、缩微胶片等磁性介质保存会计档案条件的形成的有关电子数据、会计软件资料，都要作为会计档案的组成部分进行归档。有关财务会计人员在移交工作时，还要在移交清册中列明会计软件及密码、会计软件数据磁盘(磁带等)及有关资料、实物等内容。

5.6 会计档案封面填写说明

5.6.1 会计凭证封面项目

会计凭证封面项目包括单位名称、会计凭证名称、时间、册数、册次、记账凭证起止号、记账凭证数、附件数、会计凭证总数、会计主管、装订人、装订时间、备注。

5.6.2 封面项目的填写方法

（1）单位名称：填写形成会计档案的单位名称，必须用全称或通用简称。如中国共产党中央委员会简称中共中央，中华人民共和国卫生部简称卫生部，不得简称本部、本委等。

（2）会计凭证名称：填写能够反映会计凭证用途或内容的名称，如收款会计凭证、付款会计凭证、转账会计凭证或基建会计凭证、工会会计凭证、预算外会计凭证等。

（3）时间：填写本册会计凭证的起止年、月、日。

（4）册数：填写会计凭证的册数。

（5）册次：填写本册会计凭证的序号。

（6）记账凭证起止号：填写本册记账凭证起号和止号

（7）记账凭证数：填写记账凭证的张数。

（8）附件数：填写本册会计凭证的附件张数。

（9）会计凭证总数：填写本册所有凭证的合计张数。

（10）会计主管：填写单位内部具体负责会计工作的中层领导人员。

（11）装订人：填写负责该本会计凭证装订的人员。

（12）装订时间：填写该本会计凭证装订结束的时间。

（13）备注：填写该本会计凭证需要说明的事项。

5.7 会计凭证盒项目及填写方法

5.7.1 会计凭证盒正面项目

会计凭证盒正面项目包括单位名称、会计凭证名称、时间、册数、册次、记账凭证起止号、附件数、会计凭证总数、起止时间、归档时间、立卷人、保管期限、全宗号、目录号、案卷号。

5.7.2 凭证盒正面项目的填写方法

（1）单位名称、会计凭证名称、时间、册数、册次、记账凭证起止号、附件数、会计凭证总数、起止时间与记账凭证封面保持一致。

（2）归档时间：填写单位内财务部门向档案部门移交会计档案的年、月、日。

（3）立卷人：填写整理会计凭证的人员姓名。

（4）保管期限：根据财政部和国家档案局2016年修订的会计档案保管期限表，填写该案卷的保管期限。

（5）全宗号：填写档案馆给立档单位编制的代号。企业可填写表达单位的汉语拼音代字。

（6）目录号：填写全宗内案卷所属目录的编号，在同一个全宗内不允许出现重复的案卷目录号，企业或参照《工业企业档案分类试行规则》编制分类方案的单位，可填写类别特征代码。

（7）案卷号：目录内案卷的顺序编号，在同一个案卷目录或分类体系的最低一级类目内不允许出现重复的案卷号。

5.7.3 账簿封面填写方法

（1）全宗名称：全宗名称相当于立档单位的名称，填写时和会计凭证盒正面的“单位名称”要求一致。

（2）案卷题名：由整理会计凭证的人员自拟。案卷题名应准确概括本盒会计档案的形成单位、时间、内容、类别，如“××市财政局××××年度(上半年、下半年、季度)财务报告”。

（3）时间：填写形成本盒会计档案的起止年、月、日。

（4）卷数、张数：填写本盒内会计档案的卷数和张数。

（5）保管期限：按照会计档案保管期限表填写该盒会计档案的保管期限。

（6）全宗号、目录号：填写方法与会计凭证盒上的全宗号、目录号的要求相同。

知识拓展

移交人和接交人的责任

会计工作交接中，合理、公正地区分移交人和接交人的责任是非常必要的。根据规定，交接工作完成后，移交人员所移交的会计凭证、会计账簿、财务报告和其他会计资料是在其经办会计工作期间内发生的，应当对这些会计资料的合法性、真实性承担法律责任；即使接交人在交接时因疏忽没有发现所接会计资料在合法性、真实性方面的问题，如事后发现仍由原移交人员负责，原移交人员不能以会计资料已经移交为理由而推脱责任。

巩固练习

一、单项选择题

1. 出纳对归档资料进行整理，一般包括分类、装订和(　　)三个步骤。

A. 成册　　B. 清点　　C. 核对　　D. 盘点

2. 下列关于出纳归档资料保管的说法，错误的是(　　)。

A. 未设档案机构的，应当在会计机构内部指定专人负责保管，出纳人员不得兼管会计档案

B. 各单位保存的会计档案不得借出。如有特殊需要，经本单位负责人批准，可以提供查阅或者复印，并办理登记手续

C. 在当年或会计期间内形成的会计档案，在会计年度终了后，可暂由会计机构保管

D. 日记账的保管期限是 10 年

3. 下列关于会计资料销毁的说法中，正确的是(　　)。

A. 保管期满但未结清的债权债务的原始凭证和涉及其他未了事项的原始凭证，可以销毁

B. 各单位按规定销毁会计档案时，应由档案部门和会计部门共同派人监销

C. 国家机关销毁会计档案时，只需由同级财政部门派员监销

D. 财政部门销毁会计档案时，无须同级审计部门派员参加监销

4. 下列关于出纳工作交接的说法中，错误的是(　　)。

A. 一般会计人员办理交接手续，由会计机构负责人监交

B. 会计机构负责人办理交接手续，由单位负责人监交

C. 一般会计人员办理交接手续，由单位负责人监交

D. 会计机构负责人办理交接手续，除由单位负责人监交外，必要时主管单位可派人共同监交

5. 下列关于会计档案保管年限的说法中，错误的是(　　)。

A. 原始凭证和记账凭证的保管年限为 15 年

B. 银行存款余额调节表的保管年限为 10 年

C. 会计档案保管清册应永久保存

D. 会计档案销毁清册也应永久保存

二、多项选择题

1. 出纳归档资料包括(　　)。

A. 会计凭证　　B. 出纳账簿

C. 出纳报告　　D. 其他财务管理类的重要凭证

2. 出纳归档整理的账簿类资料包括(　　)。

A. 现金日记账　　B. 银行存款日记账

C. 其他货币资金明细账　　D. 辅助账簿及其他备查账簿

3. 会计档案定期保管期限分为(　　)。

A. 1 年　　B. 30 年　　C. 15 年　　D. 10 年

4. 下列关于出纳工作交接中的注意事项，正确的有(　　)。

A. 监交过程中，如果移交人不作交代，或者交代不清的，不得离职

B. 移交时，交接双方一定要当面看清、点准、核对，不得由别人代替

C. 接管的出纳人员交接后可自行另立新账

D. 交接后，移交人应对自己经办的已经移交的资料的合法性、真实性承担法律责任，不能因为资料已经移交而解除责任

5. 下列会计档案中，应永久保存的是(　　)。

A. 汇总记账凭证　　B. 会计档案保管清册

C. 会计档案销毁清册　　D. 总账

三、资料题

1. 上海市东方公司原出纳人员李浩工作调动，财务处已决定将出纳工作移交给李平接管，现办理交接过程如下：

第一步，在 2024 年 10 月 2 日前，由移交人李浩将应移交的有关出纳资料准备齐全，并编制好移交清册。

第二步，2024 年 10 月 2 日，在监交人郝娜监督下，移交人李浩按移交清册所列项目将准备齐全的相关资料逐一交给接交人李平，并由李平逐一清点、核对。

第三步，双方移交完毕并无误后，由移交人李浩、接交人李平和监交人郝娜在移交清册上签名盖章。

附件

一、具体业务

1. 库存现金：10 月 2 日账面余额 1534 元，与实存数相符，日记账余额与总账相符。
2. 库存国库券：589000 元，经核对无误。
3. 银行存款余额 286790 元，经编制银行存款余额调节表，核对相符。

二、会计凭证、账簿、文件

1. 本年度现金日记账 1 本。
2. 本年度银行存款日记账 2 本。
3. 空白现金支票 15 张(00113458 号至 00113472 号)。
4. 空白转账支票 8 张(00782356 号至 00782363 号)。
5. 托收承付、委托收款登记簿 1 本。
6. 托收承付、委托付款登记簿 1 本。
7. 应收票据备查登记簿 1 本。
8. 应付票据备查登记簿 1 本。
9. 转账支票领用登记簿 1 本。
10. 贵重物品明细表 1 份，与实物核对相符。
11. 银行对账单 1~9 月份 9 份；10 月份未达账项说明 1 份。
12. 收据 1 本。

三、印鉴

1. 上海市东方公司财务处转讫印章 1 枚。
2. 上海市东方公司财务处现金收讫印章 1 枚。
3. 上海市东方公司财务处现金付讫印章 1 枚。
4. 上海市东方公司财务处银行收讫印章 1 枚。
5. 上海市东方公司财务处银行付讫印章 1 枚。
6. 上海市东方公司财务专用章 1 枚。
7. 上海市东方公司法定代表人章 1 枚。

项目六

网上收付款业务

任务一　网上收付款业务概述

知识目标

1. 理解网上支付的概念。
2. 掌握网上支付的特点。
3. 掌握网上收付款业务的分类。

能力目标

培养学生处理网上收付款业务问题的能力。

思政目标

1. 培养学生实事求是、精益求精、永远探索创新的工匠精神。
2. 树立追求真理、严谨治学的求实精神，培养专业素养和职业判断能力。

情境导入

新入职的出纳甄仔细已经和前辈学习了现金业务、银行支票、本票、汇票等结算业务。近日，会计主管李小玲告诉甄仔细，互联网的发达使得现在的支付手段变得多种多样。尤其是网上支付越来越普及，想要做好一名合格的出纳，网上收付款业务一定要熟悉。对于主管提出的要求，甄仔细有些头疼，她从未处理过类似业务，有很多疑问。什么是网上支付？网上收付款可以通过哪些方式？具体怎样操作呢？

同学们，下面我们来和甄仔细一起了解网上收付款业务吧！

1.1　网上支付的概念

随着科技的飞速发展，互联网已逐渐渗透到人们生活的方方面面，网上支付正是这一趋势的典型代表。网上支付，顾名思义，是指用户通过互联网平台，使用各种电子支付工具进行货币支付的行为。

网上支付是一种新型的支付方式，它通过互联网平台，使消费者、商家和金融机构之间建立连接，实现资金的转移和交易的完成。消费者与商家、商家与商家都可以通过网络银行、移动支付等方式进行支付，无须现金或银行卡的物理接触。商家可以通过网上支付平台实现资金的快速回笼。金融机构提供各种支付工具和安全保障，确保交易的顺利进行。

1.2　网上支付的特点

网上支付有以下几个特点：

(1) 便捷性：网上支付无须实体交易，消费者和商家可以随时随地完成交易，不受时间、地点的限制。

(2) 高效性：通过互联网平台，资金转移和交易处理变得更为高效，减少了传统支付方式的时间和人力成本。

(3) 安全性：为了保障交易安全，网上支付平台通常会采取多重安全措施，如加密技术、身份验证等，确保交易双方的信息和资金安全。

(4) 多样性：网上支付工具种类繁多，如支付宝、微信、银联云闪付等，满足了不同用户的需求。

(5) 全球化：随着互联网的普及，网上支付已经超越了国界，实现了全球范围内的资金转移和交易。

1.3 网上支付系统与现金货币支付系统运作比较

网上支付系统与现金货币支付系统运作比较见图 6-1。

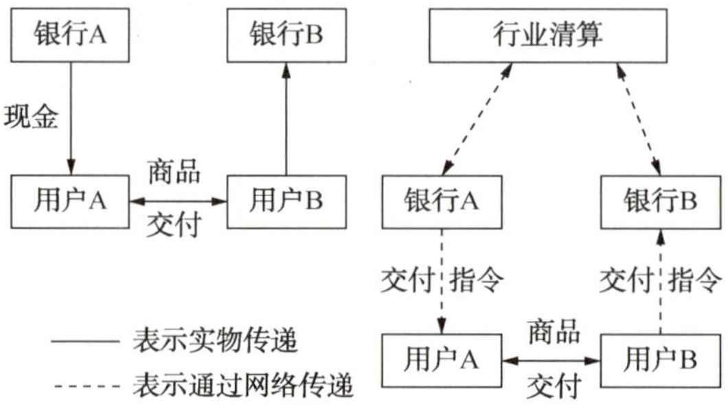

图 6-1 网上支付系统与现金货币支付系统运作比较

1.4 网上收付款业务的分类

甄仔细通过查阅资料并向老员工请教，对网上支付有了一定了解，她想要选择一个合适的方式进行转账业务。通过深入了解，她发现网上收付款业务的提供方主要有银行和支付机构两种。生活工作中我们经常用到的网上收付款方式主要有以下三种：

(1) 网上银行收付款；

(2) 支付宝收付款；

(3) 微信收付款。

甄仔细应该选择哪一种方式呢？

知识拓展

网上支付形成的背景

随着移动互联网应用的崛起和普及，为了满足用户在各种场景（如外卖、电商、就医、直播、社区等）中的便捷式移动支付体验需求，企业需要研发接入支付系统以加入商业行为的闭环，从而更好地实现产品商业化。然而，普通企业并没有支付牌照且不具备清算资质。因此，它们必须通过接入第三方服务商来实现交易。这在本质上意味着真正的支付过程是由应用方系统调用服务商的接口来实现资金转移的。在这种背景下，网上支付行业迅速发展，成为现代社会经济生活中不可或缺的一部分。

值得注意的是，网络具有开放性，虽然它为商业交易提供了便捷性，但同时也带来了诸多挑战，如信息完整性和保密性的问题。为了保证网上支付的顺利进行，以及防止数据被修改，网上支付系统必须满足一定的技术要求，如保证贸易各方信息的完整性和确保数据的保密性。这些要求构成了网上支付背景中的重要组成部分，对于保障网上支付的安全性和稳定性具有至关重要的意义。

巩固练习

一、单项选择题

1. 网上支付是一种新型的支付方式，它通过(　　)平台，使消费者、商家和金融机构之间建立连接，实现资金的转移和交易的完成。

A. 物联网　　B. 互联网　　C. 数据网　　D. 人工智能

二、多项选择题

1. 网上支付的特点包括(　　)。

A. 便捷性　　B. 高效性　　C. 安全性　　D. 多样性

任务二　网上银行收付款业务

知识目标

1. 理解网上银行的概念。
2. 了解网上银行的特点。
3. 了解网上银行的主要业务。
4. 掌握网上银行支付的主要流程。

能力目标

培养学生利用网上银行方式收付款的能力。

思政目标

1. 培养学生实事求是、精益求精、永远探索创新的工匠精神。
2. 树立追求真理、严谨治学的求实精神，培养专业素养和职业判断能力。

情境导入

2024 年 2 月 1 日，ABC 公司要向北京市四通有限公司紧急订购一批原材料，需预付定金 50000 元。由于时间紧、任务急，会计主管李小玲命出纳甄仔细通过网上银行的方式来支付款项。甄仔细需要完成几个任务，她需要先了解一下网上银行。

2.1 初步认识网上银行

2.1.1 网上银行的概念

网上银行又称网络银行、在线银行。就是银行在互联网上设立的虚拟银行柜台，使传统银行服务不再通过物理的银行分支机构来实现，而是借助于网络与信息技术手段在互联网上实现。

网上银行又被称为“3A 银行”，因为它能够在任何时间（Anytime）、任何地方（Anywhere），以任何方式（Anyway）为客户提供金融服务。

2.1.2 网上银行的特点

网上银行有以下几个特点：

（1）全面实现无纸化交易。用户在使用网上银行办理各种业务时，不再使用传统的纸质文档进行记录，而是完全采用电子化的方式来完成交易过程，大大提高了交易效率、降低了成本、减少了错误、增加了透明度，同时也符合环保和可持续发展的理念。

（2）服务方便、快捷、高效、可靠。网上银行服务具有许多优势，包括方便、快捷、高效和可靠等。网上银行服务允许客户随时随地访问他们的账户，无须亲自前往银行分支机构。客户可以通过电脑、手机或平板电脑进行交易，节省了时间和精力。同时，与传统的银行服务相比，网上银行处理交易的速度更快。客户可以在短时间内完成转账、查询余额等操作，无须等待人工服务。此外，网上银行还提供了实时交易确认功能，客户能够立即了解交易状态。另外，网上银行服务采用了先进的安全技术和加密措施，确保客户信息和交易数据的安全。此外，网上银行还建立了完善的客户身份验证和授权机制，防止未经授权的访问和操作。这些措施共同保障了网上银行服务的可靠性。

（3）经营成本低廉。网上银行在经营成本上具有显著优势，网上银行无须设立和维护大量的实体网点，从而节省了租金、装修、设备购置和维护等费用。同时，网上银行不需要大量的柜员和客户经理来处理日常业务，而是依靠先进的自动化系统和人工智能技术来为客户提供服务。这降低了人力成本，并提高了业务处理效率。另外，网上银行实现了业务流程的电子化，包括账户开设、转账、账单查询等。这种电子化流程不仅提高了业务处理速度，还减少了纸质文档的使用和存储成本。随着网上银行客户数量的增加，其运营成本并不会以同样的比例增加。这使得网上银行在扩大市场份额的同时，能够保持较低的运营成本，实现规模经济效应。

（4）简单易用。网上银行通过简化开户流程，提供直观易用的操作界面、多种交易方式、安全保障措施以及及时的客户服务支持等方式，为用户提供了简单、便捷、安全的金融服务体验。

2.1.3 网上银行的分类

1. 按经营模式分为单纯网上银行和分支型网上银行

单纯网上银行是完全依赖于互联网的虚拟电子银行，它没有实际的物理柜台，一般只有一个办公地址，没有分支机构，也没有营业网点，采用互联网等高科技服务手段与客户建立密切的联系，为客户提供全方位的金融服务。

分支型网上银行是指现有的传统银行利用互联网开展传统的银行业务，即传统银行利用互联网作为新的服务手段为客户提供在线服务，实际上是传统银行服务在互联网上的延伸。

2. 按主要服务对象分为企业网上银行和个人网上银行

企业网上银行主要服务于企事业单位，企事业单位可以通过企业网上银行实时了解财务状况，及时调度资金，轻松处理工资发放和大批量的网络支付业务。

个人网上银行主要服务于个人，个人可以通过个人网上银行实时查询、转账，进行网络支付和汇款。

2.1.4 网上银行的主要功能

企业网上银行的功能与个人网上银行的功能不同，如表 6-1 所示。

表 6-1　企业网上银行与个人网上银行的主要功能

企业网上银行	个人网上银行
账户信息查询	账户信息查询
支付指令	人民币转账业务
B2B 网上支付	银证转账业务
批量支付	外汇买卖业务
	账户管理业务
	B2C 网上支付

提示：B2C，商业机构对消费者的电子商务，指的是企业与消费者之间进行的在线式零售商业活动(包括网上购物和网上拍卖等)。

2.2 网上银行的开通

对网上银行有了初步的了解，甄仔细准备赶紧去中国建设银行办理网上银行的开通手续，以便后续通过网上银行进行转账结算。那么同学们请帮甄仔细想一想，开通网上银行需要准备哪些手续和资料呢？下面我们来学习一下。

开通网上银行时，必须出具身份证或有关证件，并遵守有关实名制规定。不同的银行对申请材料的要求会有差异，下面我们以中国建设银行为例介绍(图 6-2)。

(1) 携带本人身份证到中国建设银行，仔细阅读《中国建设银行股份有限公司网上银行业务章程》《中国建设银行股份有限公司网上银行企业客户服务协议》及有关介绍材料并填写网上银行申请表。

（2）将申请材料包括“网上银行企业客户注册申请表”“企业或集团外常用账户信息表”“企业贷款账户信息表”“客户证书信息表”“分支机构信息表”等表格提交给银行柜台工作人员。如果不会填表，可以咨询大堂经理或工作人员。这里需要说明的是：手机号码用来接收银行发送的账户信息，建议使用企业财务人员的手机号码。

（3）银行工作人员会审核填写的表格、身份证及申请材料。

（4）设置网上银行密码，包括登录密码、交易密码、手机密码等。一定要注意网银的密码等一定要保管好，绝对不能透露给无关人员。

（5）银行网点信息审核通过后，会打印网上银行资料。同时发放一张 U 盾，或者动态口令卡及密码信封。这里需要了解，网上银行有两种：

第一种是使用动态口令卡的网银，这种网银没有 U 盾，在柜台签约注册时，银行会给一张口令卡。

第二种是使用 U 盾的网银。在柜台签约开通网银后，银行会给一个 UKey 用户工具（一般叫 U 盾，就是一个 U 盘）、光盘、《网上银行 UKey 安装使用手册》（有的可能只有 U 盾）。光盘是用来安装驱动程序的，放到光驱中双击打开就可以安装了。在使用前，建议详细阅读《网上银行 UKey 安装使用手册》，学习如何安装 UKey 用户工具，下载安全证书到 UKey 中和一些常用的网银操作。

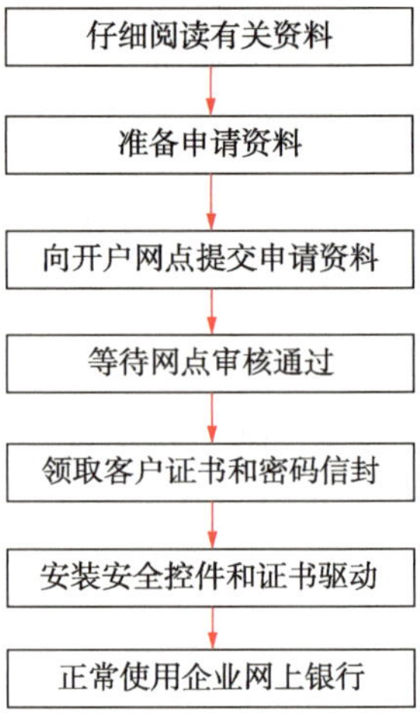

图 6-2　开通企业网上银行示意图

（6）将银行交付的所有东西收齐，回到企业先行安装该行的所有安全控件并登录网上银行，正常使用企业网上银行。

2.3　登录网上银行

开通完成网上银行，甄仔细要抓紧时间完成转账任务。她需要先确认网上银行能够正常登录。

企业网上银行分为简易版和高级版两种，登录简易版仅能查询账面余额，登录高级版除了可以查询余额以外，还可以进行网上汇款业务办理，因此企业多选择登录高级版网上银行。登录高级版网上银行方式如下。

第一步：安装完成 E 路护航网银安全组件后，请将网银盾插入电脑。网银盾无初始密码，需要自行设置，设置完成后点击“确定”即可。这里需要注意：每一个网银盾都需要分别插入电脑设置网银盾密码，如图 6-3 所示。

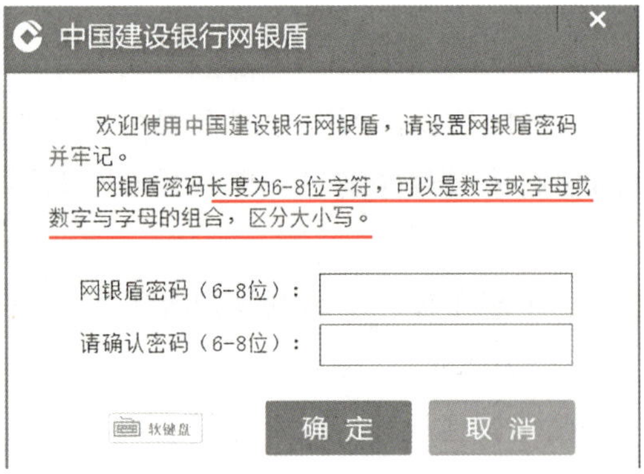

图 6-3　设置网银盾密码界面

第二步：电脑将弹出对话框提示：您将要设置网银盾密码，点击网银盾的“确认”按键将完成网银盾密码的设置；点击“取消”将撤销此次操作。

需要注意的是，如需要修改网银盾密码，需要再次插入网银盾，然后在电脑桌面上找到“E 路护航”的建行蓝色图标，再点击“网银盾管理-修改密码”进行修改。

完成了前置工作，甄仔细终于可以登录企业网上银行了。

第一步：首次登录企业网上银行，应先插入主管网银盾。这里需要注意：企业办理网银盾数量一般为 2~3 个，网银盾背面编码最小的为主管网银盾。登录企业网上银行，需要通过网址：https：//b2b. ccb. com 或通过建行网站（www. ccb. com），点击“公司机构”，选择“企业网上银行”右侧的“登录”（图 6-4）。

图 6-4　登录企业网上银行网址

第二步：选择证书，输入网银盾密码（图 6-5）。

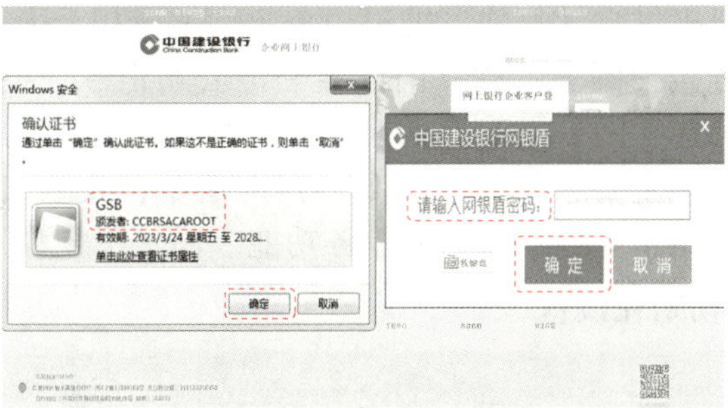

图 6-5　输入密码界面

第三步：这里会出现企业网上银行登录界面，登录界面会自动显示客户号、操作员代码。这里需要注意，主管的操作员代码为 999999，且不能修改。首次登录密码默认为 999999，首次登录后会弹框提示修改密码（图 6-6）。

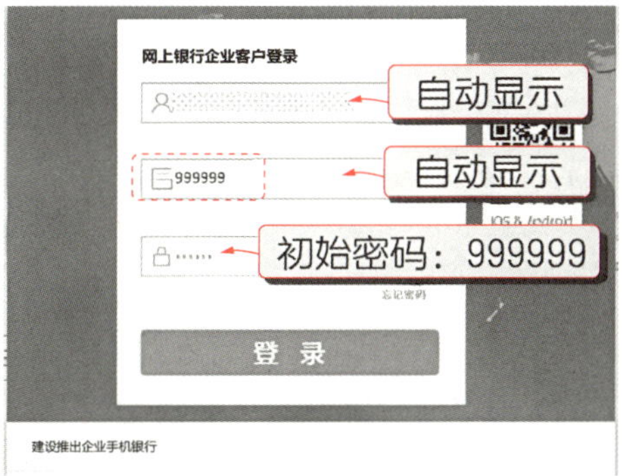

图 6-6　企业网银登录界面

第四步：登录成功后，在企业网上银行首页点击“网银盾激活”，验证主管网银盾密码完成激活（图 6-7）。

第五步：再次登录时，点击“进入操作页面”即可（图 6-8）。

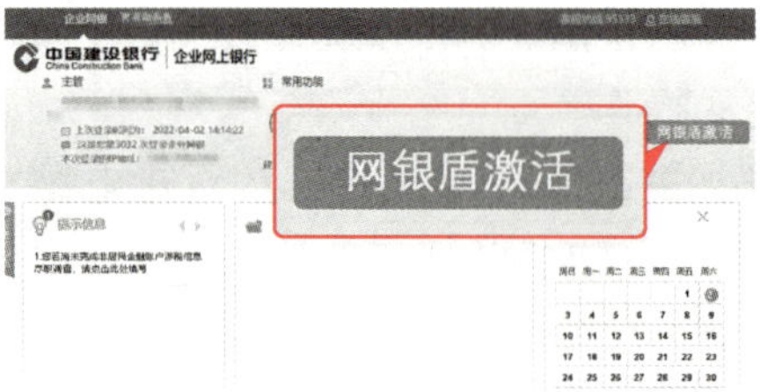

图 6-7 网银盾激活界面

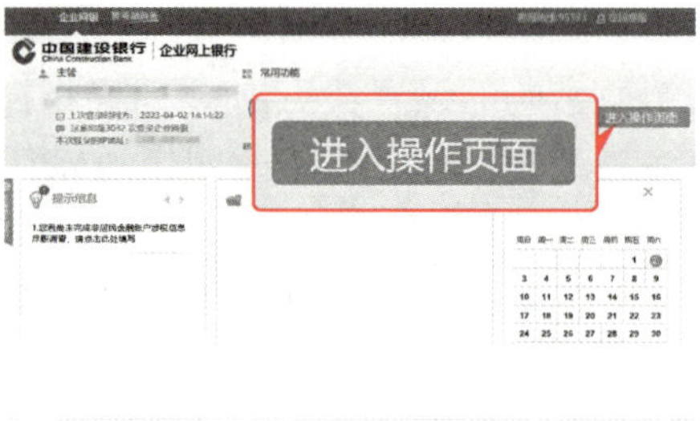

图 6-8 再次登录进入操作页面

2.4 网上银行收付款业务

成功登录网上银行以后，甄仔细根据会计主管李小玲提供的北京市四通有限公司信息（如表 6-2所示）支付预付货款 50000 元。

表 6-2 北京四通有限公司企业信息

企业名称	北京市四通有限公司
开户银行	中国建设银行北京市劲峰支行
银行账户	6227000154091478288
地址及电话	北京市朝阳区劲峰路 996 号 010-86397689

网上银行的功能强大，以中国建设银行为例，有账户管理、结算服务、信贷业务、投资理财、安全服务等功能。其中结算服务中的收款业务和付款业务是企业日常活动中的经常性业务。收款业务可以提供自动收款、批量扣企业、批量扣个人、在线缴费商户等服务。中国建设银行的付款业务包括网上汇款、向证券登记公司汇款、电子商务、外汇汇款、企业财务室、在线缴费等功能。网上汇款是向全国范围内各家银行的企业账户办理逐笔或批量人民币转账汇款的业务，主要包括提交指令、查询指令、收款人名册等功能。网上汇款快速便捷，无时空限制，是企业经常使用的业务功能。

2.4.1 企业网银的初始化设置

1. 新增操作员

第一步：点击“服务管理”“操作员管理”“操作员维护”“新增”。如图 6-9 所示

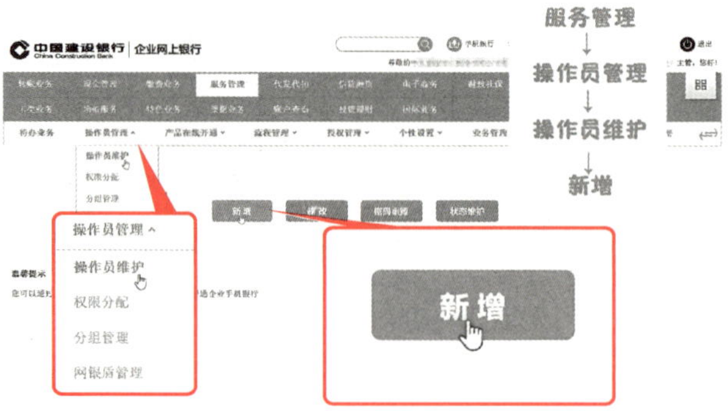

图 6-9 新增操作员界面

选择操作员类型为“普通操作员”，勾选“制单”，然后输入其他带 * 的必填项，“初始密码”可以选择“默认”或“自定义”，若选择默认则该操作员的初始登录密码和交易密码均为 123456，输入主管交易密码（主管初始交易密码为 999999）。如图 6-10 所示。

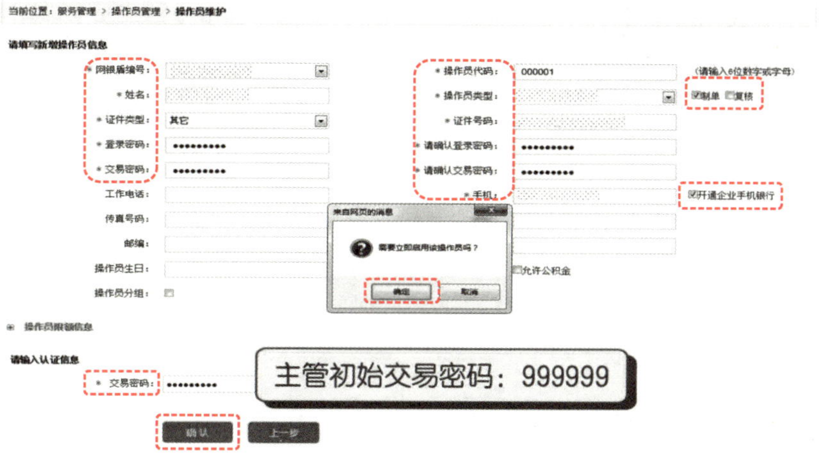

图 6-10　启用操作员界面

点击“确认”启用操作员。

成功设置制单员后，主管继续通过“服务管理”“操作员管理”“操作员维护”，点击页面最下方的“新增”，选择操作员类型为“普通操作员”，勾选“复核”，设置复核员。

2. 权限分配

点击“服务管理”“操作员管理”“权限分配”，选择操作员，点击“账户权限”。如图 6-11 所示。

图 6-11　选择操作员权限界面

勾选企业账户和操作权限，并输入主管交易密码，制单和复核都需要设置账户操作权限。如图 6-12 所示。

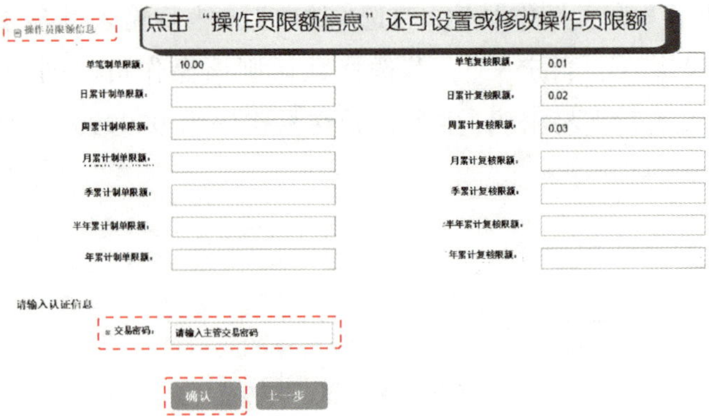

图 6-12　设置账户操作权限界面

3. 设置转账流程

点击"服务管理""流程管理""自定义流程"，业务类型选择"转账业务"，流程类型选择"付款"，点击"下一步"，如图 6-13 所示。

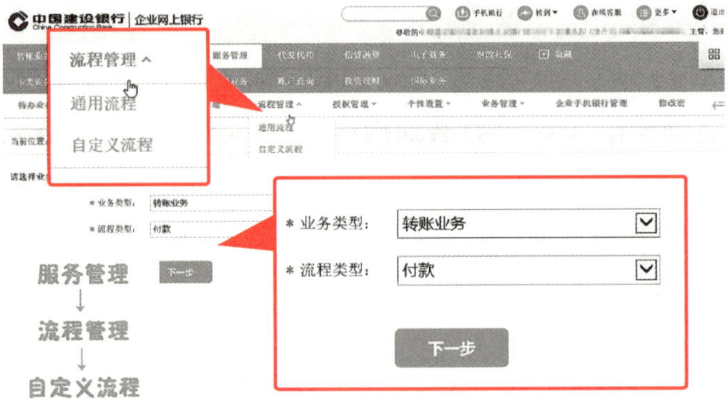

图 6-13　设置转账业务流程界面

点击"新增"，选择"普通""人民币付款"，点击"添加"，输入流程名称，点击"下一步"，如图 6-14 所示。

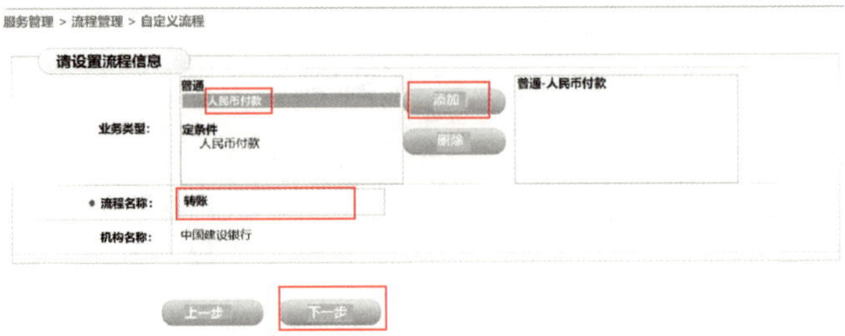

图 6-14　设置流程信息界面

勾选账户，输入流程金额，点击"下一步"。

这里需要注意的是：“流程金额”是指不超过该金额的转账交易仅需复核员复核，无须主管审批；超过流程金额的转账交易复核员复核完成后还需提交主管审批。转账金额≤转账流程金额：制单+复核；转账金额>流程金额：制单+复核+主管，如图 6-15 所示。

图 6-15　流程信息界面

系统已经默认将制单员添加至“级别 1”中，在左侧选择复核员，“添加”到右边，点击“选定第 1 级复核员”。如果只需要制单员录入，超过流程金额需主管审批，可以在该页面直接点击完成设置。如图 6-16 所示。

图 6-16　选定操作员界面

流程级别中出现复核员后，可点击“完成设置”，输入主管交易密码，确认，系统提示自定义流程设置成功。如图 6-17 所示。

图 6-17　流程设置成功界面

初始化设置完成后，拔出主管网银盾，分别插入制单和复核网银盾，系统会提示设置网银盾口令。设置网银盾口令及登录方式与主管一致。设置完成后即可正常登录。

2.4.2　企业网银的账户查询操作

主管设置操作员并且给操作员查询账户权限后，制单、复核、主管登录企业网银均可进行查询。

1. 余额查询

第一步：登录企业网银，选择“账户查询”“账户信息查询”。

第二步：选择“建行活期账户”，在“账户余额”下“点击查询”。

第三步：系统返回查询结果(图 6-18)。

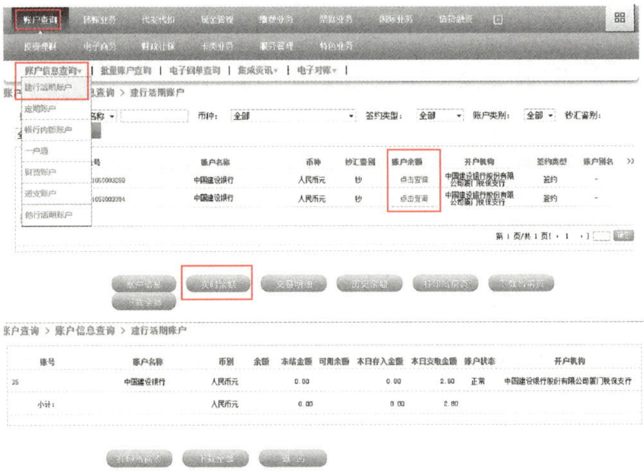

图 6-18　余额查询界面

2. 明细查询

第一步：选择“账户查询”“账户信息查询”。

第二步：点击“交易明细”。

第三步：①进入查询条件输入页面，进行操作。

② 选择相应的金额区间等信息进行查询。

③ 点击“查询”按钮。

第四步：①如需打印电子回单，勾选相应记录(可多选)。

② 点击“电子回单打印/预览”按钮。

第五步：打印回单。

2.4.3 企业网银转账业务操作

第一步：进入企业网上银行登录界面(如图6-19所示)。

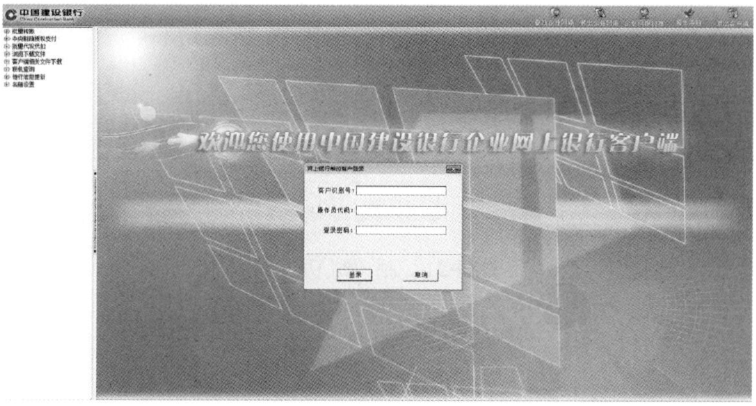

图6-19 企业网上银行登录界面

第二步：制单。

首先插入制单员网银盾，登录企业网银，通过“转账业务”“转账制单”“单笔付款”进行制单。

① 收款人为建行企业账户：点击“转账业务”“转账制单”“单笔付款”“收款人为建行”，输入收款人账号、金额、用途。点击“下一步”进入制单确认页面。如图6-20所示。

图6-20 输入收款人信息界面

提交后系统提示制单成功，如图6-21所示。点击“保存为常用收款账户”按钮，可将该收款账户保存为常用账户，下次转账可以直接在制单页面点击“常用收款账户”选择，进行快速制单。如图6-22所示。

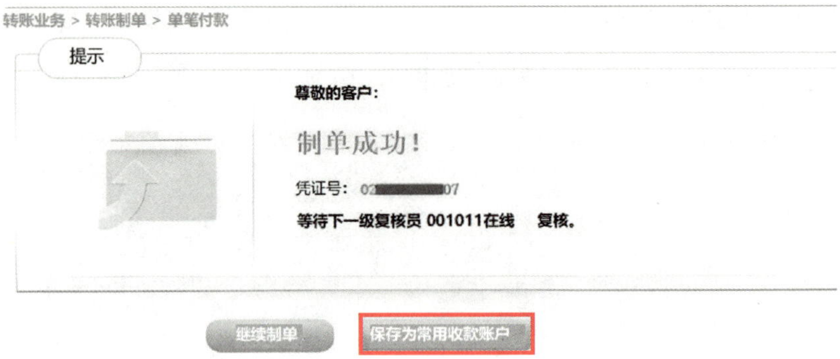

图 6-21　制单成功界面

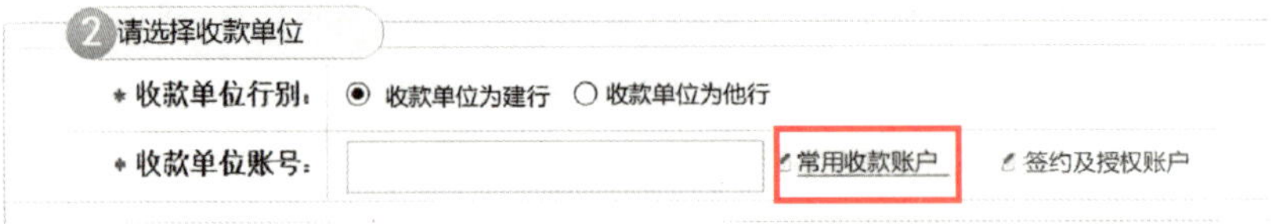

图 6-22　设置常用收款账户界面

②收款人为他行账户：点击"转账业务""转账制单""单笔付款""收款人为他行"，输入收款人账号、户名，如图 6-23 所示。

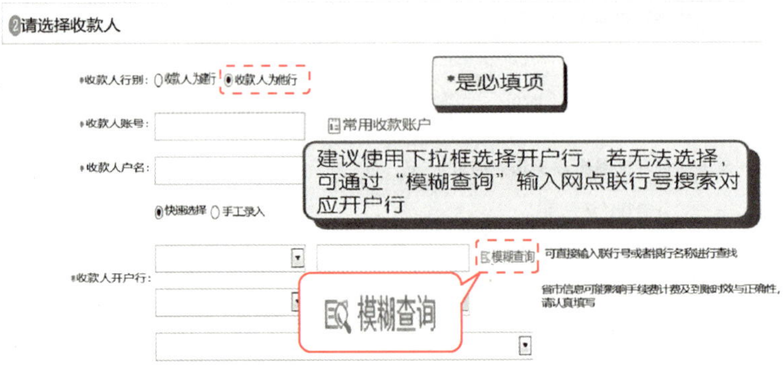

图 6-23　输入他行收款人信息界面

第三步：复核。

拔出制单员网银盾，关闭所有浏览器，再插入复核员网银盾登录企业网银，通过"转账业务""转账复核""按笔复核"进行复核。

不超过转账流程金额的交易，复核员选择"通过"，点击"下一步"，确认信息后，点击"确认"，系统会提示选择证书并输入网银盾密码，点击"确定"，交易提交银行，如图 6-24 所示。如果超过转账流程金额，复核员复核后还需要主管审批。

图 6-24　单据审核成功界面

第四步：出纳人员登记银行存款日记账。

2.4.4　网银支付的注意事项

（1）会计主管必须对出纳人员划款全过程进行监督，直至划款完毕，退出网银系统。

（2）出纳人员所使用的计算机作为办理网银业务的专用机器，必须安装防火墙及杀毒软件，每周至少进行两次全盘病毒查杀。除处理日常工作外，不得使用该机器玩网络游戏、登录不良网站，任何人不得擅自下载网络资源存储于该计算机上。

（3）出纳人员只能利用网银账户办理供应商付款、员工薪资发放等公司授权范围内的资金支付业务，不得私自利用公司网银账户进行私人款项的拆借、挪用。

知识拓展

企业网上银行和个人网上银行的区别

1. 性质不同

企业网上银行客户通过网上银行进行账户信息查询、下载、维护等一系列账户服务。无论用户是集团企业还是中小企业，都可以随时查看总（母）公司及分（子）公司的各类账户的余额及明细，实时掌握和监控企业内部资金情况。

个人网上银行是银行在互联网上设立的虚拟柜台，银行利用网络技术，通过互联网向客户提供开户、销户、查询、对账、行内转账、跨行转账、信贷、网上证券、投资理财等传统服务项目，使客户足不出户就能够安全、便捷地管理活期和定期存款、支票、信用卡及个人投资等。

2. 特点不同

企业网上银行提供多种支付模式，用户可根据集团内部的管理需要，统一设计对外转出或定向汇款的支付模式，通过设计的安全授权和控制方案，实现财务管理上的各种要求。

个人网上银行大大降低了银行的经营成本，有效提高了银行的盈利能力。开办网上银行业务，主要利用公共网络资源，不需设置物理的分支机构或营业网点，减少了人员费用，提高了银行后台系统的效率。

3. 优点不同

企业网上银行无时空限制，有利于扩大客户群体。网上银行业务打破了传统银行业务的地域、时间限制，具有3A特点，即能在任何时候(Anytime)、任何地方(Anywhere)，以任何方式(Anyway)为客户提供金融服务，既有利于吸引和保留优质客户，又能主动扩大客户群，开拓新的利润来源。

个人网上银行有利于服务创新，向客户提供多种类、个性化服务。通过银行营业网点销售保险、证券和基金等金融产品，往往受到很大限制，主要是由于一般的营业网点难以为客户提供详细的、低成本的信息咨询服务。利用互联网和银行支付系统，容易满足客户咨询、购买和交易多种金融产品的需求，客户除办理银行业务，还可以很方便地进行网上买卖股票、债券等，网上银行能够为客户提供更加个性化的金融服务。

巩固练习

一、单项选择题

1. 网上银行支付的特点不包括(　　)。

A. 方便快捷　　B. 简单易用

C. 全面实现无纸化　　D. 经营成本较高

二、多项选择题

1. 下列业务中，李某使用在P银行开通的个人网上银行可以办理的有(　　)。

A. 股票交易　　B. 外汇买卖

C. 期货交易　　D. B2C网上支付

2. 下列业务中，甲公司使用在P银行开通的企业网上银行可以办理的有(　　)。

A. 账户信息查询　　B. 支付指令

C. B2B网上支付　　D. 股票交易

任务三　支付宝收付款业务

知识目标

1. 理解支付宝账户的概念。
2. 了解支付宝账户的相关规定。
3. 了解支付宝收付款业务的相关流程。

能力目标

培养学生利用支付宝账户收付款的能力。

思政目标

1. 培养学生实事求是、精益求精、永远探索创新的工匠精神。
2. 树立追求真理、严谨治学的求实精神，培养专业素养和职业判断能力。

情境导入

2024年2月15日，会计主管李小玲与出纳甄仔细沟通，网上银行只是一种网上支付手段，随着科技和经济的发展，支付宝的运用越来越广泛。支付宝不仅向个人提供服务，也提供给企业专业化的财务管理和资金结算服务。正好，当日有一笔业务需要通过支付宝账户转账给山东万隆食品商贸有限责任公司（简称“山东万隆”）货款888元，企业信息如表6-3所示。甄仔细需要完成以下几个任务：

1. 查询支付宝账户的相关规定。
2. 注册和登录支付宝账户。
3. 完成转账给山东万隆的转账业务。

表6-3　山东万隆企业信息

企业名称	山东万隆食品商贸有限责任公司
开户银行	中国工商银行德州市灵津支行
银行账号	6225887543318521933
地址及电话	山东省德州市灵津路666号 0534-81396356

3.1　支付宝的相关规定

3.1.1　支付宝的概念及业务

支付宝是一款由蚂蚁集团开发的移动支付应用程序，它提供了多种在线和移动支付服务。支付宝的用户主要分为个人用户与企业用户，其中个人用户还可分为个人版与商家版两种，支付宝面向个人用户开展的业务有：收付款、担保交易、生活服务缴费、信用卡还款、个人借贷、理财产品分销、保险产品分销等。支付宝面向企业用户开展的业务主要有企业生活服务号、企业对公收付款、企业流水理财、企业借贷等。

3.1.2　支付宝等支付账户的开户要求

支付机构为客户开立支付账户的，应当对客户实行实名制管理，登记并采取有效措施验证客户身份基本信息，按规定核对有效身份证件并留存有效身份证件复印件或者影印件，建立客户唯一识别编码，并在与客户业务关系存续期间采取持续的身份识别措施，确保有效核实客户身份及其真实意愿，不得开立匿名、假名支付账户。支付机构在为单位和个人开立支付账户时，应当与单位和个人签订协议，约定支付账户与支付账户、支付账户与银行账户之间的日累计转账限额和笔数，超出限额和笔数的，不得再办理转账业务。

支付机构为单位开立支付账户，应当参照《人民币银行结算账户管理办法》第十七条、

第二十四条、第二十六条等相关规定，要求单位提供相关证明文件，并自主或者委托合作机构以面对面的方式核实客户身份，或者以非面对面方式通过至少3个合法安全的外部渠道对单位基本信息进行多重交叉验证。支付机构应当严格审核单位开户证明文件的真实性、完整性和合规性，开户申请人与开户证明文件所属人的一致性，并向单位法定代表人或负责人核实开户意愿，留存相关工作记录。支付机构可以采取面对面、视频等方式向单位法定代表人或负责人核实开户意愿，具体方式由支付机构根据客户风险评级情况确定。

支付机构可以为个人客户开立Ⅰ类、Ⅱ类、Ⅲ类支付账户。以非面对面方式通过至少一个合法安全的外部渠道进行身份基本信息验证，且首次在该支付机构开立支付账户的个人客户，可以开立Ⅰ类支付账户，账户余额可用于消费和转账，余额付款交易自账户开立起累计不超过1000元(包括支付账户向客户本人同名银行账户转账)；自主或委托合作机构以面对面方式核实身份的个人客户或者以非面对面方式通过至少三个合法安全的外部渠道进行身份基本信息多重交叉验证的个人客户，可以开立Ⅱ类支付账户，账户余额可用于消费和转账，所有支付账户的余额付款交易年累计不超过10万元(不包括支付账户向客户本人同名银行账户转账)；以面对面方式核实身份的个人客户或以非面对面方式通过至少五个合法安全的外部渠道进行身份基本信息多重交叉验证的个人客户，可以开立Ⅲ类支付账户，账户余额可以用于消费、转账以及购买投资理财等金融类产品，所有支付账户的余额付款交易年累计不超过20万元(不包括支付账户向客户本人同名银行账户转账)。客户身份基本信息外部验证渠道包括但不限于政府部门数据库、商业银行信息系统、商业化数据库等。其中，通过商业银行信息系统验证个人客户身份基本信息的，应为Ⅰ类银行账户或信用卡。

3.1.3 支付宝等支付账户的转账要求

支付宝支付主要有条码支付和账户余额支付两种。

1. 条码支付的概念

条码支付业务是指银行、支付机构应用条码技术，实现收付款人之间货币资金转移的业务活动。条码支付业务包括付款扫码和收款扫码。付款扫码是指付款人通过移动终端识读收款人展示的条码完成支付的行为。收款扫码是指收款人通过识读付款人移动终端展示的条码完成收款的行为。其中，支付机构向客户提供基于条码技术付款服务的，应当取得网络支付业务许可；支付机构为实体特约商户和网络特约商户提供条码支付收单服务的，应当分别取得银行卡收单业务许可和网络支付业务许可。

目前，常见的条码支付，除银行及支付机构，还有由中国银联携手各商业银行、支付机构共同开发建设、共同维护运营的便民支付服务，以及融合了多个银行和支付机构的支付端口、提供聚合类型二维码的聚合支付。银联便民支付服务除条码支付功能，还可以实现转账、缴费、信用卡还款等多项功能，并集合了部分银行的信用卡申请、理财信贷等服务，成为我国条码支付服务市场的重要构成之一。聚合支付又称第四方支付，由提供聚合支付服务的机构或银行融合不同支付机构及银行的多个支付接口，将不同机构分别生成的二维码聚合为一个二维码，使商户仅需提供一个二维码即可实现付款人自主选择使用不同银行或支付机构的 App 扫码付款。

2. 条码支付的交易验证及限额

条码支付业务可以组合选用下列三种要素进行交易验证：一是仅客户本人知悉的要素，如静态密码等；二是仅客户本人持有并特有的，不可复制或者不可重复利用的要素，如经过安全认证的数字证书、电子签名，以及通过安全渠道生成和传输的一次性密码等；三是客户本人生物特征要素，如指纹等。

根据交易验证方式和风险防范能力的不同，条码支付有四种限额要求：一是风险防范能力达到 A 级，即采用包括数字证书或电子签名在内的两类(含)以上有效要素对交易进行验证的，银行、支付机构可与客户通过协议自主约定单日累计限额；二是风险防范能力达到 B 级，即采用不包括数字证书、电子签名在内的两类(含)以上有效要素对交易进行验证的，同一客户单个银行账户或所有支付账户单日累计交易金额应不超过 5000 元；三是风险防范能力达到 C 级，即采用不足两类有效要素对交易进行验证的，同一客户单个银行账户或所有支付账户单日累计交易金额应不超过 1000 元；四是风险防范能力达到 D 级，即使用静态条码的，同一客户单个银行账户或所有支付账户单日累计交易金额应不超过 500 元。

银行、支付机构提供收款扫码服务的，应使用动态条码，设置条码有效期、使用次数等方式，防止条码被重复使用导致重复扣款，确保条码真实有效。

3. 账户余额支付的交易验证及限额

账户余额支付的交易验证的要素与条码支付业务相同，而根据交易验证方式和风险防范能力的不同，支付机构对个人客户使用支付账户余额付款的交易有三种限额要求：一是采用包括数字证书或电子签名在内的两类(含)以上有效要素进行验证的交易，单日累计限额由支付机构与客户通过协议自主约定；二是采用不包括数字证书、电子签名在内的两类(含)以上有效要素进行验证的交易，单个客户所有支付账户单日累计交易金额应不超过 5000 元(不包括支付账户向客户本人同名银行账户转账)；三是采用不足两类有效要素进行验证的交易，单个客户所有支付账户单日累计交易金额应不超过 1000 元(不包括支付账户向客户本人同名银行账户转账)，且支付机构应当承诺无条件全额承担此类交易的风险损失赔付责任。

3.2 支付宝企业账户的开通

3.2.1 申请材料的准备

开通支付宝企业账户，需要提前准备如下材料：

（1）营业执照；

（2）法定代表人有效身份证件；

（3）法定代表人本人支付宝账户（用于授权扫脸认证）；

（4）对公银行账户（与营业执照名称一致）；

（5）未注册过支付宝/淘宝的邮箱，后续此邮箱可作为登录账号。

3.2.2 支付宝企业账户的开通流程

第一步：注册支付宝账户，点击“我是支付宝商家”，如图 6-25 所示。

图 6-25　支付宝注册界面

第二步：点击“企业账户”，输入电子邮箱和验证码。这里需要注意，公司账户只能使用邮箱注册。输入完成后点击“下一步”，如图 6-26 所示。

图 6-26　企业账户注册界面

第三步：验证手机，如图 6-27 所示。

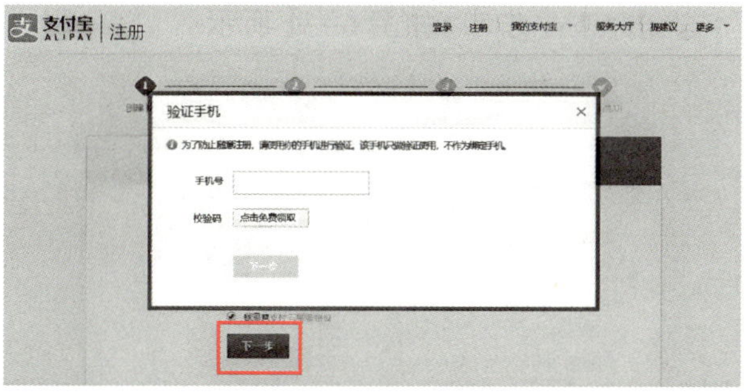

图 6-27　验证手机界面

第四步：点击“立即查收邮件”，随后进入邮箱，如图 6-28 所示。

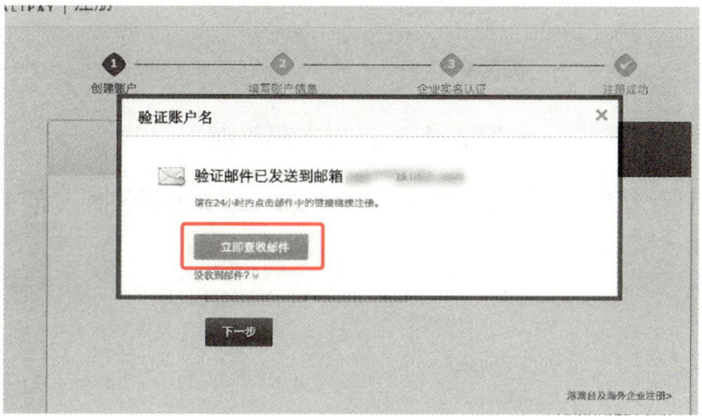

图 6-28　邮箱验证界面

第五步：在邮箱中会收到一封激活支付宝账户的邮件，点击“请激活您的支付宝账户”，完成激活。如图 6-29 所示。

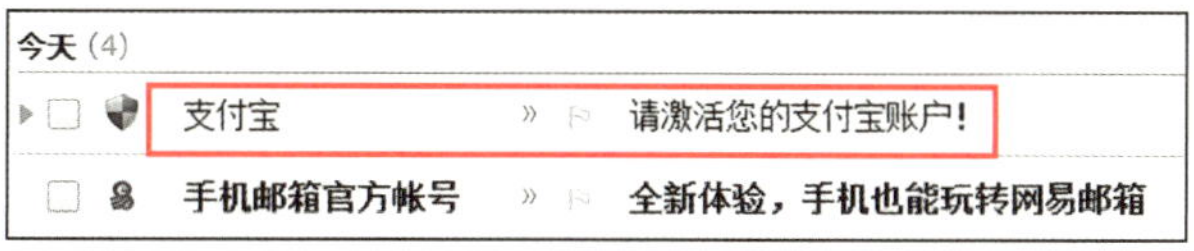

图 6-29　邮件激活界面

第六步：点击“继续注册”。如图 6-30 所示。

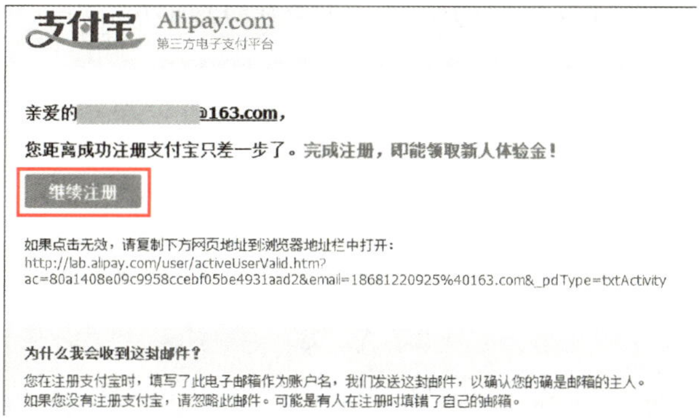

图 6-30　继续注册支付宝账户界面

第七步：设置密码，点击“下一步”。如图 6-31 所示。

图 6-31　设置密码界面

第八步：除了填写法定代表人信息，还需如实填写实际控制人信息。如图 6-32 所示。

图 6-32　填写相关信息界面

第九步：申请企业支付宝账户需要进行实名认证，填写完以上信息后，请选择以下界面中的验证方式继续完成认证即可使用账户。如图 6-33 所示。

图 6-33　选择验证方式界面

甄仔细按照上文讲解的支付宝企业账户的详细注册流程进行了支付宝企业账户的注册，终于可以使用支付宝企业账户啦！下面，她需要尝试一下，能否正常登录，然后将企业的银行账户添加到支付宝账户中。

3.2.3 支付宝添加银行账户的方法

支付宝添加银行账户类似于到柜台开通银行账户。通过支付宝添加银行账户大大节省了成本，提高了工作效率。其方法如下。

第一步：登录支付宝企业账户，如图 6-34 所示。

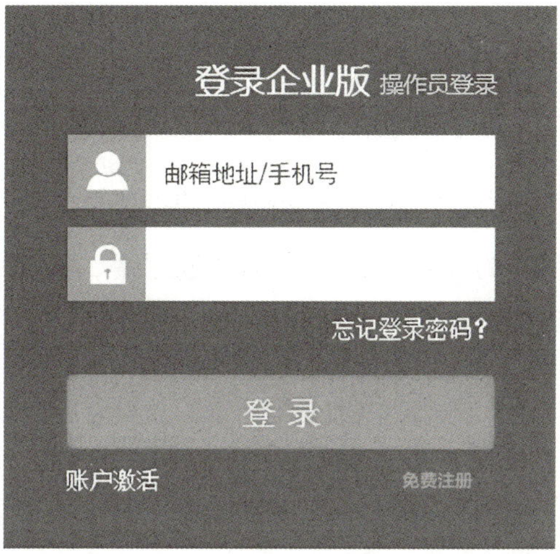

图 6-34 支付宝企业账户登录界面

第二步：点击“账户管理”，进入“银行账户”，随后选择“添加银行账户”。如图 6-35 所示

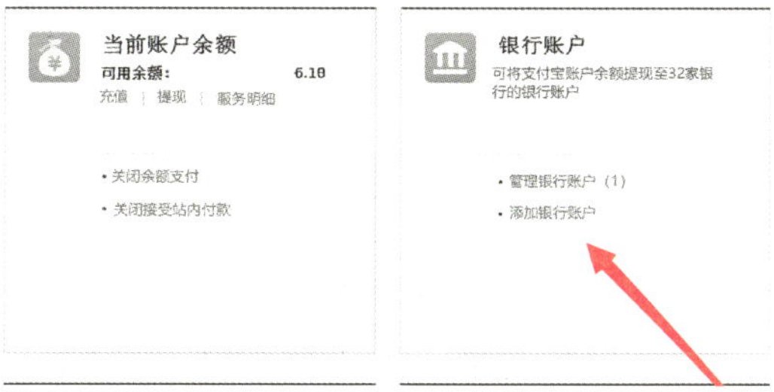

图 6-35 添加银行账户界面

第三步：进入添加页面后，根据页面提示填写对应的对公银行账户信息，包括银行账号、开户银行、开户银行所在地区、开户银行支行名称，点击“确定”即可添加成功。如图 6-36 所示。

3.3 支付宝收付款业务

甄仔细成功地在支付宝账户中添加了企业银行账户，终于能够正常地进行收付款业务啦！她决定抓紧时间将山东万隆食品商贸有限责任公司的货款转过去。

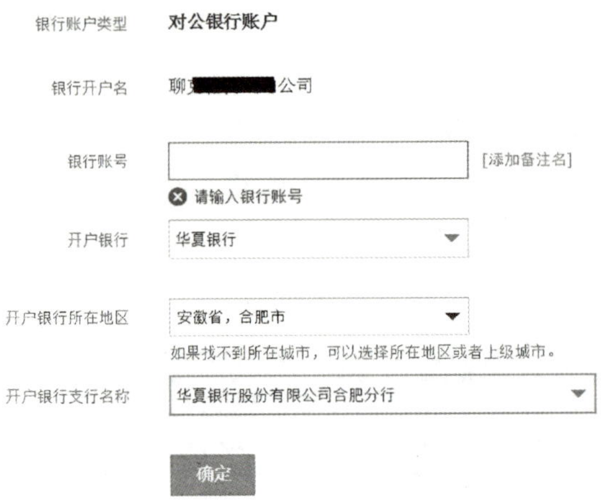

图 6-36　填写银行账户信息界面

转账，是支付宝商家中心为商户提供的基础功能之一，主要是为商户提供便捷的资金转移操作，分为单笔转账到支付宝账户与单笔转账到银行账户。

3.3.1　单笔转账到支付宝账户的操作

转账功能为自动开通的功能，首先打开支付宝商家中心，选择“资金管理”，点击“转账到支付宝账号”，页面会显示当前账户可用余额。如图 6-37 所示。

图 6-37　填写转账信息界面

然后，选择收款账号，输入转账金额，按需填写备注(选填)，输入支付密码，最后确认转账即可完成。

资金到账时间一般为实时到账。

3.3.2　单笔转账到银行账户的操作

转账到银行账户，提供把企业支付宝账户资金转到其他银行账户的功能。企业转账到银行账户是指将支付宝账户中的可用余额，转入指定收款方(个人或企业)的银行账户中。

转账到银行账户功能同样为自动开通的功能。操作路径是：首先，打开支付宝商家中心，点击“资金管理”，选择“转账到银行账户”，页面会显示当前账户可用余额。如图 6-38 所示。

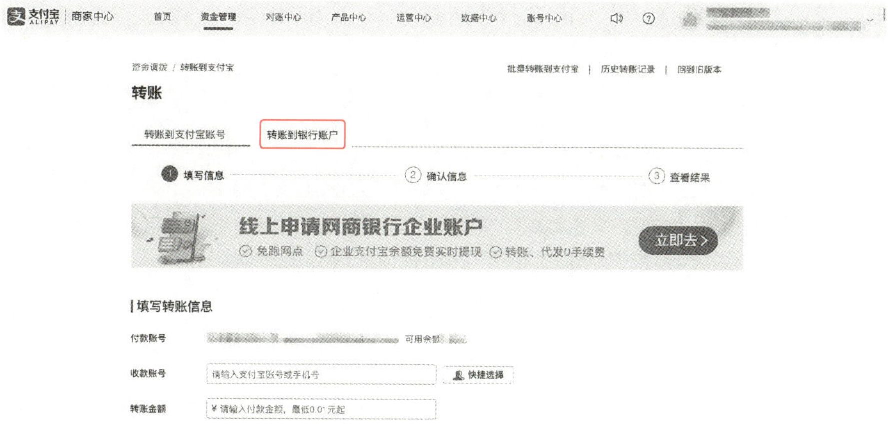

图 6-38　转账到银行账户界面

其次，在转账信息中输入收款账号，输入转账金额，同时按需填写备注(选填)，选择“银行服务类型”，输入支付密码，最后确认转账即可完成。

这里需要注意：转账页面会展示“银行转账到账时间”“服务费收费标准”，财务人员可以按需参考。

资金的到账时间根据转账操作时选择的银行服务类型，分为“当日 24 点前到账”和“下个工作日 24 点前到账”两类，实际到账时间一般以银行时间为准。

也可根据需要选择转账到账时间，选择到账时效不同收费可能会不同，出纳需要在转账发起后留意资金到账情况，节假日受央行系统影响，具体到账时间一般以银行为准。

出纳人员应打印支付单据交给会计，会计据以编制记账凭证并传递给会计主管审核。出纳人员登记银行存款日记账。

3. 4　支付宝充值、提现业务

3. 4. 1　支付宝充值业务

就是把公司在银行的资金通过网上银行转到企业支付宝账户里。

第一步：电脑端登录支付宝账户(www. alipay. com)，点击“充值”。如图 6-39 所示。

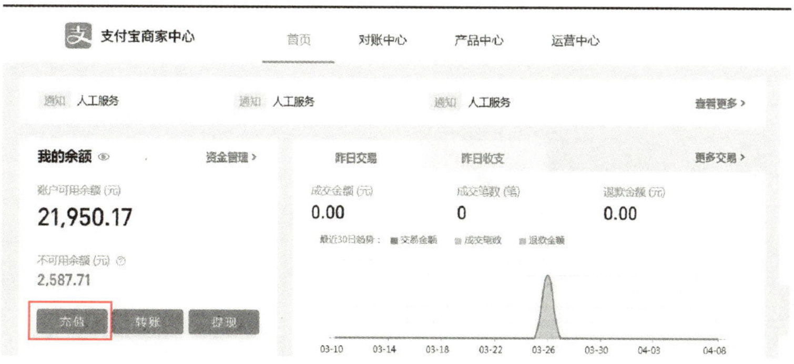

图 6-39　支付宝选择充值业务界面

第二步：选择“充值到余额”，再选择“储蓄卡”(图 6-40)。

图 6-40　支付宝选择储蓄卡充值界面

第三步：选择“网上银行”，找到中国建设银行企业版，点击“下一步”。如图 6-41 所示。

图 6-41　网上银行选择界面

第四步：输入金额，点击“登录到网上银行充值”。输入密码即可完成充值。

3.4.2　支付宝提现业务

支付宝提现是将企业支付宝账户的可提现余额提取到和支付宝账户认证名一致的银行账户的功能。

企业支付宝开启自动提现到对公银行卡方法如下。

第一步：进入自己公司的企业支付宝账户，点击“资金管理”。

第二步：点击“自动调拨”。如图 6-42 所示。

图 6-42　资金管理界面

第三步：进入自动调拨页面后，选择自动提现。这时会提示你未开通自动提现，点击“立即开通”即可。如图 6-43 所示。

图 6-43　自动提现界面

第四步：进入自动提现开通页面后，输入公司对公银行账户信息，以及自动提现规则。根据企业提现情况进行设置即可。如图 6-44 所示。

图 6-44　设置自动提现规则界面

知识拓展

支付宝企业账户和个人账户有什么区别

(1) 开通要求不一样：企业账户是以公司名义注册，需提交营业执照信息；个人账户是以个人名义注册，需要提供本人的有效身份证件信息；

(2) 绑定银行账户不一样：企业账户仅可绑定对公银行账户，个人账户只能绑定本人名下的银行账户；

(3) 提现要求不一样：企业账户的钱只能提现到对公银行账户，个人账户的钱只能提现到本人的银行账户；

(4) 收款功能不一样：企业账户支持花呗收款功能，个人账户不支持花呗收款功能。

巩固练习

一、单项选择题

1. 根据网上支付相关法律制度的规定，下列关于条码支付交易限额的表述中，不正确的是(　　)。

A. 采用包括数字证书或电子签名在内的两类以上有效要素对交易进行验证的，银行、支付机构可与客户通过协议自主约定单日累计限额

B. 采用包括数字证书、电子签名在内的两类以上有效要素对交易进行验证的，同一客户单个银行账户或所有支付账户单日累计交易金额不能超过 5000 元

C. 采用不足两类有效要素对交易进行验证的，同一客户单个银行账户或所有支付账户单日累计交易金额不能超过 1000 元

D. 使用静态条码的，同一客户单个银行账户或所有支付账户单日累计交易金额不能超过 500 元

二、多项选择题

1. 根据网上支付相关法律制度的规定，下列各项中，属于条码支付交易验证方式的有(　　)。

A. 静态密码　　B. 数字证书　　C. 电子签名　　D. 单位证明

2. 根据网上支付相关法律制度的规定，下列各项中，支付机构可以为个人客户开立Ⅲ类支付账户的有(　　)。

A. 以面对面方式核实身份

B. 以非面对面方式通过 1 个合法安全的外部渠道进行身份基本信息验证

C. 以非面对面方式通过 3 个合法安全的外部渠道进行身份基本信息多重交叉验证

D. 以非面对面方式通过 5 个合法安全的外部渠道进行身份基本信息多重交叉验证

任务四　微信收付款业务

知识目标

1. 理解微信支付的概念。
2. 掌握微信支付的特点。
3. 掌握微信收付款业务的流程。

能力目标

培养学生处理微信收付款业务问题的能力。

思政目标

1. 培养学生实事求是、精益求精、永远探索创新的工匠精神。

2. 树立追求真理、严谨治学的求实精神，培养专业素养和职业判断能力。

情境导入

2024 年 3 月，出纳人员甄仔细工作了一段时间后，会计主管李小玲发现甄仔细工作认真负责、积极进取。于是对甄仔细说："现在互联网技术日新月异，给我们会计人员也带来了方便。除了网上银行、支付宝外，更多的人使用微信进行款项的支付。甄仔细啊，你是年轻人，正好我们公司有四笔日常经济业务(如表 6-4 所示)，你来学习学习如何用微信支付。"甄仔细愉快地接受了任务。

表 6-4　日常经济业务

业务号	时间	业务描述
1	2024 年 3 月 3 日	在网上猫猫商城购买惠普打印机，花费金额 1500.00 元
2	2024 年 3 月 5 日	发给销售部门业务员电话补助，每人每月 100 元，以网上电话费充值的形式发放
3	2024 年 3 月 6 日	参加春季展销会，销售人员在自助贩卖机上采购 250mL 可乐 10 罐，每罐 2.50 元，共支付金额 25.00 元
4	2024 年 3 月 7 日	网上开通微信自助商户账户，支付测试费 0.01 元

出纳甄仔细需要完成以下任务：

1. 申请并登录微信。

2. 利用不同的支付方式支付上述业务款项。

4.1　初步了解微信

微信是一款非常流行的社交软件，由腾讯公司开发并运营。微信支持文字、语音、视频等多种形式的通信，用户可以通过微信与好友、家人、同事等进行实时交流。微信还提供了朋友圈、公众号、小程序等功能，让用户可以分享生活点滴、获取资讯、享受便捷服务。此外，微信还支持转账、支付、购物等金融功能，成为人们生活中不可或缺的一部分。

微信的用户数量非常庞大，覆盖了全球范围。微信的界面简洁易用，操作方便，深受用户喜爱。同时，微信还不断推出新功能，以满足用户不断变化的需求。

微信支付是一种非常流行的支付方式，已经成为了中国市场上的主要支付工具之一。微信支付的主要功能包括在线支付、转账、购买商品和服务等。

微信支付非常安全可靠，采用了多种安全措施来保护用户的资金安全。微信支付采用了先进的加密技术，确保用户的交易信息不会被泄露或被他人盗用。此外，微信支付还提供了多种安全保障措施，如实名认证、密码设置等，以确保用户的账户和资金安全。

除了安全可靠，微信支付还非常方便快捷。用户可以通过手机或电脑轻松完成支付，无须携带现金或银行卡。此外，微信支付还支持多种支付方式，如条码支付、扫码支付、公众号支付、App 支付等，用户可以根据需要选择最适合您的支付方式。

4.2 申请微信支付服务商

申请微信支付服务商首先要递交申请材料。

4.2.1 申请材料

（1）微信支付服务商仅面向通过微信认证的企业类型服务号开放申请。

（2）申请资料准备。

① 公司联系方式：包含联系人姓名、联系人手机号码、联系人邮箱；

② 客服电话；

③ 公司对公账户信息：包含开户银行信息、开户账号。

以下信息将自动从微信认证拉取，如果需要更新相关信息，可以修改。

① 营业执照信息：包含营业执照号、有效期、高清扫描件；

② 组织机构代码证信息：包含组织机构代码、有效期、高清扫描件；

③ 业务经办人或法人证件信息：身份证或护照均可。

目前微信认证需要一次性支付费用 300 元。

4.2.2 申请流程

第一步：使用浏览器搜索“微信公众号平台”，进入官网后申请一个服务号并注册，如果已有服务号并且认证过，就可以跳过这一步。

第二步：登录后，点击“微信支付”，选择“服务商申请”，进入服务商申请界面，可以看一下是否满足申请条件，如图 6-45 所示。

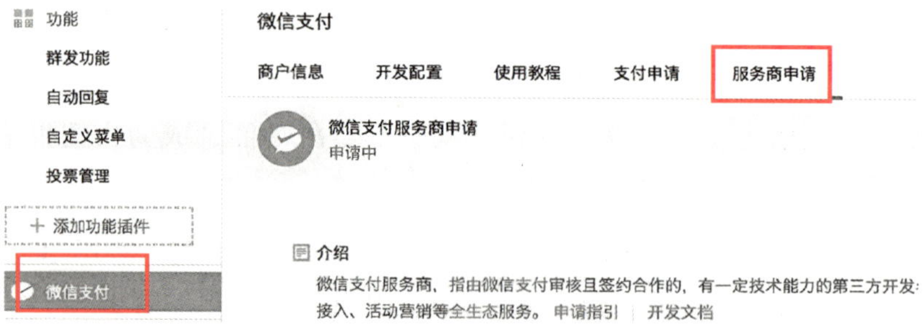

图 6-45 服务商申请界面

第三步：参照申请界面上的要求，填写经营信息、联系信息，确认无误后，点击“确认”提交。如图 6-46 所示。

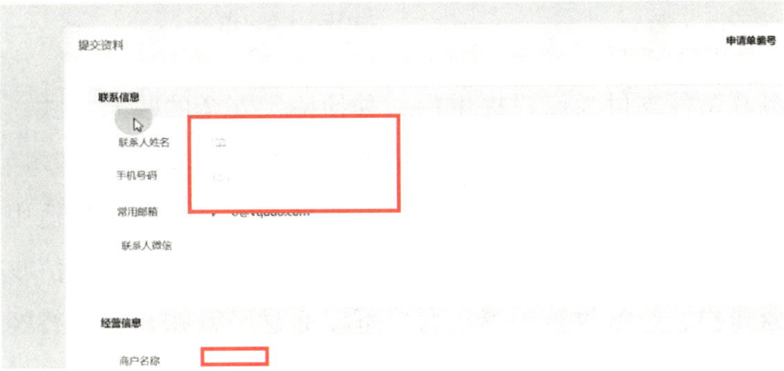

图 6-46　填写信息界面

第四步：等待审核。资料的审核一般要 1~3 个工作日，通过审核后会给用户填写的邮箱发一封邮件，获得微信支付商户号、商户平台登录账号和密码。

第五步：利用邮箱提供的账号和密码登录微信支付商户平台，进入账户设置，查看账户信息并通过服务商申请来查看账户验证情况。如图 6-47 所示。

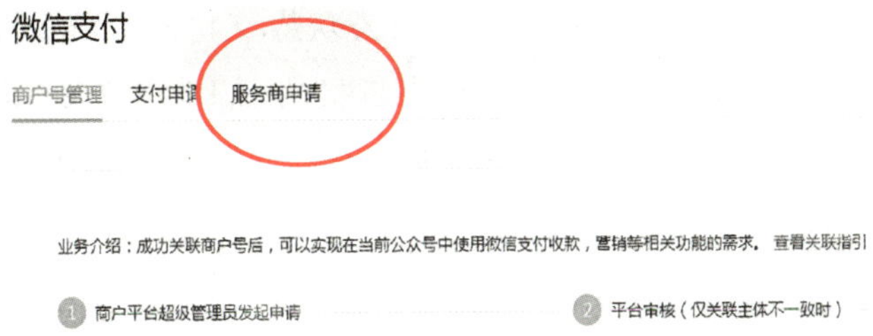

图 6-47　查看账户验证情况界面

第六步：验证完毕就可以签署合作协议了，签署前一定要仔细确认商户信息是否正确，签约完成后就可以成为微信支付服务商了。如图 6-48 所示。

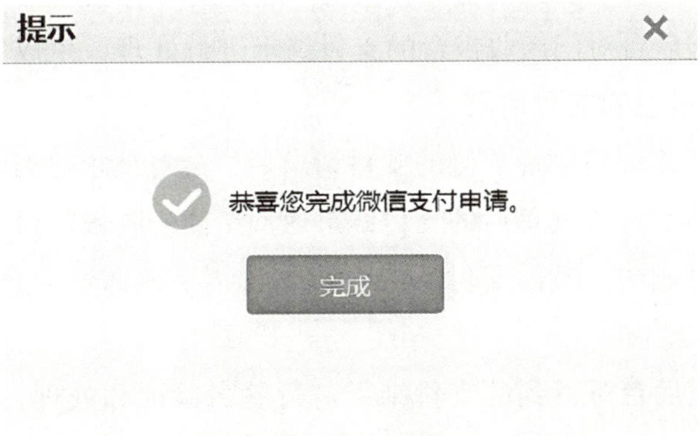

图 6-48　完成申请界面

4.3 微信收款业务

微信收款业务是微信支付为商户提供的一种便捷、安全的收款方式。商户可以通过微信收款业务，轻松实现线上和线下的收款，提高收款效率，降低经营成本。

微信收款业务主要包括个人收款和商业收款两种类型。个人收款适用于个人之间的转账和收款，而商业收款则适用于商家和企业的收款。商户可以使用微信收款商业版提供的各种功能，如经营账户、经营收款码等。商户可以通过经营账户，进行经营收款、顾客管理、物料管理、添加店员等操作。同时，经营账户还支持专属收款码、转账等方式，方便商户进行收款。

4.4 微信支付业务

进行微信支付时可以采用条码支付、公众号支付、扫码支付和 App 支付等多种形式，用户可以根据业务需要及实际情况灵活应用。出纳人员甄仔细准备通过条码支付的方式，支付惠普打印机的设备采购款 1500 元；采用公众号支付的方式，支付电话补贴每人每月 100 元；通过微信扫码支付的方式支付自动售货机的可乐款 25 元；最后，采用 App 方式支付自助商户测试费 0.01 元。我们和她一起来学习一下怎么支付吧！

4.4.1 条码支付

条码支付是指用户展示条码，商户扫描后，完成支付。通常情况下，收银员在商户系统操作生成支付订单后需经用户确认支付金额，商户进行支付。

第一步：收银员在商户收银后台生成支付订单，并向用户展示支付金额。

第二步：用户打开微信客户端，选择“付款码”，进入条码界面。

第三步：收银员使用扫码设备读取用户手机屏幕上的条码。

第四步：扫码设备将读取的信息上传给门店收银台。

第五步：门店收银台得到支付信息后，向商户收银后台发起支付请求。

第六步：商户收银后台对门店收银台的支付请求进行处理，生成签名后调用“付款码支付 API”向微信支付系统发起支付请求。

第七步：微信支付系统得到商户侧的支付请求后，会对请求进行验证。如果验证通过，会对请求数据进行处理，并将处理后的支付结果返回给商户收银后台。

第八步：如果支付成功，微信支付系统会将支付结果返回给商户，并通过短信、微信消息的形式通知用户。

第九步：商户收银后台对得到的支付结果进行签名验证和处理，再将支付结果返回给门店收银台。

第十步：收银员看到门店收银台的支付结果后，给用户发货。

请注意，具体的支付流程可能因支付平台、商户系统架构等因素而有所不同。因此，在实际应用中，商户应根据自身需求和支付平台的要求，对支付流程进行相应的调整和优化。

甄仔细通过业务学习，顺利地完成了支付打印机货款的任务，下面，她需要打印已经支付成功的单据交给会计，以便会计尽快编制记账凭证并交给会计主管审核。通过审核的记账凭证将由出纳人员甄仔细用来登记银行存款日记账。

4.4.2 公众号支付

微信公众号支付是指用户在微信中打开商户的 H5 页面，商户在 H5 页面通过微信支付提供的 JSAPI 接口调用微信支付模块来完成支付。这种支付方式适用于在公众号、朋友圈、聊天窗口等微信内完成支付的场景。

微信公众号具体支付流程如下。

第一步：商户收银后台系统生成图文消息链接或二维码，然后将其传给用户。

第二步：用户点击消息链接或扫描二维码，从而在微信客户端打开商户 H5 网页。

第三步：在网页内，请求生成支付订单。

第四步：商户收银后台系统生成商户订单。

第五步：调用统一下单 API，生成预付单，并返回预付单信息(prepay_ id 订单 id)。

第六步：生成 JSAPI 页面调用的支付参数并签名，然后将支付参数返回给客户端。

第七步：用户点击“支付”，JSAPI 接口请求支付。

第八步：检查参数合法性和授权域权限，返回验证结果，并要求支付授权。

第九步：确认支付。用户输入密码，提交支付授权，支付系统验证授权。

第十步：异步通知商户支付结果。

第十一步：返回支付结果，并发微信消息提示，展示支付消息给用户。

第十二步：微信跳转回商户 H5 页面。

第十三步：查询用户后台支付结果。调用查询 API，查询支付结果，返回支付结果。

第十四步：商户发货及支付后个性化页面提示。

甄仔细通过业务学习，顺利地完成了支付电话补贴的任务，下面，她需要打印已经支付成功的单据交给会计，以便会计尽快编制记账凭证并交给会计主管审核。通过审核的记账凭证将由出纳人员甄仔细用来登记银行存款日记账。

4.4.3 扫码支付

商户根据微信支付的规则，为不同商品生成不同的二维码展示在各种场景，用于用户扫描购买。用户根据商户展示在各种场景的二维码进行扫描支付。微信扫码支付的流程如下。

第一步：打开微信的主页面之后，点击右上角的“+”。在弹出的选项中，点击“扫一扫”选项。

第二步：扫描别人的收款二维码。

第三步：扫描完对方的二维码之后，在选框中输入金额。

第四步：输入金额之后，点击下面的“付款”，输入密码或验证指纹进行付款就可以了。

请注意，完成以上步骤需要保证你的微信钱包或绑定的银行卡中有足够的余额以完成支付。同时，为了保障资金安全，进行微信支付时需要确保网络环境是安全的。

需要注意的是，使用微信扫码支付时，用户需要确保扫描的二维码来源可靠，以免遭受诈骗或造成资金损失。此外，商户也需要确保生成的支付二维码符合微信支付的相关规定和要求。

甄仔细通过业务学习，顺利地完成了支付自动售货机可乐款的任务，下面，她需要打印已经支付成功的单据交给会计，以便会计尽快编制记账凭证并交给会计主管审核。通过审核的记账凭证将由出纳人员甄仔细用来登记银行存款日记账。

4.4.4 App 支付

App 支付适用于商户在移动端 App 中集成微信支付功能。商户 App 调用微信支付模块，商户 App 会跳转到微信中完成支付，支付完后跳回到商户 App 内，最后展示支付结果。目前微信支付支持的手机系统有：iOS（苹果）、Android（安卓）和 WP（ Windows Phone）。微信 App 支付流程主要包括以下几个步骤。

第一步：用户在商家平台选择商品或服务，确认购买信息后进行支付。

第二步：商家收银后台系统调用微信支付的统一下单 API。

第三步：微信支付系统收到请求后，生成预支付交易单并返回交易会话的二维码链接 code_url。

第四步：商家收银后台系统根据返回的 code_ url 生成二维码，展示给用户。

第五步：用户打开微信 App，点击右上角的“+”号，选择“扫一扫”功能，扫描商家提供的二维码。

第六步：微信客户端将扫码内容发送到微信支付系统。

第七步：微信支付系统收到客户端请求后，验证链接有效性，然后发起用户支付，并要求用户授权。

第八步：用户在微信客户端输入支付密码，确认支付后，微信客户端提交授权。

第九步：微信支付系统根据用户授权完成支付交易。

第十步：微信支付系统完成支付交易后，给微信客户端返回交易结果，并通过微信消息等方式提示用户。

甄仔细通过业务学习，顺利地完成了测试费的支付任务，下面，她需要打印已经支付成功的单据交给会计，以便会计尽快编制记账凭证并交给会计主管审核。通过审核的记账凭证将由出纳人员甄仔细用来登记银行存款日记账。

微信除了具有上述四种支付功能，还具有刷脸支付和转账功能。刷脸支付虽然节省时间、解放双手，但是很多人担心刷脸支付会泄露自己的信息、存在安全隐患。随着技术、算法的进步，可以将错误率降到最低。

2016年3月1日起，微信支付对转账功能停止收取手续费。同日起，对个人用户的微信零钱提现功能开始收取手续费。

知识拓展

企业微信和个人微信的区别

1. 申请注册信息登记的区别

企业订阅号申请时，必须填写企业的相关资料，比如公司名称、统一社会信用代码等。而个人订阅号申请时所填资料是与个人的身份认证相关的，比如姓名、身份证号码等。这些信息必须要如实填写，否则无法通过审核。

2. 账号类型升级的区别

微信公众号分服务号和订阅号，只有企业组织才可以申请服务号。服务号每个月只可以发4条群发消息，但是服务号可以自建菜单，设置三个菜单导航，每个菜单下面有五个子导航，可以最大限度将企业信息通过纯文字或者图文方式展示。企业订阅号可以直接升级为服务号，通过公众号升级服务就可以进行升级。而个人订阅号是无法升级为服务号的。

法律小课堂

关于《非银行支付机构网络支付业务管理办法(征求意见稿)》的解读

2015年7月31日，央行发布了《非银行支付机构网络支付业务管理办法(征求意见稿)》(以下简称《办法》)，并向社会公开征求意见。该意见稿主要包括以下几方面内容。

1. 保护客户的知情权

知情权作为网络支付交易的前提，是客户选择权和公平交易权的基础。首先，《办法》通篇都强调客户的知情权，并且提出了具体的措施，是非常有必要的。其次，《办法》要求支付机构增加信息的透明度，定期公开披露风险事件、客户投诉等信息，这一点也是非常有必要的，有利于保障客户的知情权和舆论的监督权。

2. 保障客户的交易选择权

《办法》要求支付机构充分尊重客户的真实意愿，由客户自主选择网络支付机构资金收付方式，不得以任何诱导、强迫等方式侵害客户自主选择权。这也是严肃网络支付环境的重要一环。

3. 在使用便捷的同时，保护客户信息和资金安全，实现便捷与安全的平衡

《办法》将个人支付账户分为三类，Ⅰ类账户交易限额相对较低，方便快捷；Ⅱ类和Ⅲ类账户实名验证强度较高，需要经过多层交叉验证，验证强度越高，转账限额越高，既满足客户常用小额转账的便捷性，又为信息和资金安全增加了防护墙。虽然，加大验证强度短期内会让金融消费者不习惯，但长远来看利大于弊。

巩固练习

一、单项选择题

1. 微信支付非常安全可靠，下列属于微信支付保护用户资金安全的措施有(　　)。

A. 采用了先进的加密技术，确保用户的交易信息不会被泄露或被他人盗用

B. 实名认证

C. 密码设置

D. 以上都是

二、多项选择题

1. 以下属于微信支付业务支付方式的有(　　)。

A. 条码支付

B. 公众号支付

C. 扫码支付

D. App 支付